运动解剖学
体能训练全彩图解

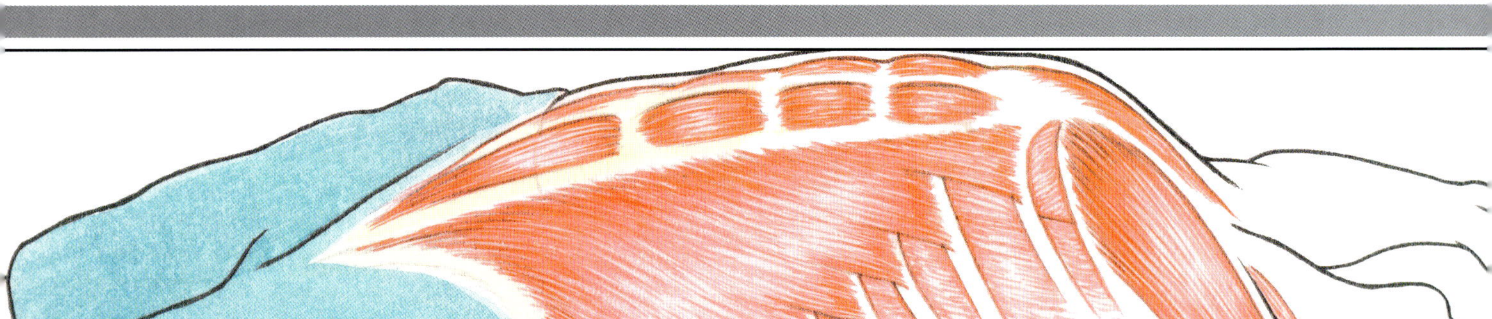

运动解剖学
体能训练全彩图解

〔英〕利·布兰登（Leigh Brandon）著
敖焱博 孔 韵 译
〔英〕詹姆斯·贝朗热（James Berrangé）插图

河南科学技术出版社
·郑州·

目录

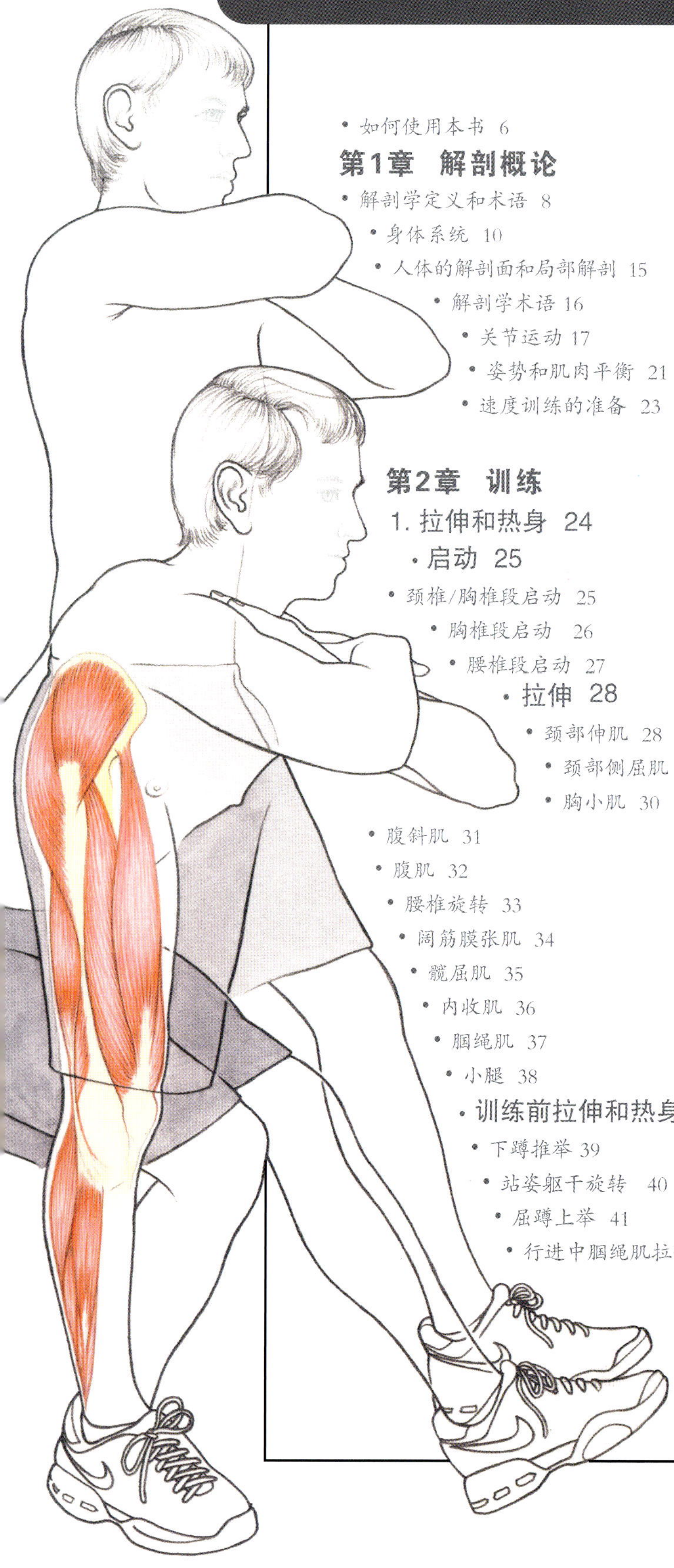

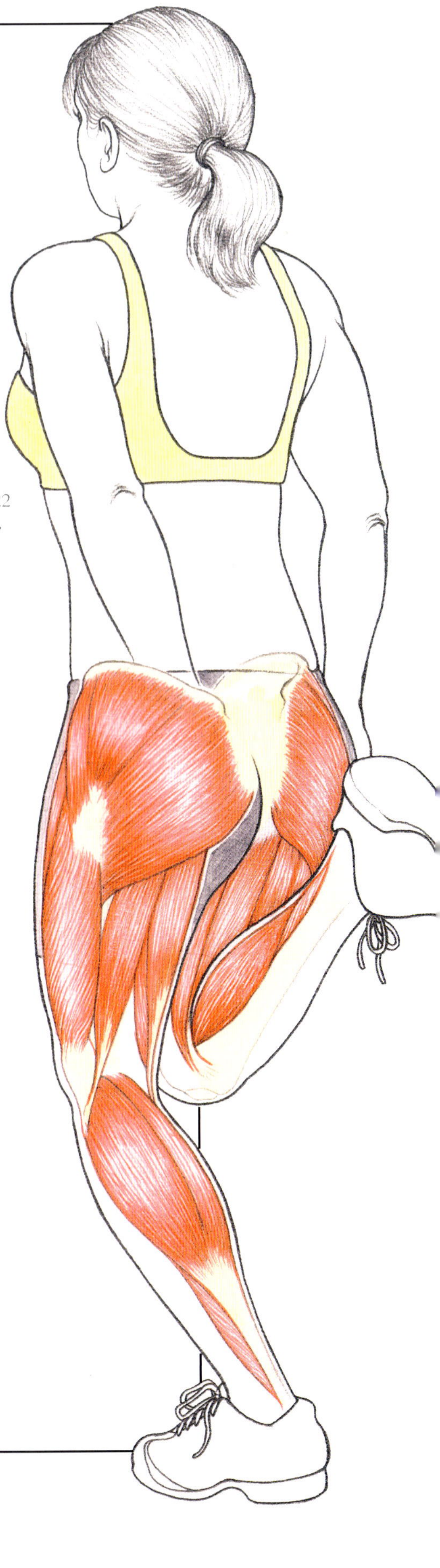

如何使用本书

《运动解剖学——体能训练全彩图解》对高效训练展现了可视的、图文并茂的解剖分析，一定会对您所从事的运动提供帮助。本书可指导您在专项运动中如何进行训练，如何安全有效地提高速度。

本书分为3章：第1章是对解剖学定义、术语和提高速度概论的基本介绍，涉及第2章会用到的语句，有助于理解第2章的知识。第2章包括5个部分：第1部分讲述拉伸和热身；第2部分讲述核心；第3部分讲述原始模式®运动；第4部分讲述力量和爆发力；第5部分涵盖敏捷性、强式训练和速度。在每个部分，各个有特色的练习或训练都有定义、名字，也会设定一定的背景，指导练习者进行练习，并提供可视的主要发力肌肉的练习技术分析。每一项练习或训练开始或结束的姿势通常都会阐明，有的还有训练提示。第3章有助于了解如何在一个赛季中将这些训练融入训练计划，以取得理想的速度和运动表现。

成年人的身体有639块肌肉和206块骨，本书列明了参与运动和维持稳定的大约92块肌肉。为了避免给读者带来困扰，本书没有特别关注众多的小肌肉，如深层肌肉、脊柱小肌肉、下颌小肌肉、手和脚的大部分肌肉等。

本书旨在帮助您在运动领域提高速度，在进行速度训练之前，身体必须预先准备好，以应对在训练过程中其可能承受的负荷或压力。因此，建议身体训练按照以下顺序完成。

1. 原始模式®运动初级训练
2. 原始模式®运动中级训练
3. 原始模式®运动高级训练
4. 最大肌力训练
5. 爆发力训练
6. 速度、敏捷性、增强式训练

每一阶段训练时间的长短取决于训练经验，训练经验越多、越强大，每个阶段花费的时间就越短。建议在开始最大肌力训练之前，先进行1~2年的抗阻训练。

免责声明：如果没有恰当的指导和监督，很多训练都有一定程度的受伤风险，笔者建议您在进行任何一项训练之前先找一位有资质的力量和体能教练、纠正性整体运动机能学（CHEK*）执业者或私人教练进行全面评估。如果您完全是一名初学者，请您务必求得专业的指导。本书言论不构成任何医学建议，如有任何应用本书或本书内容信息造成损、伤或不便的情况，本书作者和出版社不承担任何责任。

*：CHEK是由保罗·切克（Paul Chek）创立的健身学院（CHEK institute）的认证体系。CHEK意为corrective holistic exercise kinesiology，体系分为几个培训方向。“CHEK”一词后边会陆续提到，在此先做一说明。可参见https://chekinstitute.com/或https://www.bodychek.co.uk（译者注）。

训练名称

如何开始或结束这个训练，见小插图

基本训练准则

动作中运用的主要肌肉

站姿躯干旋转

起始姿势
- 直立站姿，抱一个实心球，位置略高于肚脐。
- 双脚分开与肩等宽。

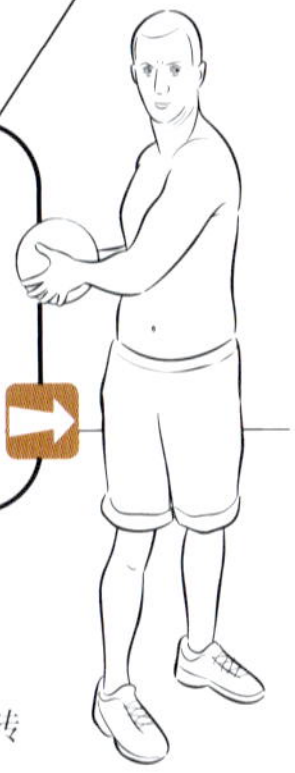

正确技术提示：
- 保持挺直姿势，挺胸，收下颌，在充分热身之前，不要旋转太多或太快。

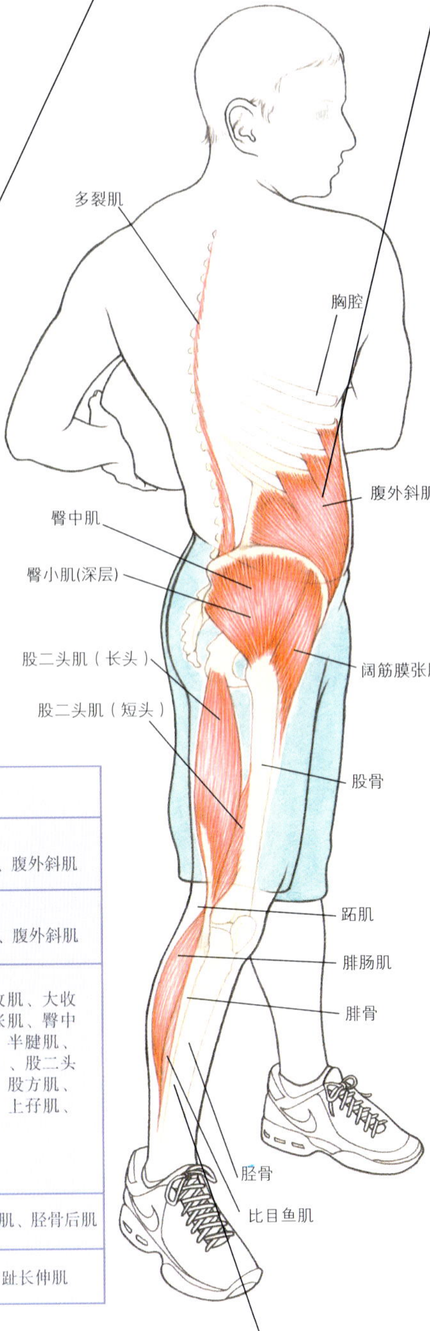

基本描述：
- 轻轻向两侧转动躯干。
- 热身之后，可以增加旋转的幅度和速度。
- 开始时保持双脚稳定，热身后，在旋转时允许双脚向内翻，头保持向前看或随着脊柱一同旋转。
- 每个方向做10~30个旋转，改变实心球的高度以调动不同部位后背和躯干的肌肉参与热身。

动作分析	关节	关节运动	动用的肌肉
关节1	胸椎	旋转	同侧：腹内斜肌 对侧：多裂肌、回旋肌、腹外斜肌
关节2	腰椎	旋转	同侧：腹内斜肌 对侧：多裂肌、回旋肌、腹外斜肌
关节3	髋	内旋、外旋	股薄肌、耻骨肌、短收肌、大收肌、长收肌、阔筋膜张肌、臀中肌（前束）、臀小肌、半腱肌、半膜肌、臀中肌后束）、股二头肌、缝匠肌、梨状肌、股方肌、闭孔内肌、闭孔外肌、上孖肌、下孖肌、腰大肌、髂肌
关节4	踝	跖屈	腓肠肌、比目鱼肌、跖肌、胫骨后肌
关节5	跖骨	足外翻	腓骨长肌、腓骨短肌、趾长伸肌

如何执行这项训练

技术方面，表述关节、关节运动、调用的肌肉

训练中使用的主要肌肉插图

第1章　解剖概论

解剖学定义和术语

解剖学有自己的专业用语。解剖学名词是从拉丁语和希腊语词根发展而来的，了解这些便于理解肌肉、骨骼和身体其他部分的名词。无论是运动员、私人教练还是体能教练，使用正确的术语有助于更好地与其他专业人员沟通、阅读专业资料。

和许多医学术语一样，解剖学术语（英语）由小的单词部分组成，即“构词语素”。这些“构词语素”包括词根、前缀和后缀。了解这些不同的单词组成部分有助于更好地理解术语。一般而言，英语的解剖术语包含两个部分：前缀+词根，或者词根+后缀。

例如，单词suprascapular和suprascapular，这两个词的词根是scapular，即肩胛骨。肩胛骨在英语中还有一个通俗的用法，即shoulder blade。“supra”表示“在……之上”，因此“suprascapular”就表示在肩胛骨上方；“sub”表示“在……之下”，那么同样的“subscapular”表示在肩胛骨下方。

解剖术语的常见前缀、后缀和词根

词根	含义	示例	定义
abdomin	与腹部相关	abdominal muscle（腹肌）	腹部的主要肌群
acro	肢端，顶点	acromion（肩峰）	肩胛骨上的突出部分
articul	与关节相关	articular surface（关节面）	关节面
brachi	与臂相关	brachialis（肱肌）	手臂肌肉
cerv	与颈相关	cervical vertebrae（颈椎）	脊柱的颈段
crani	头颅	cranium（颅骨）	组成头部的骨
glute	臀部	gluteus maximus（臀大肌）	臀部肌肉
lig	连接、联系	ligament（韧带）	连接骨与骨的组织
pector	胸部	pectoralis major（胸大肌）	胸肌
前缀			
ab-	远离、离开	abduction（外展）	远离身体中线的运动
ad-	依附、接近	adduction（内收）	朝向身体中线的运动
ante-，antero-	在……之前	anterior（前）	身体的前面
bi-	两个、双倍	biceps brachii（肱二头肌）	有两个头的臂肌
circum-	围绕	circumduction（环转）	手臂画圈
cleido-	锁骨	sternocleidomastoid（胸锁乳突肌）	止于锁骨的肌肉
con-	一起的	concentric contraction（向心收缩）	肌肉附着点间距离变近的收缩

前缀			
costo-	肋	costal cartilage（肋软骨）	位于肋骨前端的软骨
cune-	楔形的	cuneiform（楔骨）	楔形的足骨
de-	远离	depression（下压）	肩胛骨的下沉运动
dors-	背面	dorsiflexion（背屈）	足尖朝向胫骨的运动
ec-	远离	eccentric contractions（离心收缩）	肌肉附着点距离变长的收缩
epi-	在……之上	epicondyle（上髁）	位于髁上方的骨性标志
fasci-	带状的	tensor fasciae latae（阔筋膜张肌）	位于髋关节的带状小肌肉
flex-	弯曲	flexion（屈曲）	减小关节角度的运动
infra-	在……之下	infraspinatus（冈下肌）	位于肩胛冈下方的肌肉
meta-	之后	metatarsal（跖骨）	紧邻跗骨的足骨
post-	之后	posterior（后面的）	身体的背面
pron-	前倾	prone position（俯卧位）	面朝下平卧
proximo-	近端的	proximal（近端）	方位术语，距四肢根部较近者
quadr-	四的	quadriceps（股四头肌）	大腿前侧的有四个头的肌肉
re-	退回，再次	retraction（后缩）	肩胛骨向身体中线收缩的运动
serrat-	锯形的	serratus anterior（前锯肌）	有着锯形边缘的肌肉
sub-	在……之下，下级的	subscapularis（肩胛下肌）	位于肩胛骨下方的肌肉
super-, supra-	覆盖的，在……之上	supraspinatus （冈上肌）	位于肩胛冈上面的肌肉
		superior（向上）	朝向头部的
thoraco-	胸部的，胸椎的	thoracic vertebrae（胸椎）	脊柱的胸椎段
trans-	横向的	transverse abdominus（腹横肌）	腹部横向走行的肌肉
tri-	三	triceps brachii（肱三头肌）	位于上臂，起端有三个头的肌肉
tuber-	膨胀	tubercle（结节）	骨上的圆形小突起
后缀			
-al，ac	与……相关	iliac crest（髂嵴）	髂骨的一部分
-cep	头	biceps brachii（肱二头肌）	有两个头的上臂肌
-ic	与……相关	thoracic vertebra（胸椎）	与胸部有关
-oid	像……形状的	rhomboid（菱形肌）	上背部肌肉，呈菱形
-phragm	分隔	diaphragm（膈肌）	分隔胸腔与腹腔的肌肉

身体系统

人的身体可以被看作由大约12个相互作用的系统构成的有机整体，以控制完成大量复杂的功能。这些系统是器官的协调集合体，每一个系统都拥有特殊的功能，它们的组织结构适应一种合适的用途或功能。

此书阐明并分析了控制运动与姿势的系统，即肌肉系统与骨骼系统，这两个系统统称为肌肉骨骼系统。

其他的系统有心血管系统、淋巴系统、神经系统、内分泌系统、皮肤系统、呼吸系统、消化系统、泌尿系统、免疫系统和生殖系统等。

肌肉系统

肌肉系统帮助身体进行运动，维持身体的姿势并产生能量。肌肉系统由3种类型的肌肉组织组成：心肌、平滑肌与骨骼肌（横纹肌）。

心肌构成心脏的心壁，而平滑肌组织多见于内脏的器官壁，如胃壁和血管壁。这两者在自主神经系统和激素的作用下不自主地运动。

骨骼肌构成我们通常所说的肌肉。骨骼肌系统包括把肌肉连接到骨骼的肌腱，以及包裹肌肉的结缔组织（我们将之称为筋膜）。

一个体重70千克（154磅）的男性，其骨骼系统的重量可达25~35千克（55~77磅）。

肌肉的附着点

肌肉通过肌腱附着于骨骼。附着点指的是肌肉的起点和止点。起点指的是近端（靠近肢体的根部）或靠近身体中线、身体中心的附着点。通常起点是活动度最小的点，在肌肉收缩中扮演的是“锚”的角色。

止点指的是远端（远离肢体根部）或远离身体中线、身体中心的附着点。止点是活动度最大的点，在活动中能被拉向起点的方向。

了解肌肉的起止点、肌肉跨过的关节，以及其在关节处产生的运动，是分析运动的关键。

所有的骨上都有方便肌肉附着的骨性结构。第13页的表中描述了典型的骨性结构。

肌肉附着点

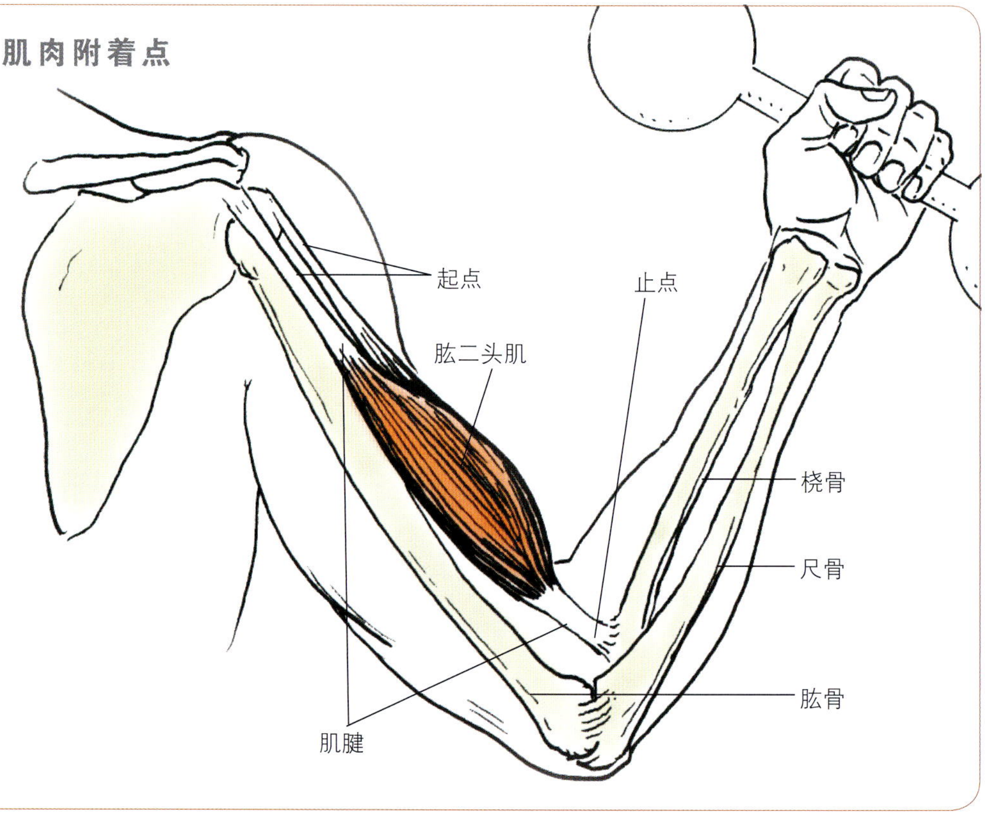

肌肉系统

前面观

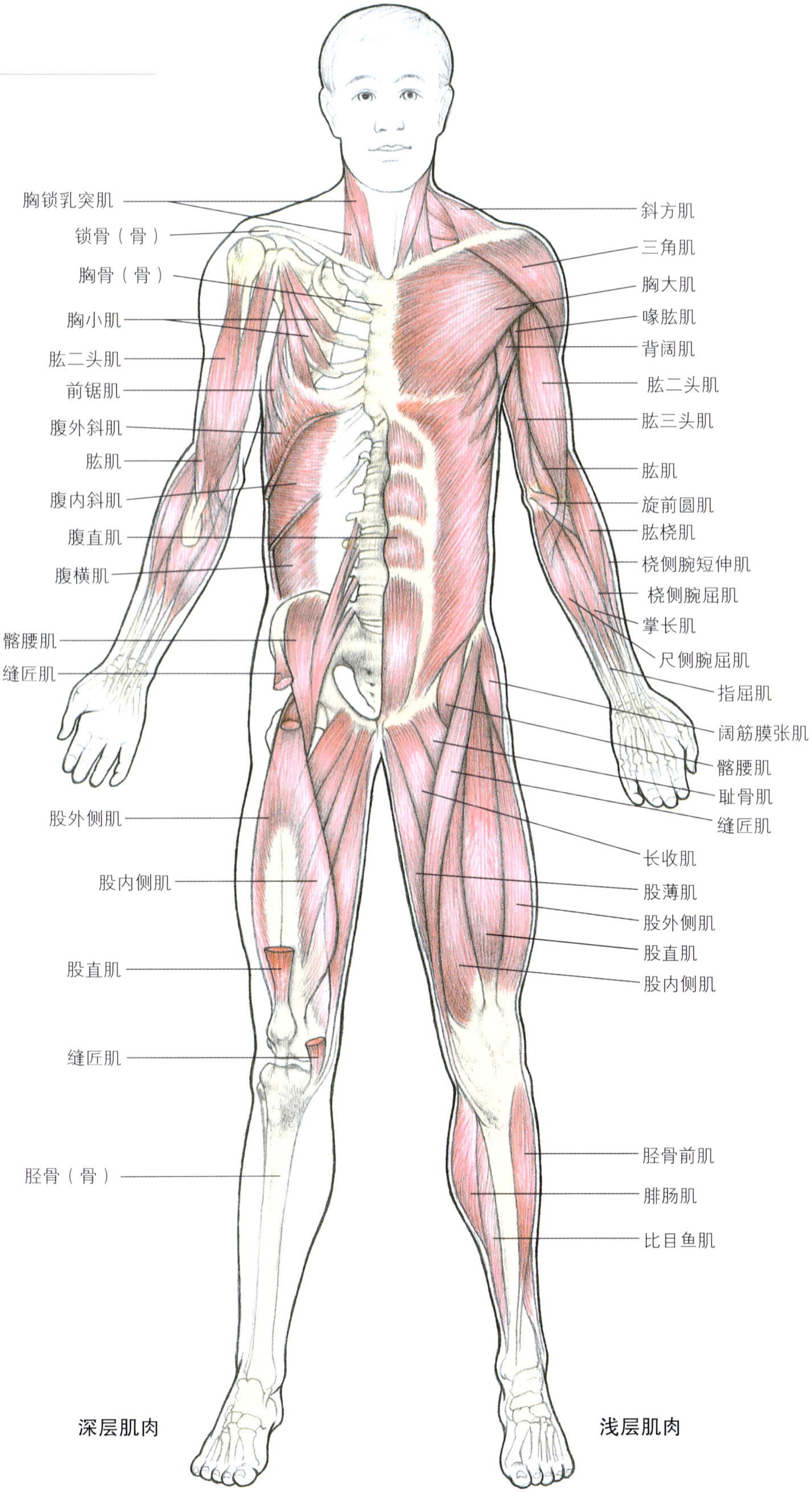
胸锁乳突肌
锁骨（骨）
胸骨（骨）
胸小肌
肱二头肌
前锯肌
腹外斜肌
肱肌
腹内斜肌
腹直肌
腹横肌
髂腰肌
缝匠肌
股外侧肌
股内侧肌
股直肌
缝匠肌
胫骨（骨）
斜方肌
三角肌
胸大肌
喙肱肌
背阔肌
肱二头肌
肱三头肌
肱肌
旋前圆肌
肱桡肌
桡侧腕短伸肌
桡侧腕屈肌
掌长肌
尺侧腕屈肌
指屈肌
阔筋膜张肌
髂腰肌
耻骨肌
缝匠肌
长收肌
股薄肌
股外侧肌
股直肌
股内侧肌
胫骨前肌
腓肠肌
比目鱼肌
深层肌肉
浅层肌肉

肌肉系统

后面观

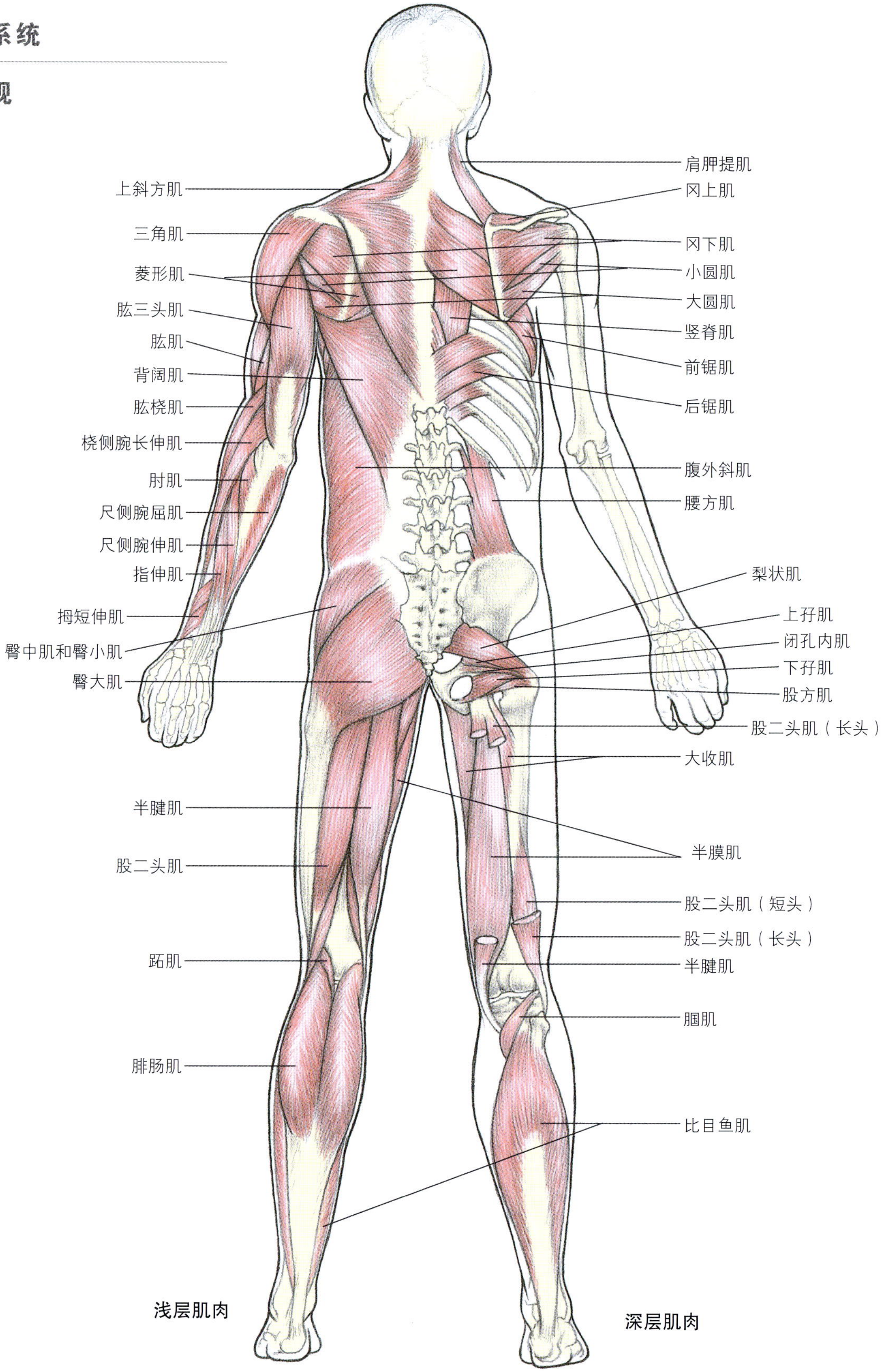

上斜方肌
三角肌
菱形肌
肱三头肌
肱肌
背阔肌
肱桡肌
桡侧腕长伸肌
肘肌
尺侧腕屈肌
尺侧腕伸肌
指伸肌
拇短伸肌
臀中肌和臀小肌
臀大肌
半腱肌
股二头肌
跖肌
腓肠肌
肩胛提肌
冈上肌
冈下肌
小圆肌
大圆肌
竖脊肌
前锯肌
后锯肌
腹外斜肌
腰方肌
梨状肌
上孖肌
闭孔内肌
下孖肌
股方肌
股二头肌（长头）
大收肌
半膜肌
股二头肌（短头）
股二头肌（长头）
半腱肌
腘肌
比目鱼肌
浅层肌肉
深层肌肉

骨性结构

特征	描述	举例
髁	位于关节的大而圆形的突起，通常与其他骨相连接	股骨内侧髁与外侧髁 胫骨外侧髁
上髁	位于髁上的突起	肱骨的内上髁和外上髁
关节面	小的、平坦的关节表面	椎间关节
头	位于骨两端终末点、显著且圆的膨大，通常构成关节	肱骨头
峰	山脊状，狭窄的突起	骨盆的髂嵴
线	沿着骨，不太明显的山脊状隆起	股骨的粗线
突	突出的骨面	肩胛骨的喙突和肩峰 肘关节的尺骨鹰嘴
冈、棘突	骨表面尖锐的突起	椎骨的棘突 肩胛冈
缝	两个骨间不动或微动关节的关节线	颅骨各骨间的缝
转子	非常大的突起	股骨大转子
结节	小而圆的突起	肱骨大结节
粗隆、结节	大而圆并且粗糙的突起	骨盆的坐骨结节
孔	骨上的圆形小孔或者开口	包含着脊髓的椎孔顺着脊柱上下贯通
窝	骨上凹的、浅的或平整的表面	肩胛骨的冈上窝和冈下窝

骨骼（skeleton）一词来自于希腊语，意为“干枯的”。新生儿出生时全身约有350块骨，在他们的成长过程中很多骨会相互融合形成一块骨，成人后全身有206块骨。

骨骼系统

骨骼系统由骨骼、韧带（将骨与骨进行连接）和骨连接（关节）组成。关节有时会被归类为一个独立的系统，称关节系统。

除了促进运动的功能以外，骨骼系统的主要作用还包括支撑肌肉、保护软组织和内脏器官、储存多余的矿物质，以及在长骨的骨髓中进行红细胞的生成。

整合系统

身体中的各种系统是完全并且复杂地相互关联的。例如，做运动时，呼吸系统吸入氧气；消化系统将吃下的食物分解成营养元素；心血管系统将氧气和营养元素通过血液带到参与运动的肌肉中，促进能量反应（energy reactions），从而使身体完成相关的运动。

随后淋巴系统和循环系统帮助身体将这些能量反应所产生的废物通过消化系统或泌尿系统转换和（或）排泄。神经系统与身体肌肉相互作用，形成肌肉组织的收缩与放松。关节中的可活动关节系统可以促使肢体移动。

骨骼系统

正面观

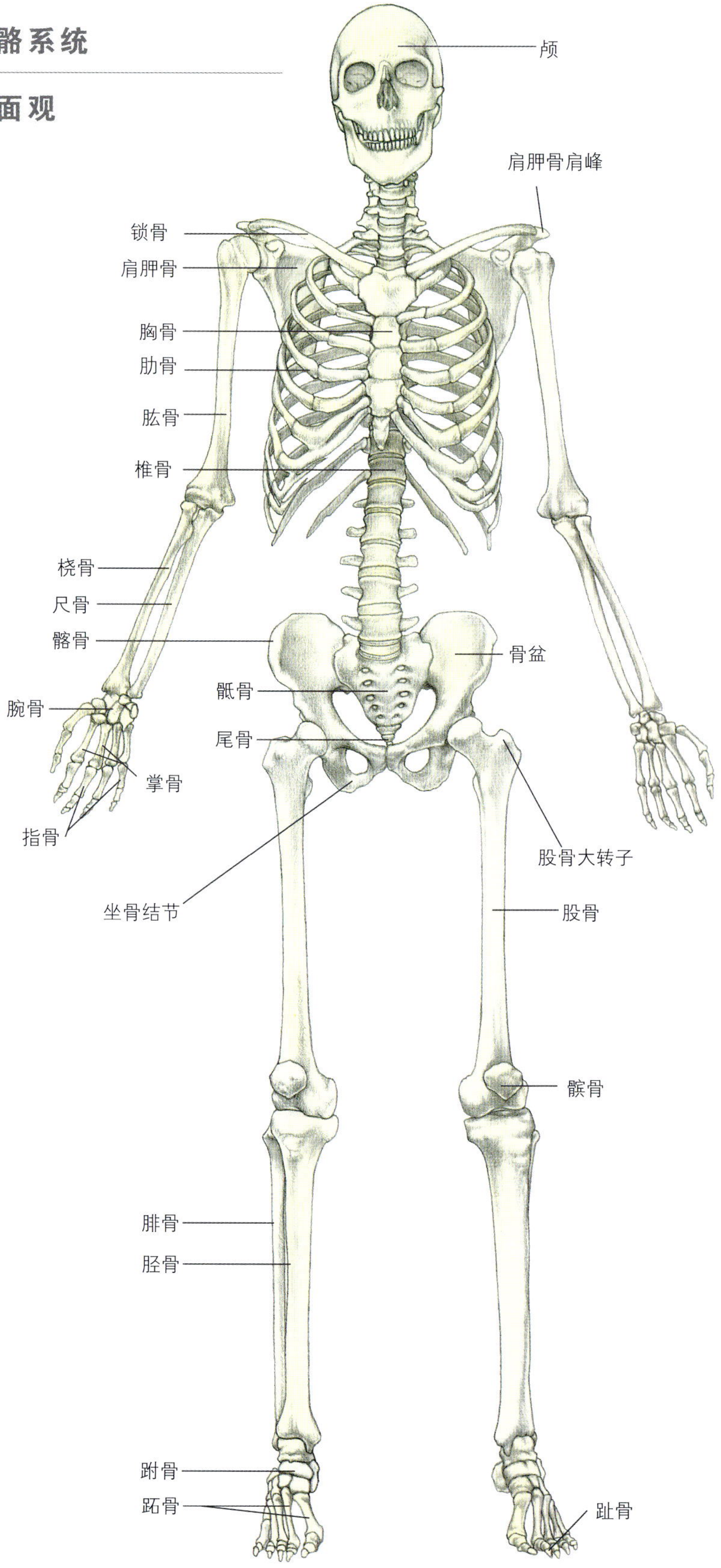

股骨（大腿骨）约占一个人的1/4身高。同时股骨也是人体最大、最重、最强的一块骨。最短的骨头是中耳内的镫骨，只有2.5毫米长。一个成人全身的骨约重9千克（20磅）。

人体的解剖面和局部解剖

在学习解剖和对动作进行分析时，我们通常使用一个标准的人体姿势，即解剖学姿势。所有动作和解剖结构的方位命名都以此站立解剖学姿势为前提。

局部解剖

本书对体表部位采用技术性的标签指引。在解剖学名词中，通用的名词会被由拉丁文衍生而来的专业解剖学术语替代。例如，通用的“头部（head）”在术语中会用“头颅（cranial或cranium）”替代。

躯体各部分还可分为更小的区域。例如，脑颅骨包括额骨、枕骨、顶骨和颞骨等。

解剖面

躯体可以分为三个虚构的平面，每一个平面均垂直于另外两个平面。

矢状面由前往后穿过躯体，将躯体分为左、右两个部分。躯体的中线称正中线（median）。如果矢状面直接穿过正中线，该矢状面称正中矢状面。冠状面（额状面）由上到下穿过躯体，将躯体分为前部和后部。

水平面（横切面）成直角地穿过躯体中间，将躯体分为上、下两个部分。

通过任一平面观察躯体内在结构的解剖截面，称运动平面，而关节运动也是通过与这三个平面的关系来定义的。了解解剖学平面，有助于明白正在观察的部位及观察视角。

解剖学姿势

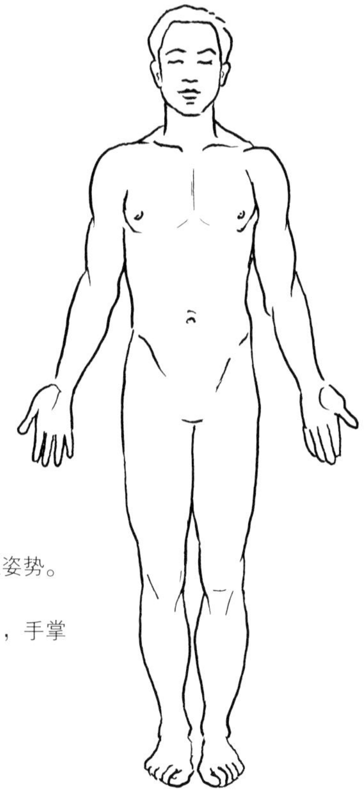

- 躯体呈面向前方的站立姿势。
- 双腿双足并拢。
- 双手松弛置于躯体两侧，手掌向前。

解剖学平面

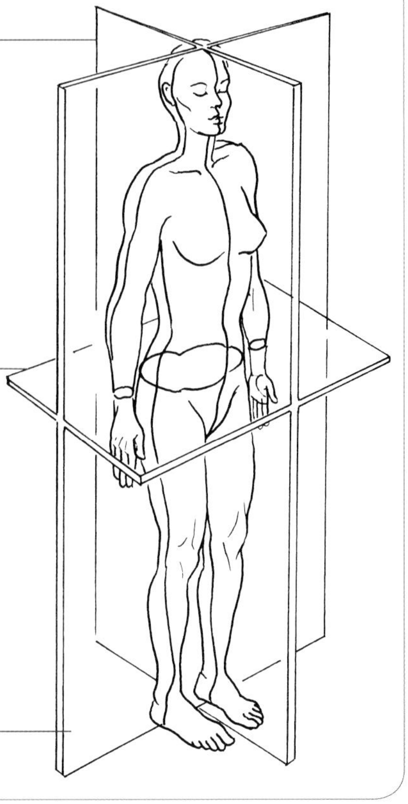

解剖学术语

有标准的解剖学术语用来描述躯体某个结构的位置和方向，以及其与邻近结构的关系。

人体是一个非常复杂的三维立体结构。对表示位置和方向的解剖学术语的掌握，有助于比较躯体的不同部位，以及知晓不同部位之间的相对方位。

这些术语都是标准化的，根据人体以站立解剖学姿势命名（如前所述），与人体站、坐、躺的姿势无关。不要把方位术语与关节运动术语混淆（见17~20页）。

位置和方位的解剖学术语

位置	定义	使用范例
前	朝向前方，近腹侧面者为前	胸肌位于躯体的前侧
后	朝向后方，近背侧面者为后	腓肠肌位于小腿的后侧
上	一个结构的上方，朝向头部	膝关节位于踝关节的上方
下	一个结构的下方，朝向足部	髋部位于肩膀的下方
外侧	远离正中线，在外侧或朝向外侧	桡骨位于尺骨的外侧
内侧	接近正中矢状面	胫骨位于腓骨内侧
近侧	靠近躯干或肢体的根部，有时指肌肉的起点	肩关节位于肘的近侧
远侧	远离肢体的根部，有时指远离肌肉起点的位置	膝关节位于髋部的远侧
浅	靠近体表，与其他结构相比，更接近体表	腹直肌是腹壁最表浅的肌肉
深	远离体表，与其他结构相比，位于身体的更深处	腹横肌是腹壁最深部的肌肉
俯卧	面向下方趴着	腰椎段启动（第27页）是从俯卧位开始的
仰卧	躺着，面朝上方	长凳卧推杠铃（第84页）由仰卧的姿势开始

关节运动

要分析复杂的运动，对运动的理解至关重要。包括知晓参与运动的关节及它们是如何活动的。本书帮您识别关节，对本章节的理解有助于提高对运动的分析能力。

关节的类型

有些关节是半固定的，可以微动；有些关节是固定的，不能移动。例如，颅骨由缝连接在一起形成固定关节；而脊柱与骨盆的连接部位——骶髂关节（sacroiliac，“sacro”源自骶骨sacrum，“iliac”源自髋骨ilium）属于半固定关节，允许少许活动范围。

第三种关节类型为活动自如的滑膜关节，根据关节特定的形状、大小和结构有不同的活动方式。滑膜关节是躯体最常见的关节类型。它们的特点是具有包绕关节的关节囊，在活动的刺激下，其内膜分泌润滑液。典型的滑膜关节包括肩、膝、髋、踝、足部和手部的关节，以及脊椎关节。

关节运动

当人们进行如抬重物或跑步等活动时，神经刺激和肌肉收缩使关节产生动作。

例如，在做前蹲（第62页）时，肌肉跨关节收缩，使关节做伸展动作。踝关节、膝关节、髋关节角度增加，使身体向上远离地面。

关节运动指示

多数主要的关节运动具有通用名词，但有些运动只发生在某个特定关节。

通常，关节运动发生在相似的解剖学平面。例如，肩、髋、膝关节屈曲都发生在矢状面（第15页）。因此可以非常有逻辑且简单地学习这些关节运动并进行运动分析。

在下面的表格中，首先列出常见的关节运动，随后列出只发生在某一关节的特定运动。

严格来说，只用动作和一个肢体或躯体部位进行命名是不够准确的。例如，“腿部伸展”并不能阐明究竟是膝、髋，还是踝关节参与了动作。应养成将动作与活动关节结合的习惯。例如，肘关节屈曲、髋关节伸展、脊椎旋转及肩胛上提（可能唯一的例外是当涉及躯干活动时，此时所有的脊椎关节一起产生全身的运动）。

通常动作都是成对出现的。每一个动作必然有一个回到开始姿势的返回动作。典型的成对动作包括屈曲和伸展、外展和内收、旋内和旋外、前伸和后缩，以及上提和下压。

要记住，所有运动都是在站立解剖学姿势（第15页）下命名的。因此，无论是站、坐还是躺（仰卧），“肘关节屈曲”都是一样的。

主要关节运动

普通运动	平面	描述	例子
外展	冠状面	远离中线的运动	髋外展（第45页）
内收	冠状面	靠近中线的运动	髋内收（第45页）
屈曲	矢状面	减小两个相邻结构之间的角度	下蹲中屈膝（第62页）
伸展	矢状面	增加两个相邻结构之间的角度	下蹲中伸膝（第62页）
旋内（内旋）	水平面	绕骨纵轴转向中线	完成高翻后把杠铃放回地面（第88页）

续表

普通运动	平面	描述	例子
外旋	水平面	绕骨纵轴远离中线	在高翻中做第二个拉时，肩膀外旋（第88页）
环转	所有平面	肩或髋关节的画圈运动	步行摆臂（第44页）
特殊运动			
1.踝关节运动			
跖屈	矢状面	足趾向下移动	深跳（第111页）
背屈	矢状面	足趾向胫骨方向移动	深跳（第111页）
2.前臂运动（桡尺关节）			
旋前	水平面	手和腕部从肘部向内侧旋转	单臂推绳（第73页）
旋后	水平面	手和腕部从肘部向外侧旋转	单臂拉绳（第68页，第69页）
3.肩胛骨运动			
下压	冠状面	肩胛骨向下移动，如向下压肩胛骨	引体向上（第83页）
上提	冠状面	肩胛骨向上移动，如耸肩	高翻（第88页）
外展（前伸）	水平面	肩胛骨远离脊柱的运动	卧推杠铃（第84页）
内收（后缩）	水平面	肩胛骨朝向脊柱的运动	硬拉（第82页）
下回旋（内旋）	冠状面	肩胛骨向下旋转，从上回旋的位置返回	引体向上向上拉时（第83页）
上回旋（外旋）	冠状面	肩胛骨向上旋转，肩胛骨下角向上向外运动	引体向上向下放时（第83页）
4.肩部运动			
水平外展/后伸（横向外展）	水平面	肱骨水平横行向远离中线方向运动	单臂推绳（第73页）
水平内收/屈曲（横向内收）	水平面	肱骨水平横行向靠近中线方向运动	单臂拉绳（第68页，第69页）
5.脊柱/躯干运动			
侧屈（译者注：也叫外展）	冠状面	躯干远离中线的运动	斜肌拉伸（第31页）
还原（内收）	冠状面	躯干在冠状面上返回到中线位置	斜肌拉伸（第31页）
6.手腕运动			
尺侧偏斜（译者注：腕关节内收）	冠状面	手从解剖学姿势向中线运动	用锤子敲击时
桡侧偏斜（译者注：腕关节外展）	冠状面	手从解剖学姿势远离中线的运动	用锤子敲击时

关节运动

膝关节是人体最大的关节，髋关节是人体最强壮的关节，肩关节可能是人体最不稳定的关节。

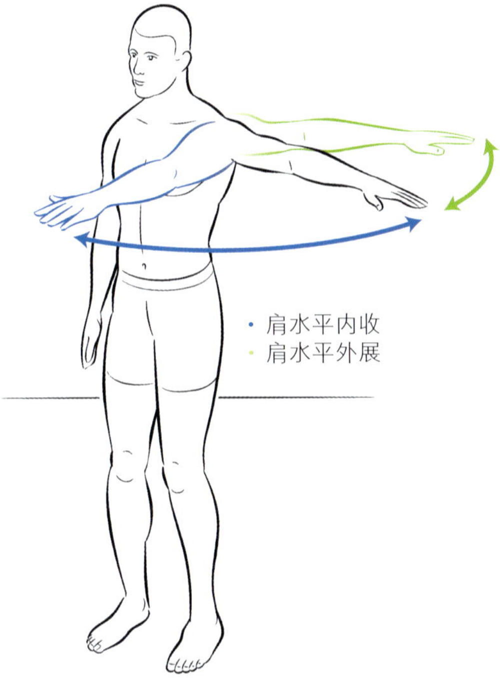

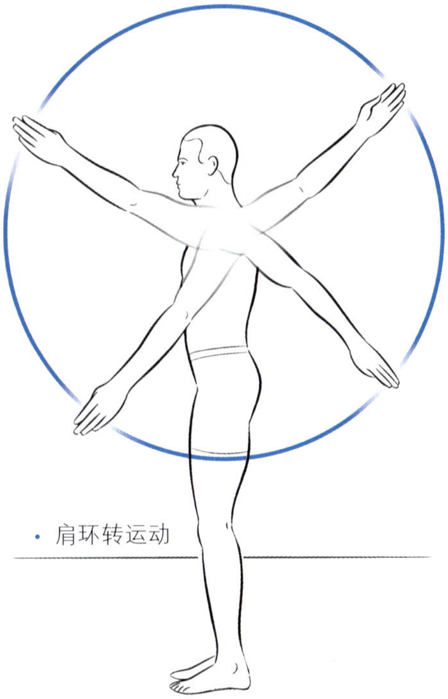

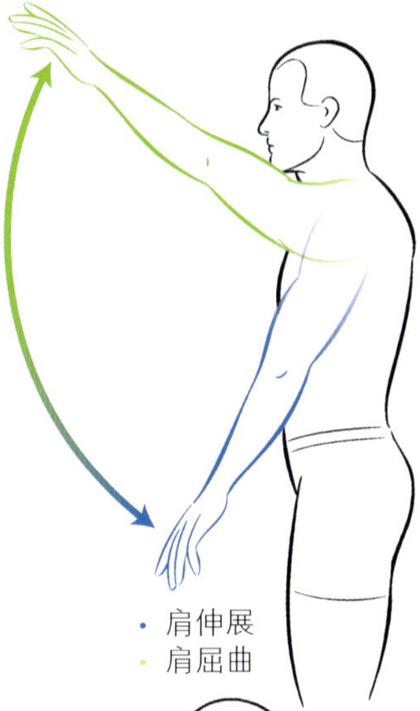

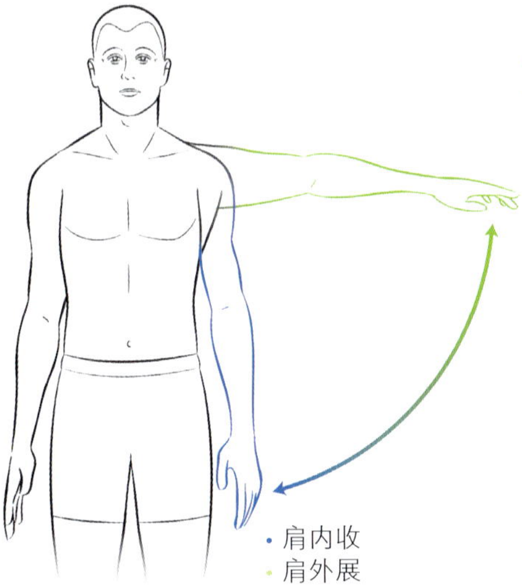

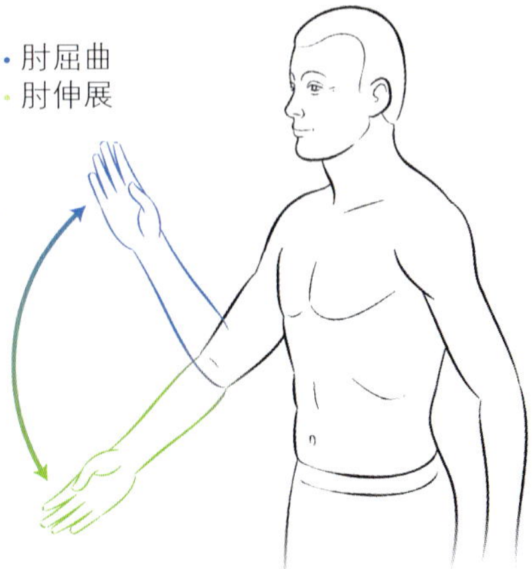

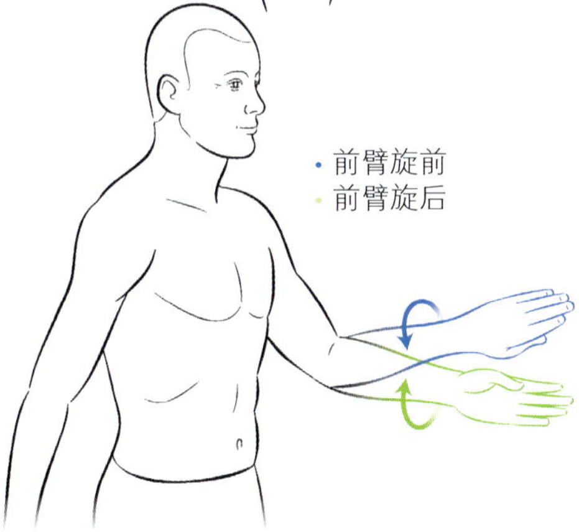

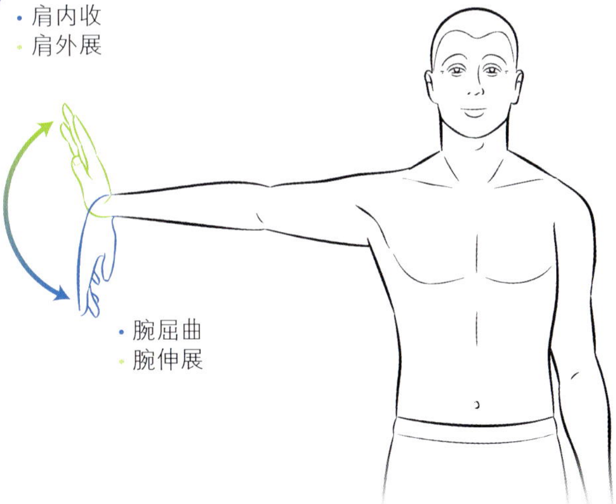

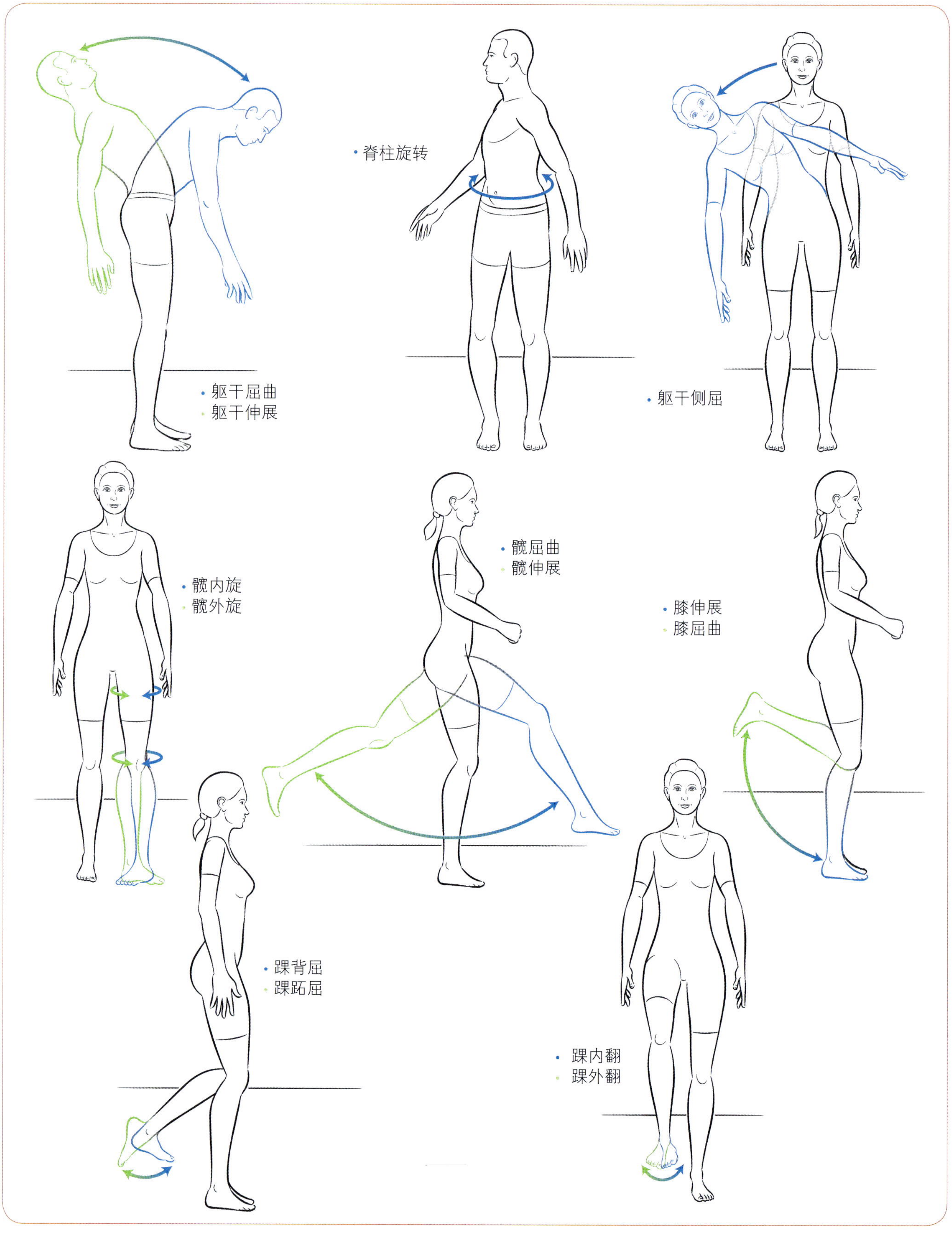

躯干屈曲
躯干伸展
脊柱旋转
躯干侧屈
髋内旋
髋外旋
髋屈曲
髋伸展
膝伸展
膝屈曲
踝背屈
踝跖屈
踝内翻
踝外翻

姿势和肌肉平衡

最近几年，姿势成了一个非常热门的词汇。然而对于正确姿势的理解、价值和研究方法常常被误解。

对于姿势的定义有很多，包括以下两个方面：

姿势是所有运动开始和结束的位置[引自保罗·切克的《CHEK高尔夫生物力学认证手册》(Paul Chek. *CHEK Golf Biomechanic Certification Manual*）]。

姿势是骨骼肌系统行使功能最有效的位置［引自摩西·费尔登克莱斯的《身体与最佳行为》（Moshe Feldenkrais.*Body and Mature Behavior*）］。

除了这些定义以外，关于姿势还有两种主要的分类：静态姿势和动态姿势。

静态姿势

静态姿势可能被定义为“人静息、坐、站或躺时身体所处的位置”（Paul Chek. *CHEK Golf Biomechanic Certification Manual*）。如果一个人在运动之前的姿势就比较差，那么他在运动时也会处于一个较差的姿势。因此，差的静态姿势会在运动时表现出来。

动态姿势

动态姿势可被定义为“在任何时间（空间）关系、任何运动平面内，维持关节的最佳瞬时旋转轴的能力”(Paul Chek. *CHEK Golf Biomechanic Certification Manual*）。

举一个简单的例子。把脊柱想象成一个旋转轴（类似机轴），并把手臂看作一种将轴的运动表达出来的手段（类似连杆）。如果脊柱轴出现了错误并表现出与错误的姿势紧密相关的夸张的曲度，那进行有效旋转的能力将会大大降低。如果脊柱是正确排列的，练习者的移动和运动表现将会变得更高效并更有可能发挥潜能。

当包裹一个关节或多个关节的肌肉处于平衡的状态时，身体能维持理想的姿势。好的“肌肉平衡”顾名思义是指肌肉处于它们理想或正常的长度或张力下。“肌肉不平衡”指的是处于一个关节一侧的一块肌肉处于紧张状态而它的对侧肌肉（拮抗肌）被动拉长且可能处于虚弱状态。这使此关节失去了它的最佳旋转轴，可能使关节产生过度的磨损和撕裂，在体育活动时增加关节损伤的风险。

指导练习者如何保持最佳姿势和肌肉平衡不在本书的讨论范围内，笔者建议练习者听取合格专业人士的建议，或者参考利·布兰登（Leigh Brandon）和尼基·詹金斯(Nicky Jenkins)所著的《瑜伽解剖学——体式全彩图解》（注：此书中文版已由河南科学技术出版社出版）。

姿势与排列

万有引力通过人体与地心所连成的直线来作用于人。在站立位下，当踝关节、膝关节、髋关节、肩关节和耳朵在重力线上时，即身体处于中立位的排列。身体同样需要从前往后、从左往右的平衡，让身体用最小的力来对抗重力，维持身体的姿势。身体越是远离中立位的排列，越是要付出更多的力来对抗万有引力。对于大多数运动员而言，不良姿势不仅会增加损伤的风险，还浪费精力，影响比赛结果。

身体处于中立位排列时，处于中立位的骨盆的耻骨支和髂前上棘是垂直排列的。如果想象骨盆盛满水，在这个位置下，水是不会溢出的，当骨盆前倾时，水会从前方洒出来；相反，当骨盆后倾时，水会从背部流出。

当我们在不同姿势训练或移动身体时，如下蹲或弓步，重力会继续影响身体。主要的平衡点也在发生变化，这就需要我们花更大的力去维持身体的平衡和排列。在举重物时，尽管平衡点正在转移，但在某些情况下保持脊柱中立位还是很重要的。进行下蹲时，脊柱中立位需要耳、肩、骨盆和髋保持一条直线，但不必是垂直线。

不良的姿势控制和力线有可能发生姿势代偿，影响运动质量、锻炼的安全性和效果。这意味着参与运动的关节、关节的活动及活动的范围，以及参与活动的各种稳定肌（stabilizer）和运动肌（mobilizer muscle）会与理想状况相左。例如，下蹲动作，如果右腿的比目鱼肌（小腿肌肉）很紧，向下蹲时体重就会偏向右侧移动，这将会给左膝内侧和右膝外侧带来压力。

肌肉的类别

肌肉常根据其是执行稳定功能还是执行运动功能进行分类。

运动肌也称相位肌（phasic muscle），是一种主要负责产生运动的肌肉。例如，在弓步时臀大肌伸展髋关节（第59页），臀大肌就是运动肌。

稳定肌也称张力肌（tonic muscle），是用来在静态或在某一运动中保持身体其他部位稳定和排列的肌肉，以确保运动肌有效地完成动作。例如，在引体向上（第83页）中，肩袖肌群的作用为背阔肌和胸大肌内收肩关节把身体向上拉向把杆时稳定肩关节。某些肌肉，由于它们的位置、形状、角度和肌纤维类型的优势，更适合作为稳定肌而不是运动肌。稳定肌往往位于关节深处，有很多耐力，但不能产生太大的力量；运动肌往往位置表浅，耐力很小，但能产生很大的力量。

腹肌是重要但有争议的组织。它们普遍被认为可以帮助稳定身体，特别是稳定腰椎、肋骨和骨盆（四肢的基础）。但是对于腹肌实现这种稳定的机制尚未被普遍接受(48~52页)。

速度的分类

分类	定义
速度	单位时间内通过的距离
启动速度	肌肉在运动开始时产生最大力量的能力
加速度	速度增加的比率
减速度	速度下降的比率
敏捷性	迅速改变方向，包括减速再加速，以响应各个方向的刺激，并保持平衡
反应速度	快速从肌肉离心收缩向肌肉向心收缩转变的能力
最大速度	最大、最快的速度，竭尽全力的速度
横向移动速度	向一侧运动的速度
速度耐力	保持一定速度到一定距离的能力

在体育运动中，不同的项目需要不同的速度类别。例如，100米短跑运动员需要启动速度、加速度、反应速度和最大速度；然而，网球运动员则需要启动速度、加速度、减速度、敏捷性、反应速度和横向移动速度。

练习者需要分析自己的运动，判断哪些速度能力是至关重要的。团体运动需要更加细化，对速度的要求因练习者在团队中的位置，甚至其独特的运动风格可有不同。

例如，在美式橄榄球中，外场接球手需要最大速度，而线锋（lineman）可能并不需要。橄榄球边锋需要最大速度，但是排球运动员则不需要。

在许多运动中，尤其是团体项目和球类运动，速度观念或预测都是至关重要的。对对手或队友动作速度或球运行速度的预判错误可影响比赛的胜负。虽然这些超出了本书的讨论范围，但在完善了技能后，就应该在特定的竞赛条件下进行速度训练，这会使运动员形成竞技环境下的速度意识。

速度训练的准备

如下图所示，速度处于运动表现的顶峰，在到达顶峰之前，必须建立坚实的基础。这些年来，笔者一直向运动员和客户解释：“必须要像建造摩天大楼一样打造一具强壮、有力、快速的身体。”

在建造任何建筑物之前，都需要夯实地基，而打造需要快速移动的身体也如此。建筑物需要能够承受地震、极端天气和其他不可预见的压力。快速移动的人体与地震时的建筑物类似，它必须可以承受很大的压力而且不会垮塌。

建筑物的地基建得越坚固，建筑物就可以建得越高、越坚固。运动员也是如此。笔者觉得有一句话很适合用在这里：“地基越宽，高峰越高（the wider the base， the taller the peak）”。因此，在达到最大力量之前，拥有灵活性、稳定性和运动技巧的坚实基础非常重要。

对有些运动而言，不管体重有多重，强壮都是优势。例如，铅球运动员和重量级拳击运动员对体重没有限制。然而，有些运动是按体重分级进行的，或者体重越小越有优势。例如，花样滑冰运动员或赛马骑师。一个不需要担心体重过大的运动员需要的是绝对力量，而一个必须考虑自己体重的运动员则需要相对力量。相对力量意味着运动员必须在不增加体重的情况下最大化他们的力量（第79页）。

因此，运动员必须决定在其基础体能训练阶段，是否要练就肥厚的肌肉。

初学者应该在开始的一两年练就运动技巧，让身体为后期更高强度的最大肌力和速度训练做好准备，从而减少受伤的可能性。

在进行最大力量训练之前，应先进行低强度的敏捷性训练、增强式训练和速度训练（第102页的上表），这些练习是很好的高强度入门训练。在最大力量训练，以及更高强度的敏捷性、增强式训练和速度训练之后就可以开始真正的最佳速度训练了。

为了快速移动身体，需要在尽可能短的时间内生成尽可能大的力量（峰值力量，peak force）来移动自身或运动器具、球或者对手的重量。因为都需要峰值力量，运动员越强壮，产生的力量越大。这就是最大力量训练对爆发力和速度至关重要的原因。最大力量训练之后可进行爆发力、敏捷性、增强式训练和速度训练的组合训练，以达到运动的最佳速度。

速度训练的准备

速度增快
运动表现的顶峰

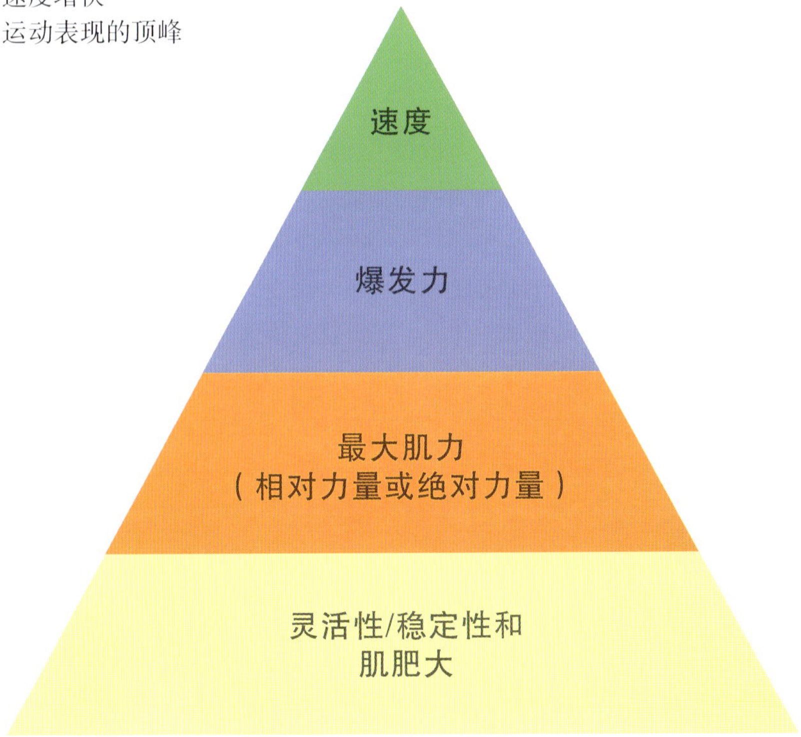

第2章　训练

1.拉伸和热身

关于是否应该在运动前和（或）运动后做拉伸，以及如何在锻炼或比赛前热身，有很大的争议。

有证据表明，运动前做拉伸没有任何好处，甚至会妨害运动表现。这些观点有些道理。

然而，任何事都得结合个体情况考量。如第21页和第22页所讲，肌肉平衡和良好姿势对优化运动表现和减少受伤至关重要。那么，问题来了，您想依赖紧张的肌肉进行训练或运动而产生肌肉不平衡吗？答案很清楚：不。

在训练计划中的康复、纠正或基础训练阶段，用纠正性启动和拉伸来拉长身体中短、紧和易化的（facilitated）肌肉。这些肌肉通常是张力肌，但也因人而异。这可以通过做每一项肌肉启动和拉伸检查确定（25~38页）。如果身体的目标区域或目标肌肉感到紧张或不适，可把它加入肌肉启动和拉伸计划中去。最好是找一位合格的专业人士进行全面评估，例如，找CHEK从业者、物理治疗师、力量体能教练等。

这种训练前的运动和拉伸可以让肌肉在更大范围内工作，并可增加拮抗肌的拮抗范围。

当训练强度变得越来越大，进入最大肌力、爆发力或速度训练，这种训练前的拉伸有可能是有害的。如果肌肉拉伸超过正常范围或者拉伸时间过长，肌肉的神经冲动就会被抑制（down-regulated），意味着肌肉将产生更小的力。如果想要训练或表现达到最大效果，这是不理想的，这种情况在有身体接触的运动中甚至是危险的。当对手可以产生比您更大的爆发力时，便可打得您在场地里爬行，在草丛中找牙！

因此，对于50~52页的训练（深层肌肉训练）或58~78页的训练（原始模式®运动训练），建议在健身房进行训练之前，先做非常适合自己的灵活性和拉伸肌肉练习。用60%~80%的训练强度完成每个训练的1~2组进行热身。

在做最大肌力、爆发力、敏捷性训练、增强式训练和速度训练之前，应该进行训练前的拉伸和热身(39~47页)，这对于身体系统在训练或比赛之前做好必需的准备而取得最佳运动表现非常重要。随着神经系统、肌肉系统、心血管系统、呼吸系统都做好了准备，运动员也做好了尽最大努力的准备，同时降低了受伤的可能性。受伤可能性之所以降低是因为热身后肌肉变得温暖，组织黏性变小，能够进行大幅度的运动。因此当高速移动时，撕裂的可能性较小。

本书所讲的热身只是运动领域最常用热身的一部分。您要分析自己的运动或训练的运动模式，采用类似于那些运动的热身练习；也可以在上述热身基础上运用想象进行设计和改造以适应自己的训练或运动。

热身时，要缓慢地、逐步地提高自己的速度，直到达到接近自己运动的速度为止。热身结束时，应该微微出汗，但不要过量热身，浪费体力。

在最大肌力、爆发力或速度训练阶段，仍然要进行纠正性启动和拉伸工作，唯一不同的是要把它们当作训练后的放松练习。这样做有助于排出肌肉代谢废物。有传闻（没有研究支持此观点）显示，运动后拉伸可以减少肌肉酸痛。运动过后，代谢废物持续产生长达4小时，运动后的拉伸不太可能保持肌肉长度。

另一个拉伸的重要时刻是睡觉前，可使肌肉在拉长状态下再生（睡眠时肌肉会再生，通常在晚上10时到凌晨2时之间，即生长激素水平最佳的时候）。睡前拉伸也有助于放松身心和帮助恢复。

启　动

颈椎/胸椎段启动

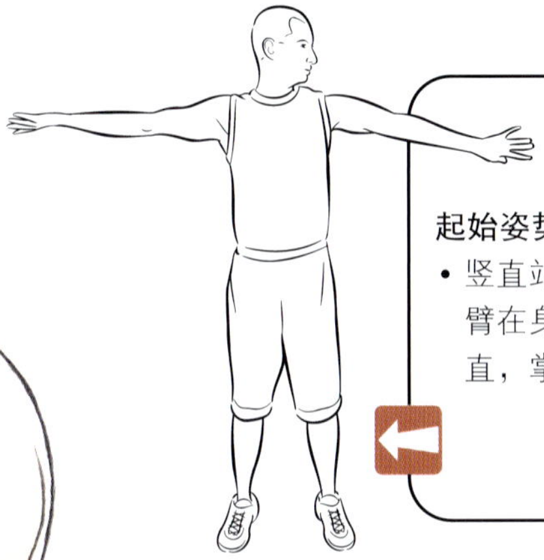

起始姿势

- 竖直站立，保持手臂在身体两侧伸直，掌心向下。

基本描述：

- 旋转左侧手臂，左手大拇指向下伸直。
- 同时最大幅度地向左转头。旋转右侧手臂，右手大拇指向上伸直。

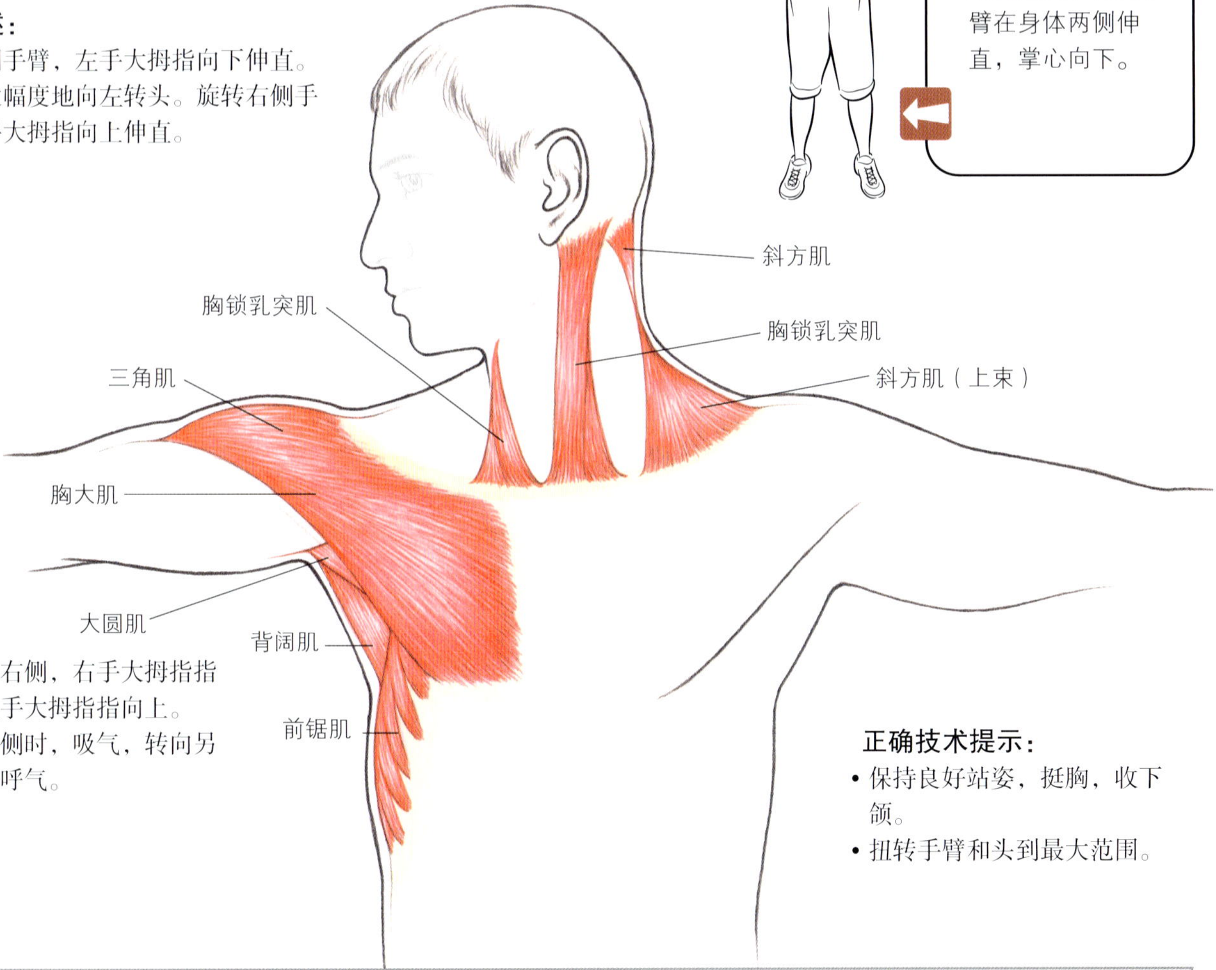

- 把头转向右侧，右手大拇指指向下，左手大拇指指向上。
- 头转向一侧时，吸气，转向另一侧时，呼气。

正确技术提示：

- 保持良好站姿，挺胸，收下颌。
- 扭转手臂和头到最大范围。

动作分析	关节	关节运动	启动的肌肉
关节1	颈椎	旋转	对侧：斜方肌（上束）、胸锁乳突肌、斜角肌 同侧：肩胛提肌、头夹肌、颈夹肌、头后大直肌、头下斜肌、颈长肌、头长肌
关节2	肩	外旋、内旋	三角肌、冈下肌、小圆肌、背阔肌、大圆肌、胸大肌、肩胛下肌
关节3	肩胛骨	脊柱中段和下段后伸	斜方肌（中束）、菱形肌、 前锯肌、胸小肌

胸椎段启动

起始姿势

- 仰卧，泡沫轴横放于身下肩胛骨下角水平的位置。
- 双手放在头颈后边，如杯状托住。舌头放在口腔顶部、门牙后边（舌头的解剖位置）。

基本描述：

- 吸气，呼气时脊柱上侧慢慢压向地板。吸气，缓缓抬起脊柱。
- 重复上述动作3次，然后把泡沫轴向上移动一个关节（约1英寸，2.5厘米），再重复上述动作3次。
- 重复这个流程，直到做到肩胛冈的高度。

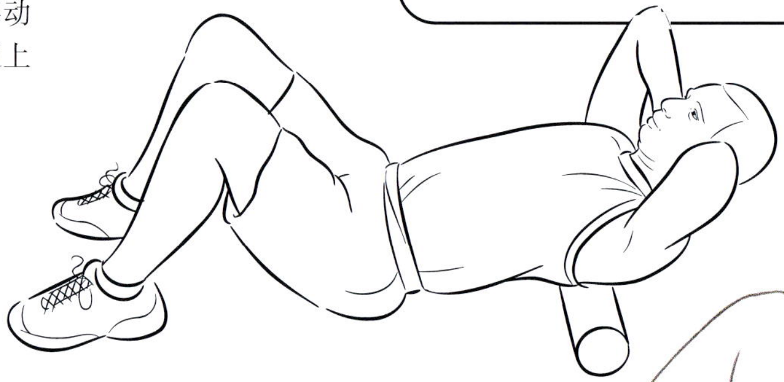

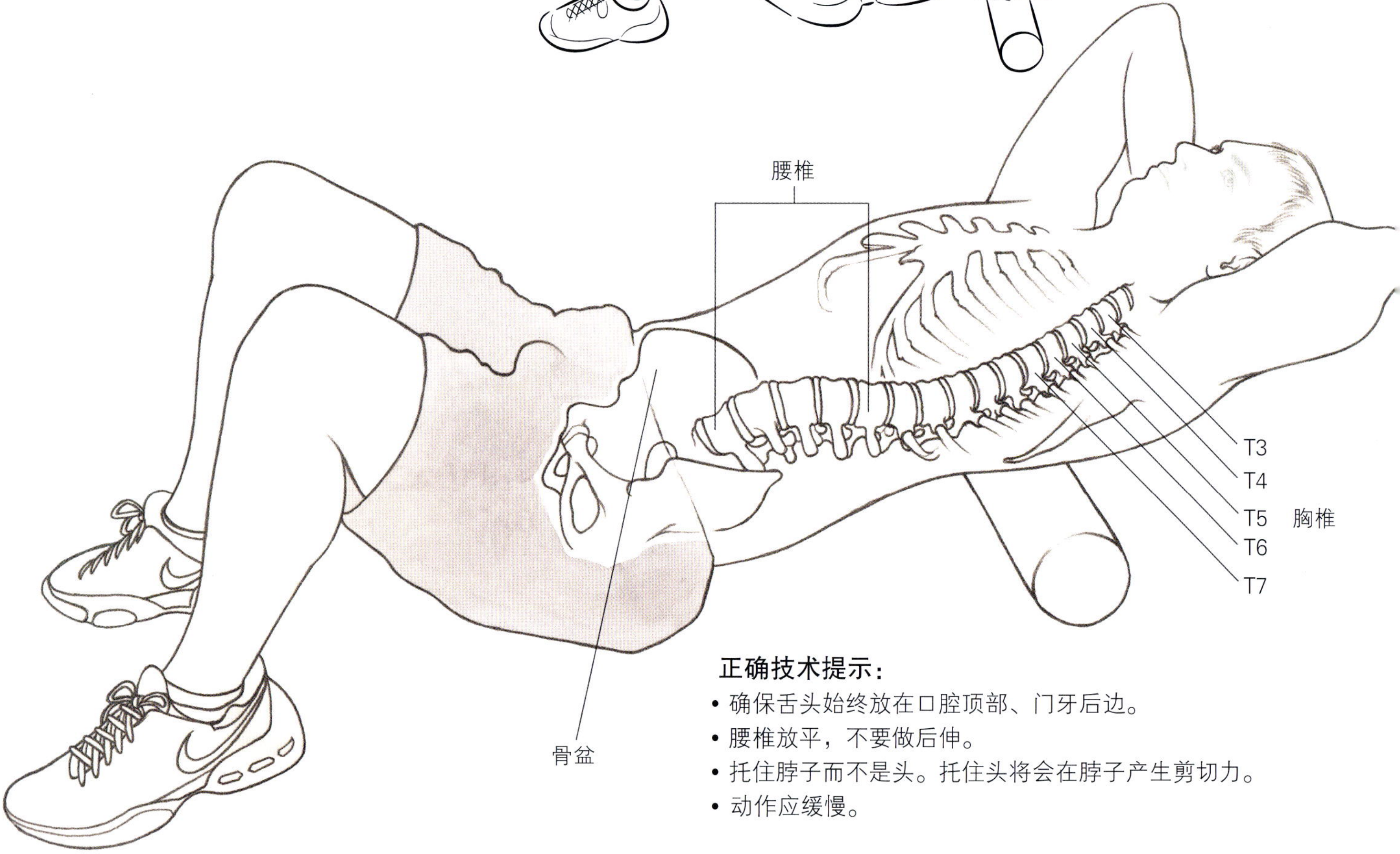

正确技术提示：

- 确保舌头始终放在口腔顶部、门牙后边。
- 腰椎放平，不要做后伸。
- 托住脖子而不是头。托住头将会在脖子产生剪切力。
- 动作应缓慢。

动作分析	关节	关节运动	启动的关节
关节1	胸椎	下部：后伸 上部：前屈	第3胸椎到第7胸椎

腰椎段启动

起始姿势

- 脸朝下躺（俯卧），屈肘，掌心朝下（旋前）放于肩膀两侧。

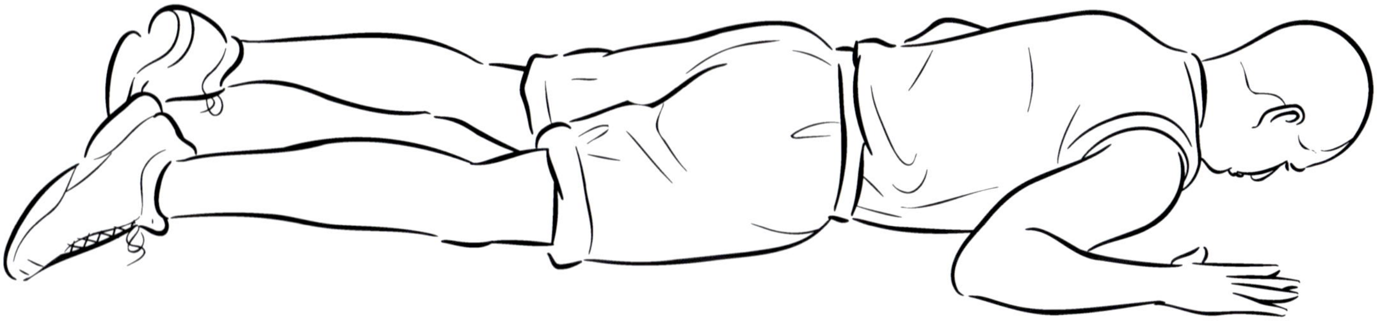

基本描述：

- 吸气，呼气时手臂向下推，从上往下一节一节地抬起每一节椎骨。
- 保持骨盆前侧的骨（髂前上棘）始终贴住地面。
- 在骨盆前侧的骨（髂前上棘）没有离开地面的前提下尽可能地抬高身体，吸气时回到起始姿势。
- 尝试每次抬得更高，并能保持良好的运动模式。

正确技术提示：

- 保持骨盆贴住地面。
- 保持头颈和脊柱呈一条线（不要屈或伸头或脖子）。

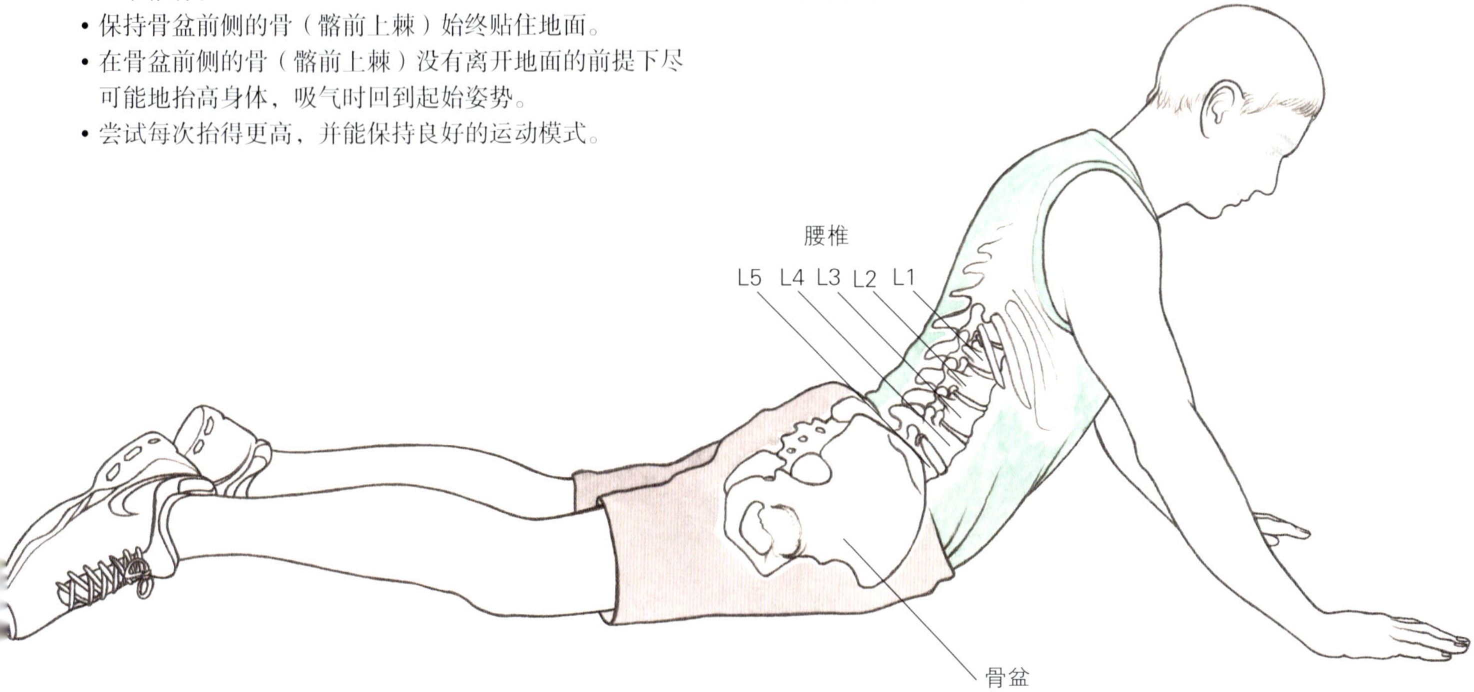

动作分析	关节	关节运动	启动的关节
关节1	腰椎	上部: 后伸	第1腰椎到第5腰椎

注意: 做这个动作感到疼痛的人要立即停止，并寻求专业人士的建议。

颈部伸肌

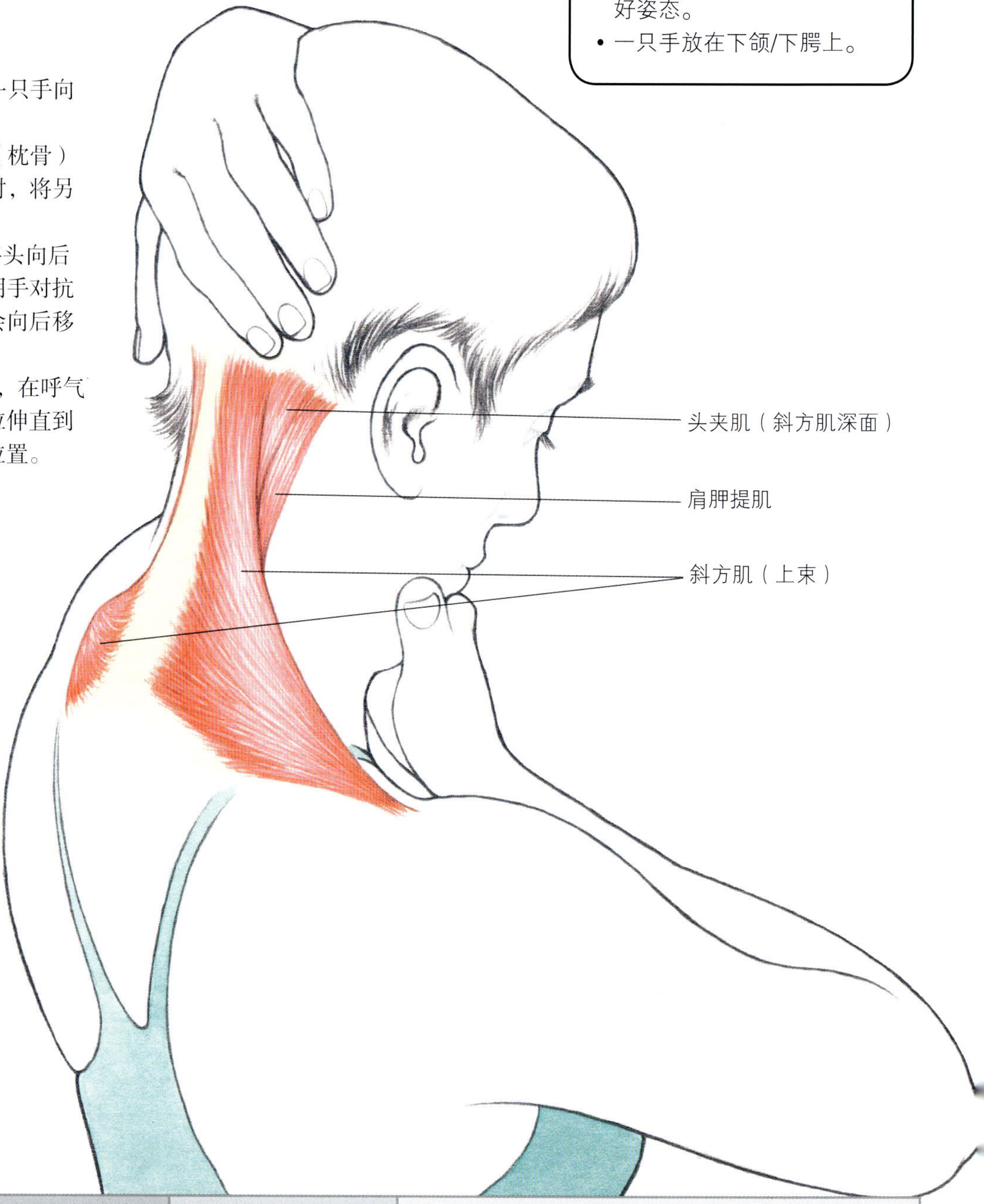

起始姿势
- 从坐姿或站姿开始，保持良好姿态。
- 一只手放在下颌/下腭上。

基本描述：
- 向颈部内收下颌，可以用一只手向内推并按住下颌。
- 当感到颈部后侧位于颅骨（枕骨）正下方的上部伸肌有拉伸时，将另一只手放在头部后侧。
- 吸气，用最大力量的10%将头向后推向手，同时屏住呼吸。用手对抗头部的动作，这样头就不会向后移动。
- 肌肉收缩5秒后放松。呼气，在呼气时，向内移动下巴，增大拉伸直到找到一个新的感到紧绷的位置。
- 重复上述步骤3~5次。

正确技术提示：
- 保持躯干竖直，下颌内收，当收缩肌肉时保持头部稳定。

动作分析	关节	关节运动	拉伸的肌肉
关节1	第1颈椎（寰枕关节）到第3颈椎	屈曲	斜方肌（上束）、肩胛提肌、头夹肌、颈夹肌、头后大直肌、头后小直肌、头上斜肌、头半棘肌

颈部侧屈肌

正确技术提示：
- 保持躯干竖直。
- 收缩肌肉的时候保持头部稳定。

基本描述：
- 将头部和颈部向远离拉住椅子的手的方向倾斜（耳朵朝向肩膀）。
- 当颈部侧面有拉伸感时，吸气，然后用约最大力量的10%朝向手的方向侧屈头部，并屏住呼吸。用手对抗头部的运动，以免头部发生侧向的移动。
- 保持肌肉收缩5秒之后，放松，呼气。这样做的时候，加大头部侧屈角度，直到找到新的感到紧绷的位置。
- 重复上述步骤3~5次。

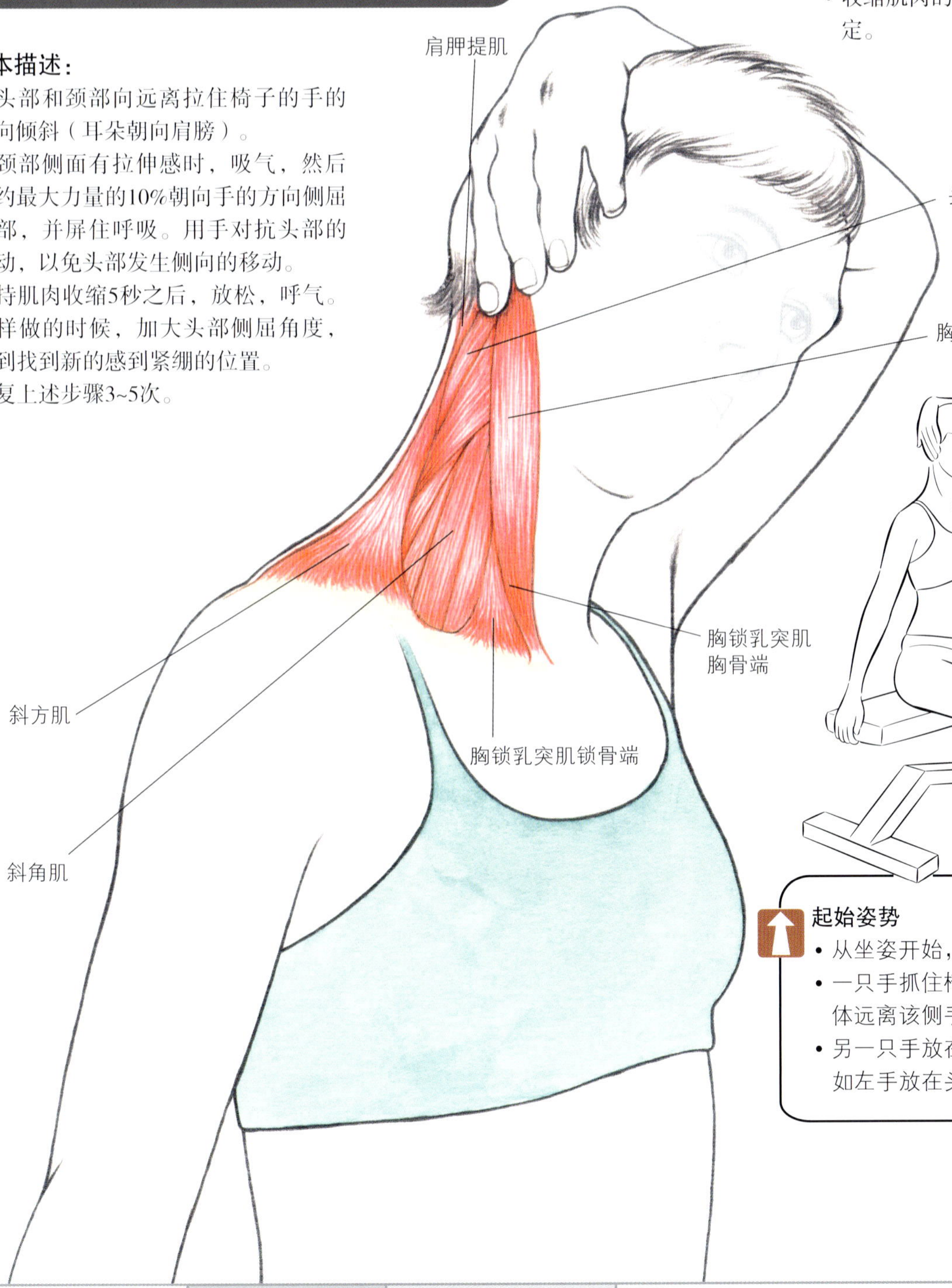

起始姿势
- 从坐姿开始，保持良好姿势。
- 一只手抓住椅子的侧面，让身体远离该侧手臂。
- 另一只手放在对侧头部侧面，如左手放在头部右侧。

动作分析	关节	关节运动	拉伸的肌肉
关节1	第1颈椎到第7颈椎	侧屈	斜角肌、斜方肌（上束）、肩胛提肌、头夹肌、颈夹肌、胸锁乳突肌、头长肌、颈长肌

胸小肌

正确技术提示：

- 确保整个拉伸过程肩膀一直由瑞士球支撑。
- 当加大拉伸时，允许肩胛骨向脊柱移动。

基本描述：

- 让体重落向地板，保持肩膀与地面平行。
- 当感到腋窝下拉伸时，吸气，用最大力量的10%把肘和前臂压向瑞士球，并屏住呼吸。
- 收缩肌肉5秒后，放松，呼气。此时把躯干压向地面更多，直到找到新的有紧绷感的位置。
- 重复上述步骤3~5次。

起始姿势

- 从四足支撑式开始，把一肘放在瑞士球的顶端。
- 球支撑肩膀。

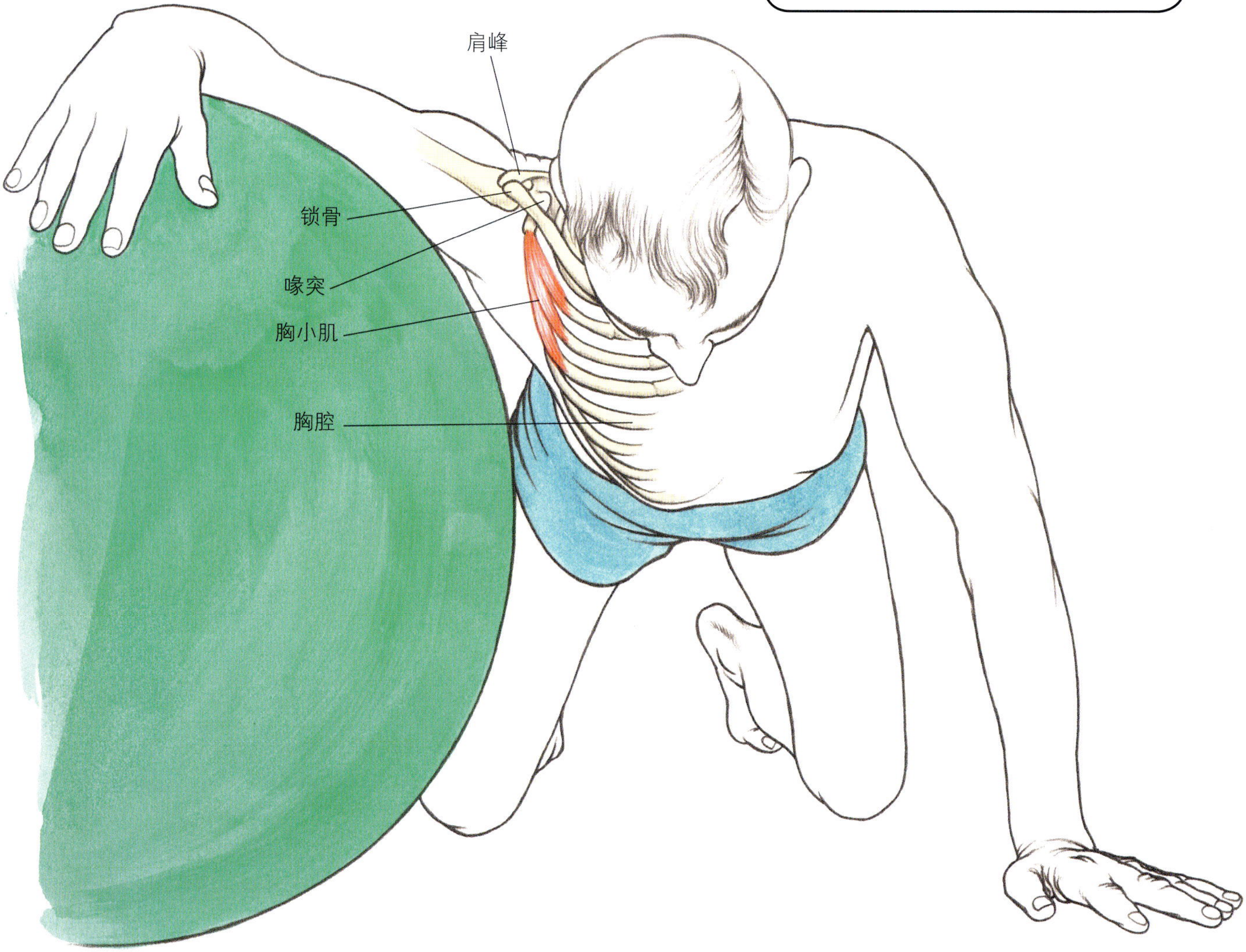

动作分析	关节	关节运动	拉伸的肌肉
关节1	肩胸关节	后缩	胸小肌

腹斜肌

正确技术提示：

• 保持肩膀垂直于地面。

起始姿势

• 侧躺在瑞士球上，腹部侧面由球支撑。
• 上侧腿抬起伸直，抵在墙面上；下侧腿弯曲，稍微向前放，帮助保持平衡。
• 手臂举过头顶，下侧手抓住上侧手腕。

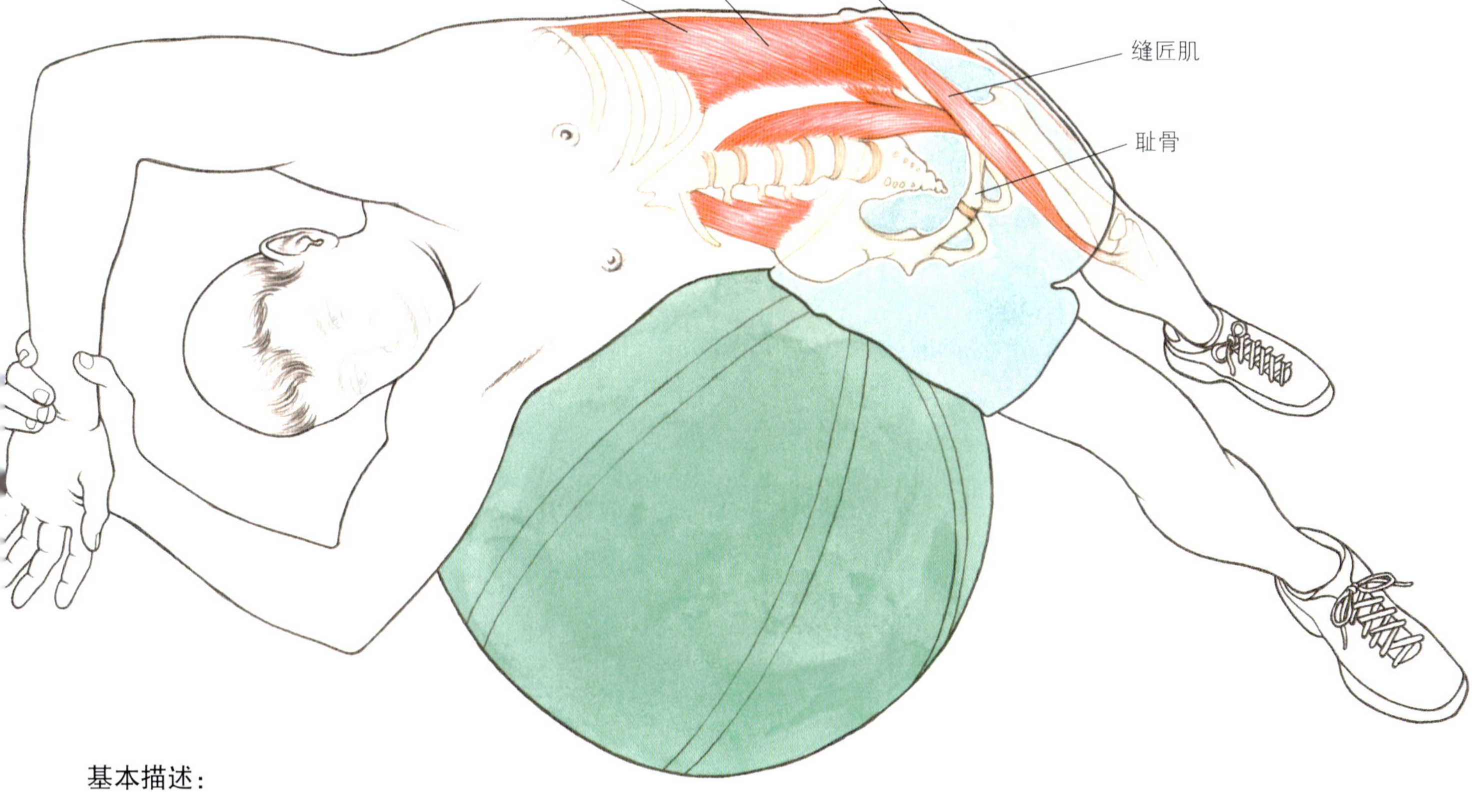

基本描述：

• 躯干向地面侧屈，保持肩膀与地面垂直。
• 当躯干侧面有拉伸感时，吸气，尝试向上侧卷。同时，位于下侧、抓住手腕的手用最大力量的10%来对抗这个动作，屏住呼吸。
• 在收缩肌肉5秒后，放松，吐气。然后向地板侧屈躯干更多，直到找到新的有紧绷感的位置。
• 重复上述步骤3~5次。

动作分析	关节	关节运动	拉伸的肌肉
关节1	胸椎、腰椎	侧屈	腹外斜肌、腹内斜肌、腰方肌、髂腰肌
关节2	髋	内收	臀肌、阔筋膜张肌、缝匠肌

腹肌

基本描述：

- 增加拉伸，伸膝。让头向地面移动得更多，直到感到腹部的拉伸。
- 用鼻子吸气、吐气，让腹部随着每次呼吸上下起伏，每2~3次呼吸中，在呼气时加大拉伸。
- 连续做2~3分钟。

正确技术提示：

- 确保骶骨在拉伸过程中一直贴在球上。

起始姿势

- 仰卧（脸朝上）在瑞士球上。骶骨、脊柱和头都接触球，双膝弯曲。
- 手举过头。

注意：如果做向上看的动作，如看头上方的橱柜或抬头看飞机时出现过眩晕，请不要进行这项练习。如果做这个动作时，感到头昏眩晕，要立刻停止。请找受过培训的专业人士检查颈部是否有椎动脉栓塞。

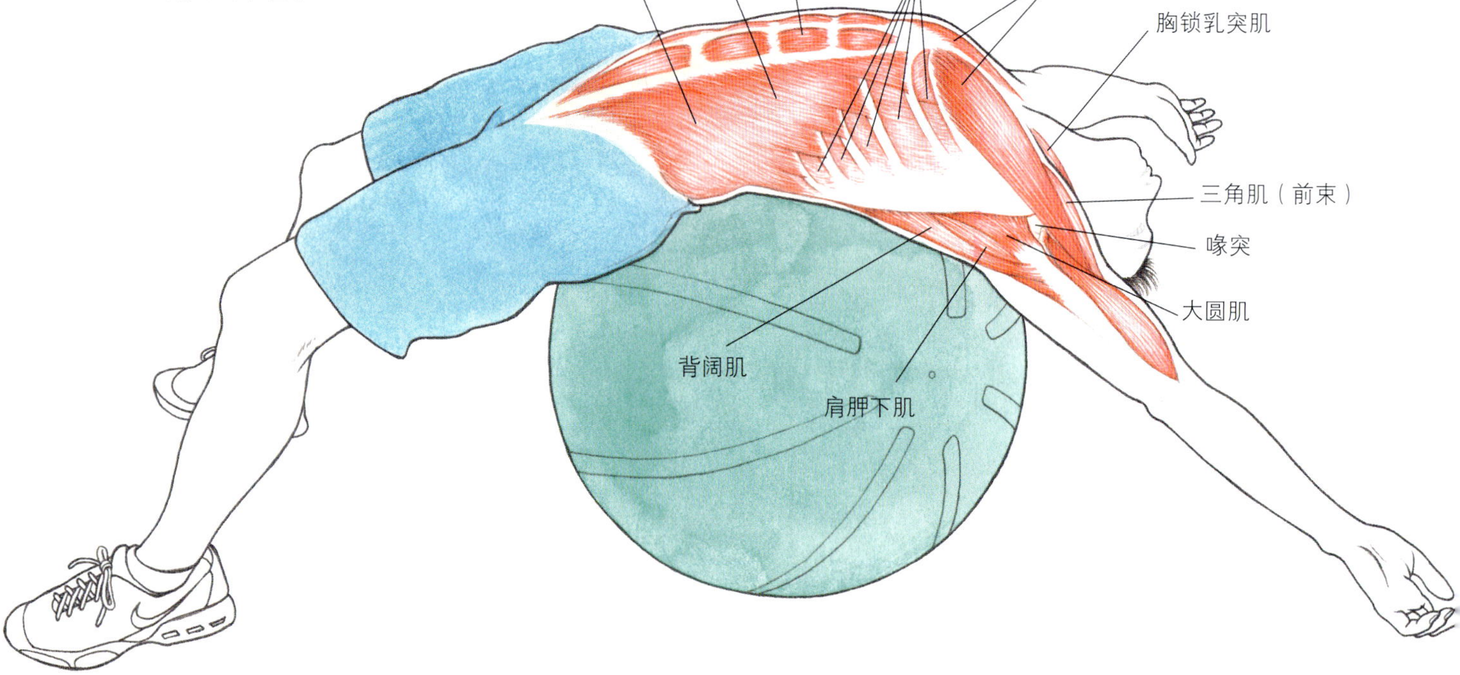

动作分析	关节	关节运动	拉伸的肌肉
关节1	颈椎	伸展	胸锁乳突肌、前斜角肌、头长肌、颈长肌
关节2	胸椎、腰椎	伸展	腹直肌、腹外斜肌、腹内斜肌、肋间内肌、下后锯肌
关节3	肩	屈曲、外展、外旋	胸大肌、三角肌（前束）、肩胛下肌、背阔肌、大圆肌

腰椎旋转

起始姿势

- 仰卧在地板上，双手伸向两侧，屈膝，双脚并拢平放在地板上。

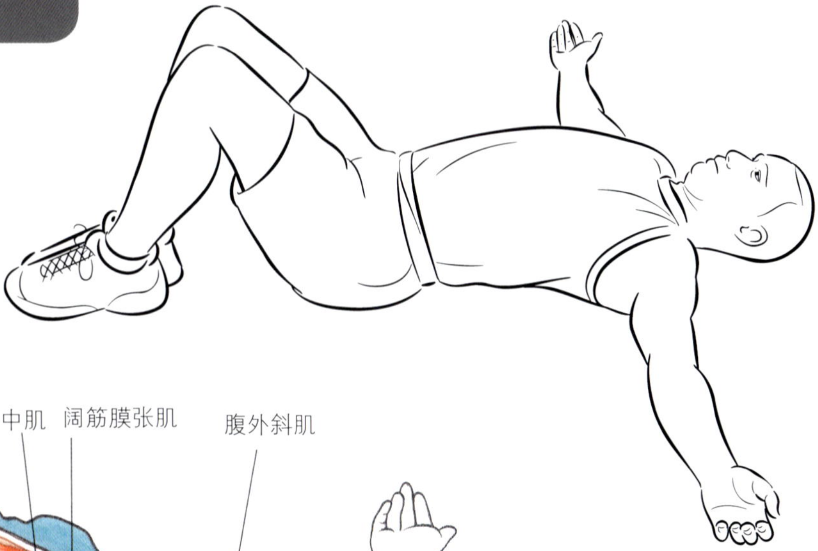

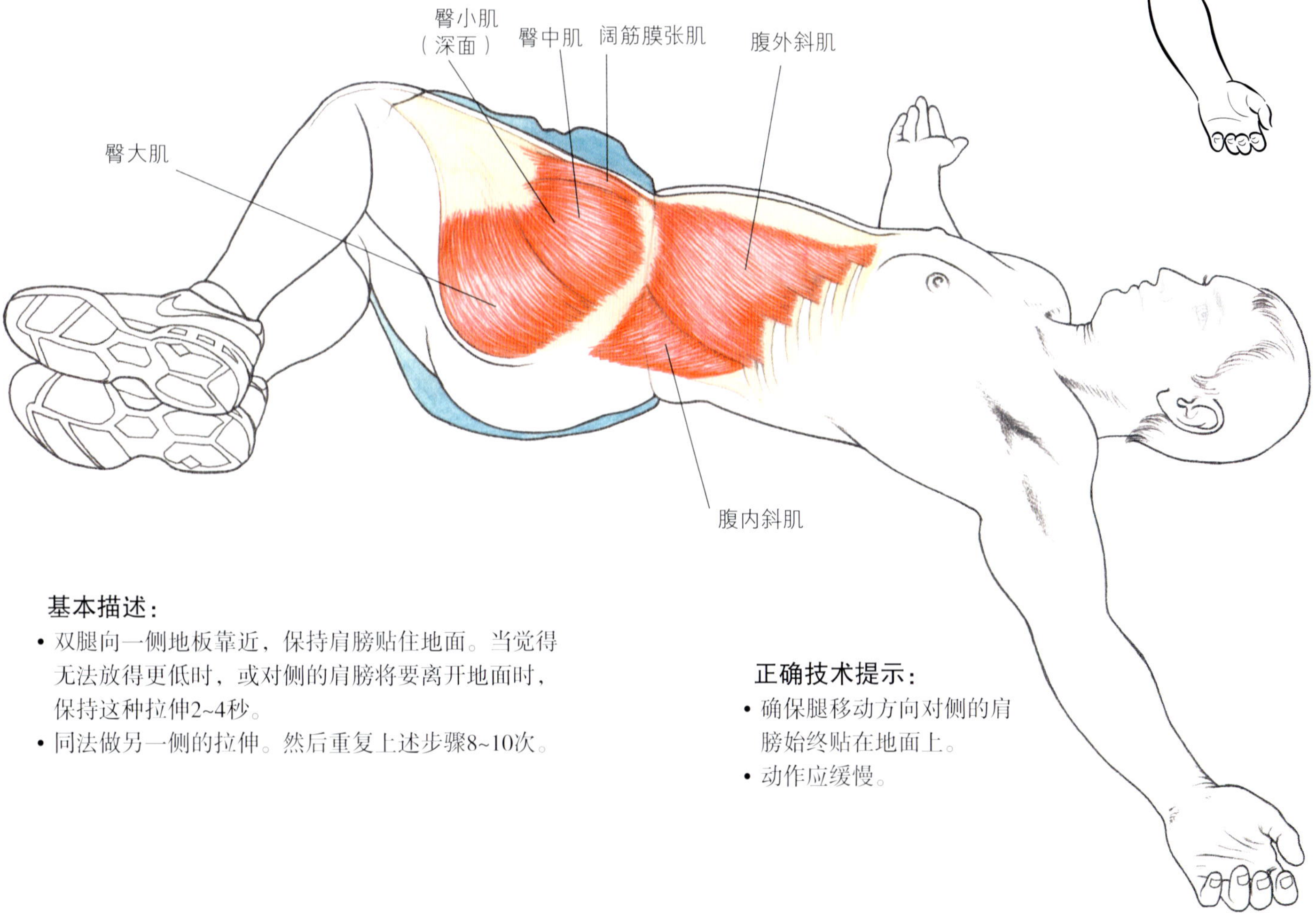

基本描述：

- 双腿向一侧地板靠近，保持肩膀贴住地面。当觉得无法放得更低时，或对侧的肩膀将要离开地面时，保持这种拉伸2~4秒。
- 同法做另一侧的拉伸。然后重复上述步骤8~10次。

正确技术提示：

- 确保腿移动方向对侧的肩膀始终贴在地面上。
- 动作应缓慢。

动作分析	关节	关节运动	拉伸的肌肉
关节1	腰椎	旋转	对侧：腹外斜肌 同侧：腹内斜肌、多裂肌、回旋肌
关节2	髋	水平外展	臀肌、阔筋膜张肌、缝匠肌

阔筋膜张肌

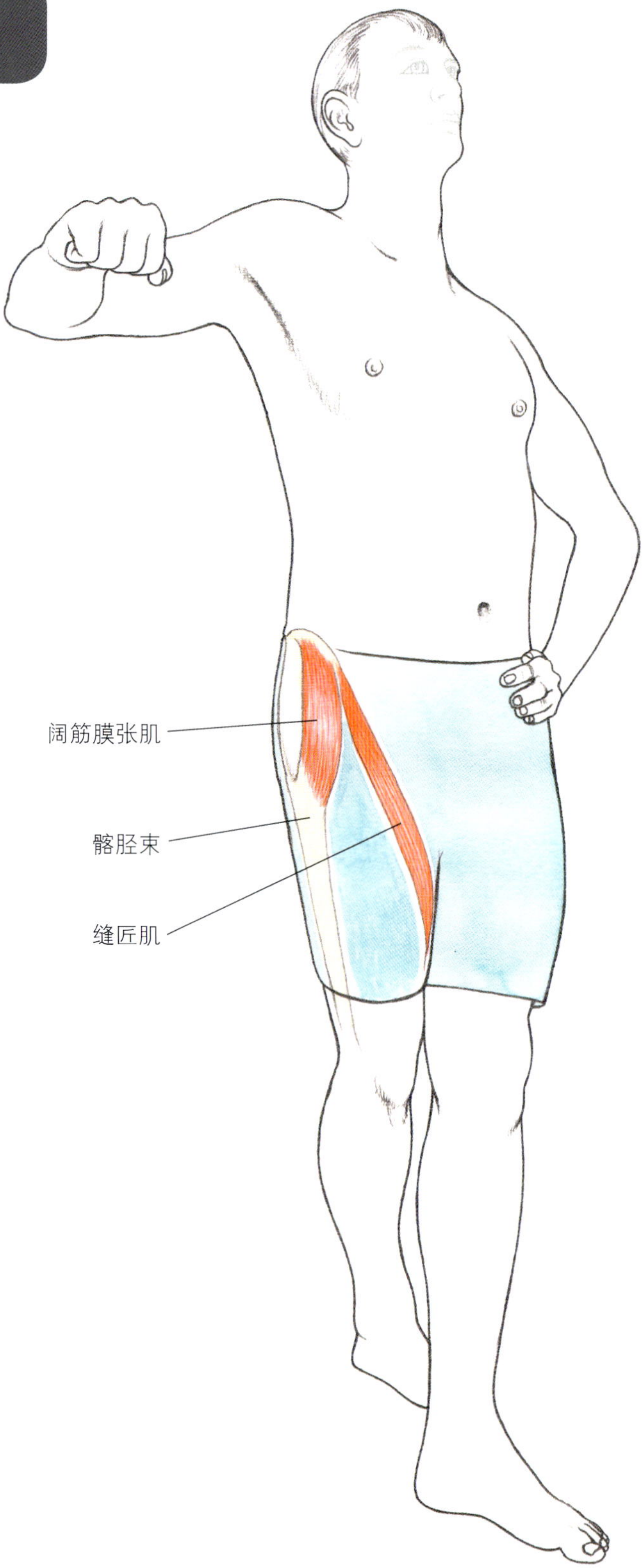

基本描述：

- 把近墙侧骨盆推向墙，同时把对侧骨盆向下推。
- 缓慢深呼吸，放松地拉伸。保持拉伸动作30~60秒。每2~3次呼气，加大一下拉伸。

正确技术提示：

- 确保远离墙面的骨盆侧与靠近墙面的骨盆侧成一条线，双脚平放在地板上并平行于墙壁。

起始姿势

- 站姿，侧面靠向墙，把将要被拉伸的腿交叉放于另一条腿后，使之处于内收和后伸位。
- 用靠近墙侧的前臂抵住墙，负担躯干的重量。
- 将远离墙侧的手放在同侧骨盆上。

动作分析	关节	关节运动	拉伸的肌肉
关节1	髋	内收、后伸	阔筋膜张肌、缝匠肌

髋屈肌

起始姿势

- 从弓步开始，后侧腿膝关节放于地面。

正确技术提示：

- 确保骨盆处于后倾位。

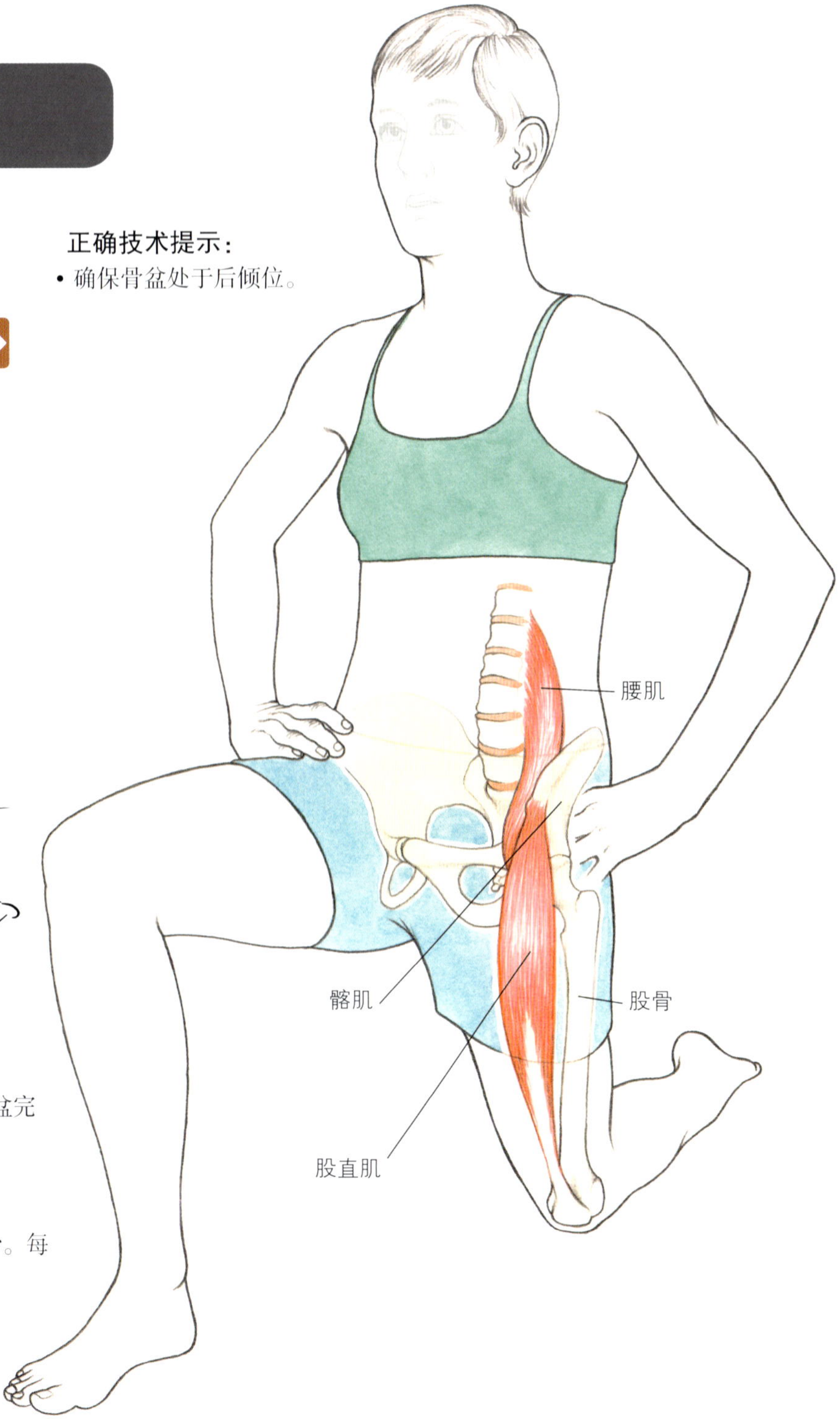

基本描述：

- 向后转动骨盆（尾骨向下卷）。
- 前侧腿屈膝，把身体重心向前移，但保持骨盆完全后倾。
- 躯干向后侧腿对侧侧屈。
- 躯干向后侧腿对侧旋转。
- 缓慢深呼吸，放松地拉伸，保持拉伸30~60秒。每2~3次呼气，加大一些拉伸。

动作分析	关节	关节运动	拉伸的肌肉
关节1	腰椎	旋转	对侧：腹外斜肌 同侧：腹内斜肌、多裂肌、回旋肌
关节2	髋	水平外展	臀肌、阔筋膜张肌、缝匠肌

内收肌

基本描述：

- 增大非拉伸腿的弯曲，在瑞士球上稍微向前移动，直到感到拉伸腿的拉伸。
- 吸气，把拉伸腿的脚收紧，并压向地面5秒。
- 放松，呼气，再次加大非拉伸腿的弯曲，进一步向前移动增大拉伸，保持新的拉伸位置5秒。重复上述步骤3~5次。

起始姿势

- 身体竖直坐在瑞士球上，将需要拉伸的腿向侧面伸开，脚尖向前。
- 非拉伸腿外旋约45°，膝关节对准第二个脚趾。

正确技术提示：

- 保持非拉伸腿的膝关节始终对准第二个脚趾。
- 保持躯干竖直向上。
- 保持拉伸过程中拉伸腿的整个足部始终接触地面。

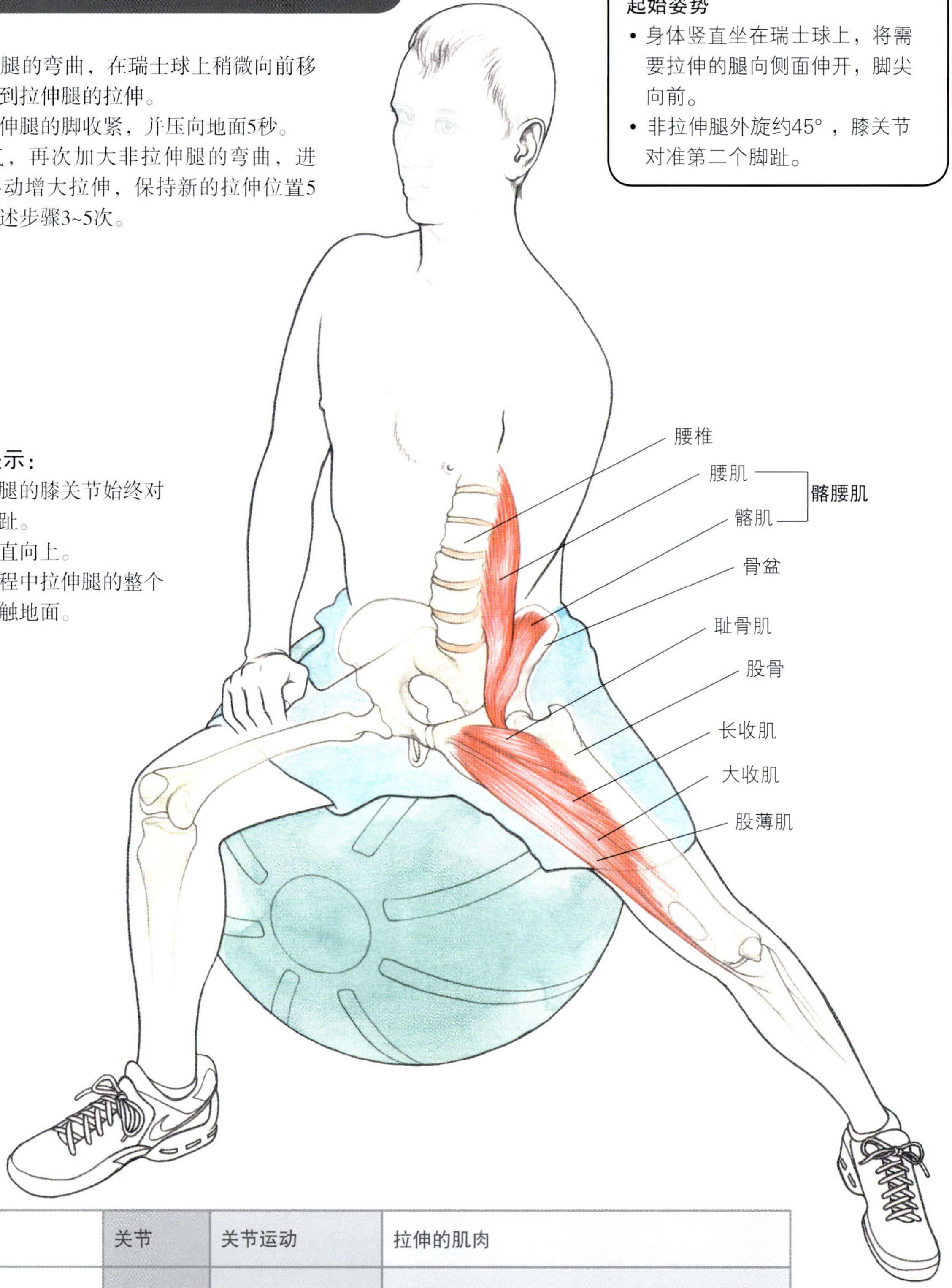

动作分析	关节	关节运动	拉伸的肌肉
关节1	髋	外展	耻骨肌、短收肌、长收肌、大收肌、股薄肌、腰肌、髂肌、臀大肌（下束）

腘绳肌
瑞士球上坐姿

基本描述：

- 保持两个手指捏住皮肤，从髋部向前屈曲身体，直到感到腘绳肌（译者注：腘绳肌由半膜肌、半腱肌、股二头肌组成，其作用是伸髋屈膝）的拉伸。
- 吸气，把脚跟压向地面，收缩腘绳肌5秒。
- 放松，呼气，从髋部向前倾斜更多，增加拉伸，直到新的有紧绷感的位置，停留在新的位置5秒。
- 重复上述步骤3~5次或直到感受不到更多的拉伸。

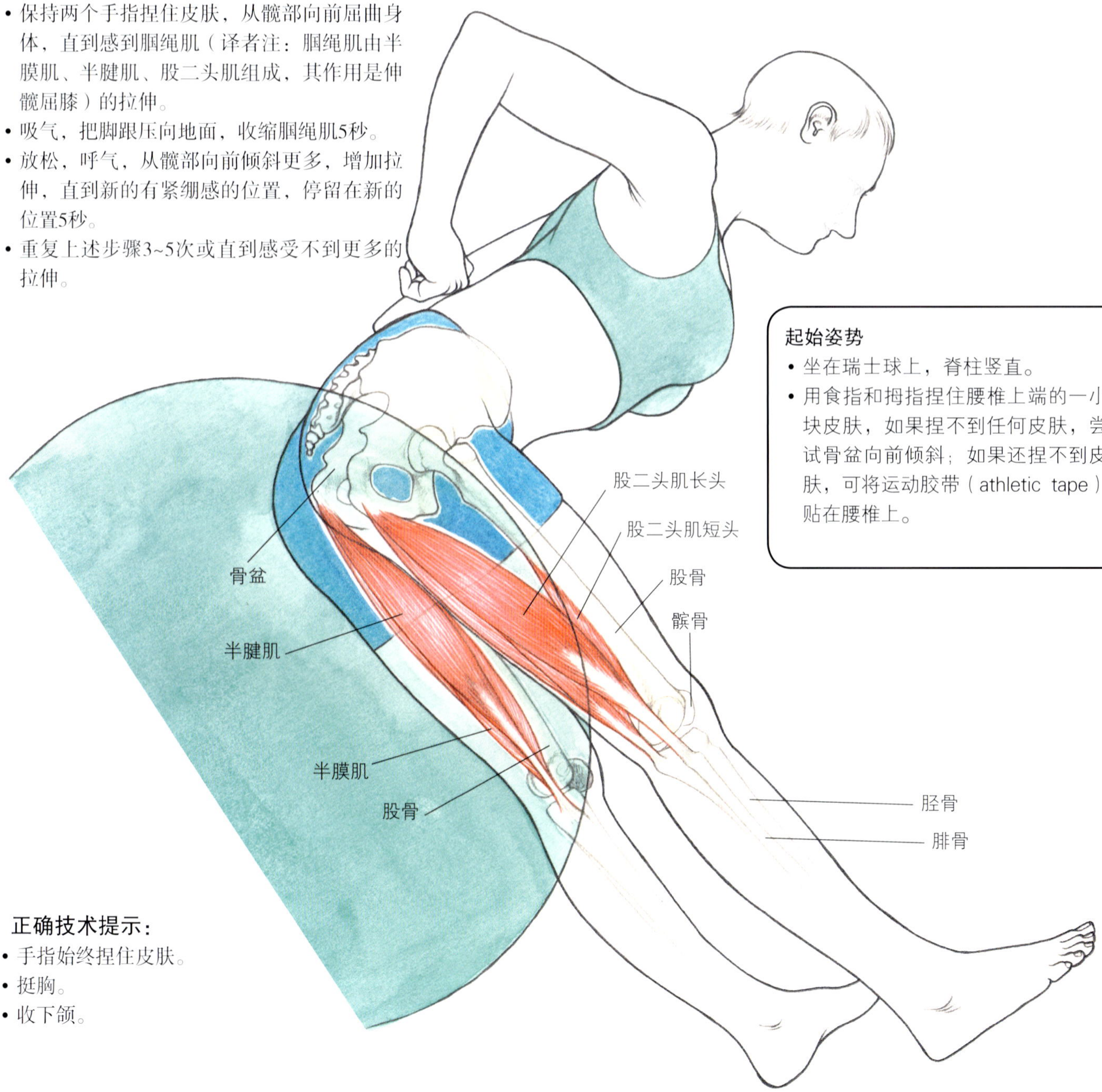

起始姿势

- 坐在瑞士球上，脊柱竖直。
- 用食指和拇指捏住腰椎上端的一小块皮肤，如果捏不到任何皮肤，尝试骨盆向前倾斜；如果还捏不到皮肤，可将运动胶带（athletic tape）贴在腰椎上。

正确技术提示：

- 手指始终捏住皮肤。
- 挺胸。
- 收下颌。

动作分析	关节	关节运动	拉伸的肌肉
关节1	髋	屈曲	股二头肌、半腱肌、半膜肌

小腿

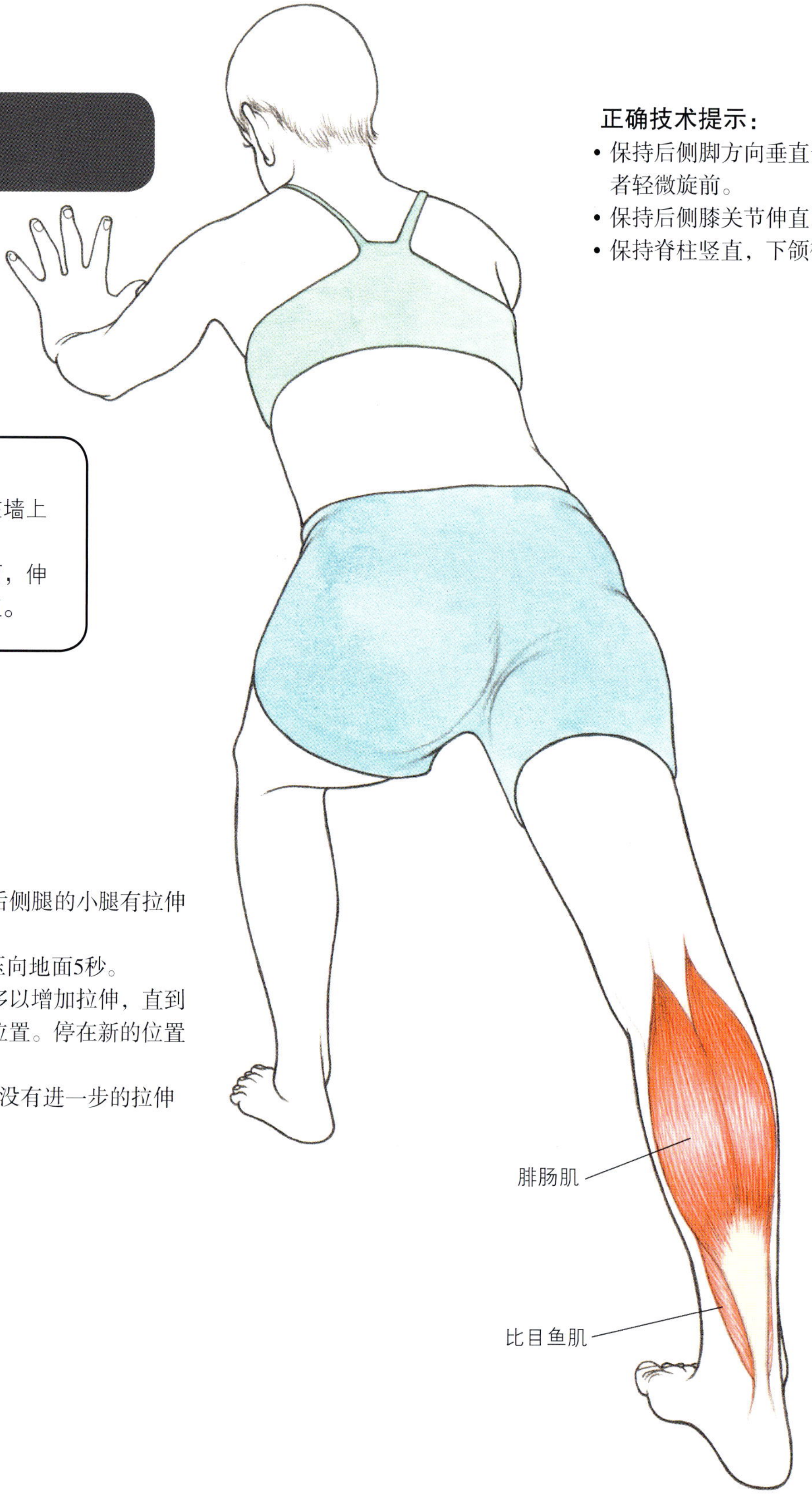

正确技术提示：

- 保持后侧脚方向垂直于墙面或者轻微旋前。
- 保持后侧膝关节伸直。
- 保持脊柱竖直，下颌微收。

起始姿势

- 站姿，面朝墙，双手抵在墙上支撑上半身。
- 一只脚后移，平放于地面，伸直膝关节，脚与墙面垂直。

基本描述：

- 重心前移向墙倾斜，直到后侧腿的小腿有拉伸感。
- 吸气，把后侧脚的蹞趾球压向地面5秒。
- 放松，呼气，向墙倾斜更多以增加拉伸，直到到达一个新的有紧绷感的位置。停在新的位置5秒。
- 重复上述步骤3~5次或直到没有进一步的拉伸感。

动作分析	关节	关节运动	拉伸的肌肉
关节1	踝	足背屈	腓肠肌、比目鱼肌、胫骨后肌、腓骨长肌、腓骨短肌

训练前拉伸和热身

下蹲推举

正确技术提示：

- 保持躯干挺直，眼睛直视前方。
- 保持膝关节始终对准第二个脚趾的方向。
- 轻轻收腹。

起始姿势

- 站姿，直立，把一个实心球（重量为体重的5%~10%）靠放在胸口上。

基本描述：

- 吸气，然后吐气下蹲到全蹲或半蹲的位置。
- 下蹲后不停留，吸气，身体回到起始姿势。
- 当回到起始姿势时，把实心球举过头顶。
- 下蹲时，把实心球放回胸前。

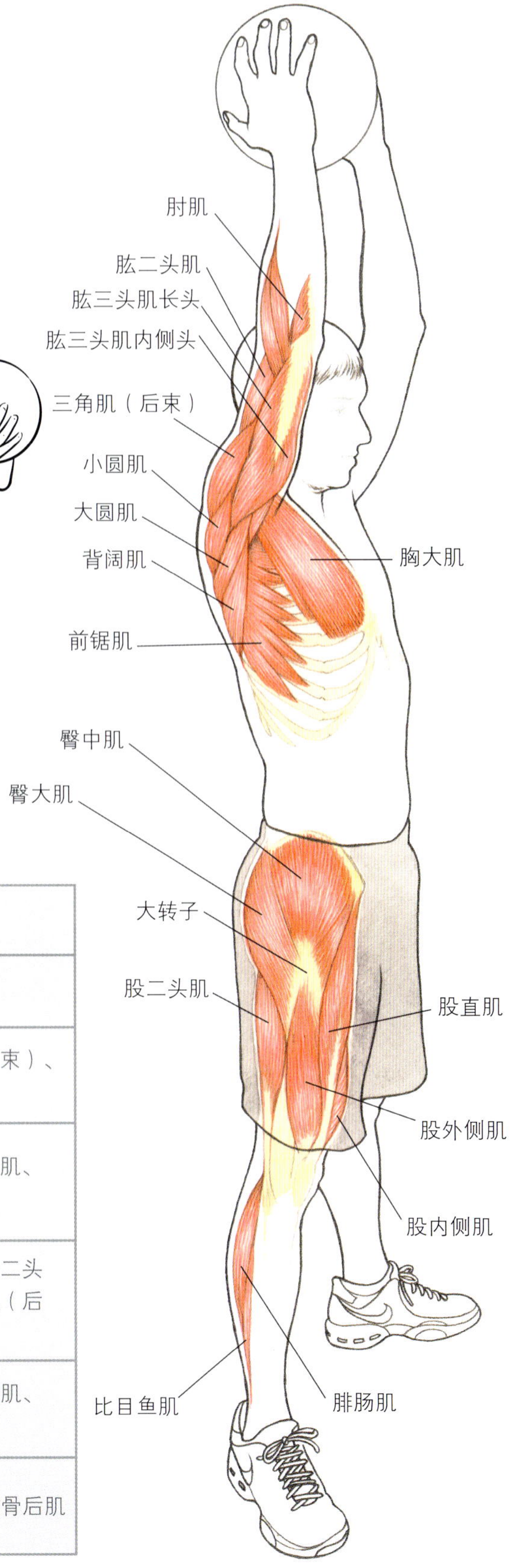

动作分析	关节	关节运动	动用的肌肉
关节1	肘	向上：伸展 向下：屈曲	肱三头肌、肘肌
关节2	肩	向上：屈曲 向下：伸展	三角肌（前束）、胸大肌（上束）、肱二头肌、喙肱肌
关节3	肩胛骨	向上：上回旋、外展 向下：下回旋、内收	斜方肌（上束、下束）、胸小肌、前锯肌
关节4	髋	向上：伸展 向下：屈曲	臀大肌、臀中肌（后束）、股二头肌、半腱肌、半膜肌、大收肌（后束）
关节5	膝	向上：伸展 向下：屈曲	股内侧肌、股中间肌、股外侧肌、股直肌
关节6	踝	向上：跖屈 向下：背屈	腓肠肌、比目鱼肌、跖肌、胫骨后肌

站姿躯干旋转

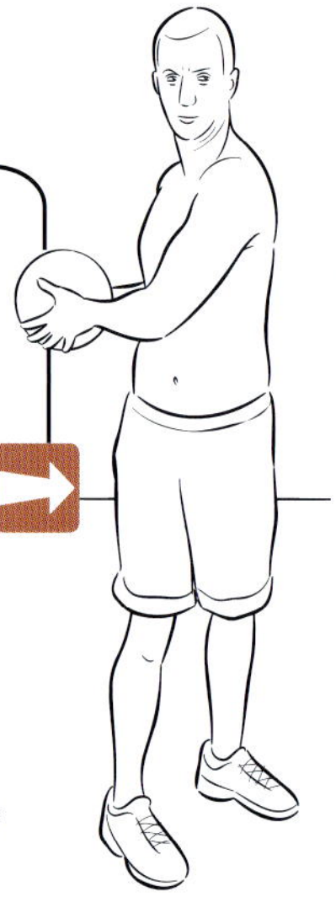

起始姿势

- 直立站姿，抱一个实心球，位置略高于肚脐。
- 双脚分开与肩等宽。

正确技术提示：

- 保持挺直姿势，挺胸，收下颌，在充分热身之前，不要旋转太多或太快。

基本描述：

- 轻轻向两侧转动躯干。
- 热身之后，可以增加旋转的幅度和速度。
- 开始时保持双脚稳定，热身后，在旋转时允许双脚向内翻，头保持向前看或随着脊柱一同旋转。
- 每个方向做10~30个旋转，改变实心球的高度以调动不同部位后背和躯干的肌肉参与热身。

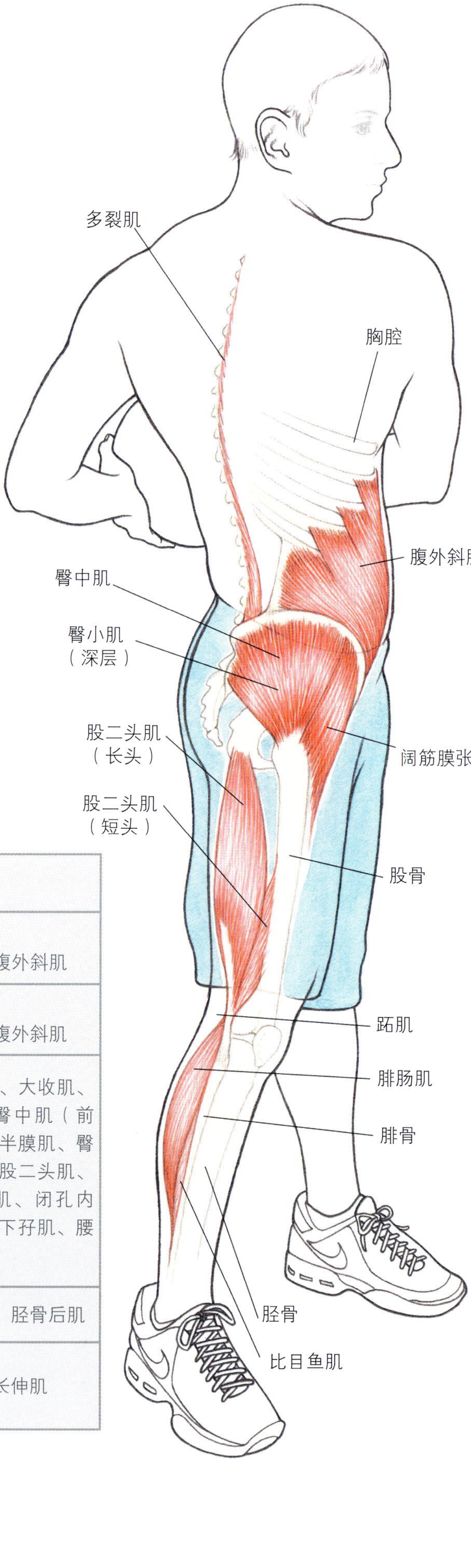

动作分析	关节	关节运动	动用的肌肉
关节1	胸椎	旋转	同侧：腹内斜肌 对侧：多裂肌、回旋肌、腹外斜肌
关节2	腰椎	旋转	同侧：腹内斜肌 对侧：多裂肌、回旋肌、腹外斜肌
关节3	髋	内旋、外旋	股薄肌、耻骨肌、短收肌、大收肌、长收肌、阔筋膜张肌、臀中肌（前束）、臀小肌、半腱肌、半膜肌、臀大肌、臀中肌（后束）、股二头肌、缝匠肌、梨状肌、股方肌、闭孔内肌、闭孔外肌、上孖肌、下孖肌、腰大肌、髂肌
关节4	踝	跖屈	腓肠肌、比目鱼肌、跖肌、胫骨后肌
关节5	跖骨	足外翻（译者注：足内侧向内、向下）	腓骨长肌、腓骨短肌、趾长伸肌

屈蹲上举

正确技术提示：

- 躯干挺直，双眼直视前方。
- 膝关节对准第二个脚趾。
- 轻轻收腹。

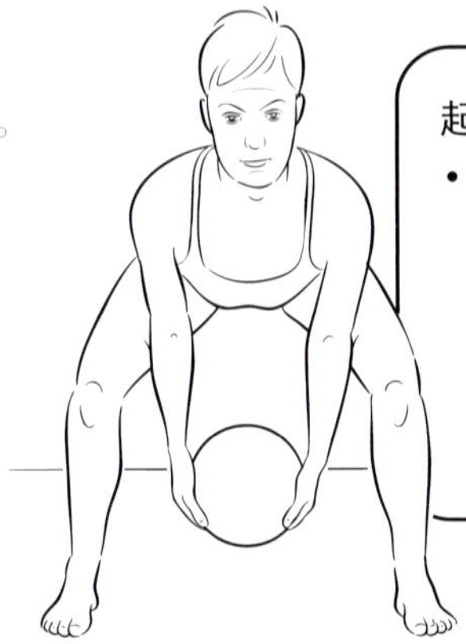

起始姿势

- 竖直站立，双手抱一个实心球（重量为自身体重的5%~10%）。伸直手臂，球放于身体前。

基本描述：

- 吸气，呼气，向前屈髋屈膝，直到实心球位于双腿间，保持挺胸，双眼直视前方。
- 再次吸气，向上举球：实心球举过头顶，髋部向前推。
- 不停顿，呼气，回到向前屈髋屈膝的姿势，实心球回到双腿中间，动作结束。
- 重复10~20次。开始时慢些，热身后加快速度，并增大运动幅度。

动作分析	关节	关节运动	动用的肌肉
关节1	肩	上：屈曲 下：伸展	三角肌（前束）、胸大肌（上束）、肱二头肌、喙肱肌
关节2	肩胛骨	上：上回旋、外展 下：下回旋、内收	斜方肌（上束和下束）、胸小肌、前锯肌
关节3	胸椎	上：伸展 下：由屈曲到中立位	棘肌、最长肌、髂肋肌、多裂肌、回旋肌
关节4	腰椎	上：伸展 下：由屈曲到中立位	棘肌、最长肌、髂肋肌、多裂肌、回旋肌、横突间肌、棘间肌
关节5	髋	上：伸展 下：屈曲	臀大肌、臀中肌（后束）、股二头肌、半腱肌、半膜肌、大收肌（后束）
关节6	膝	上：伸展 下：屈曲	股内侧肌、股中间肌、股外侧肌、股直肌
关节7	踝	上：跖屈 下：背屈	腓肠肌、比目鱼肌、跖肌、胫骨后肌

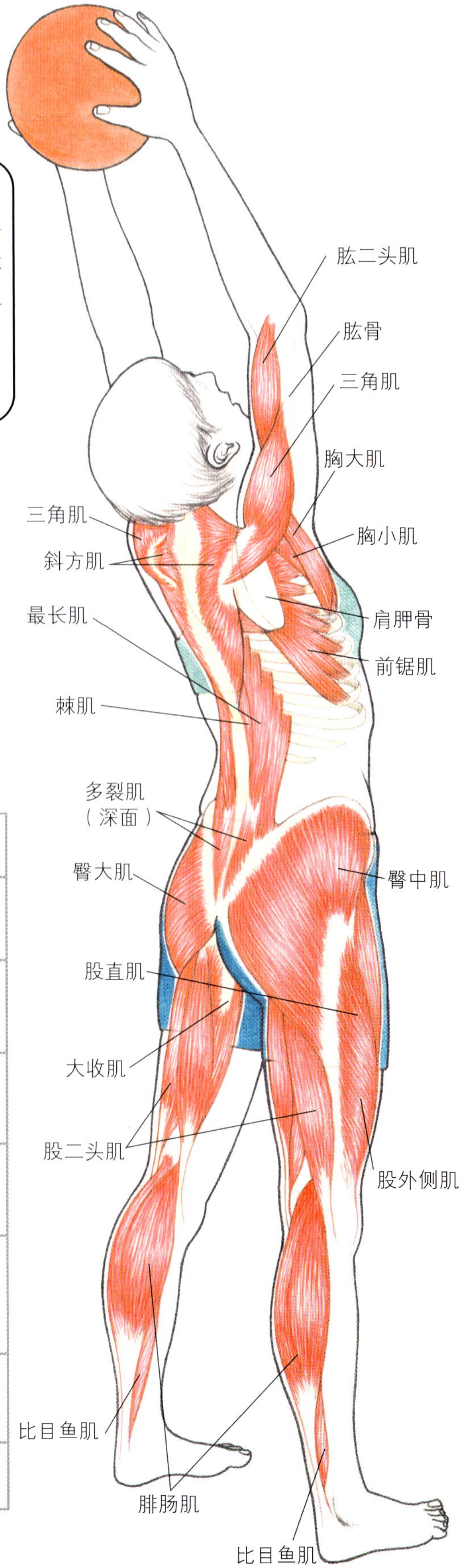

行进中腘绳肌拉伸

正确技术提示：

- 保持脊柱位于中立位。
- 注意腰椎，下背不要弓起。

基本描述：

- 直腿向前迈一步。向前迈步时，髋屈曲，但脊柱挺直，直到能感受腘绳肌的拉伸。
- 换另一条腿向前迈步，动作如前所述。
- 继续以上述方式迈步，每条腿10~20步。

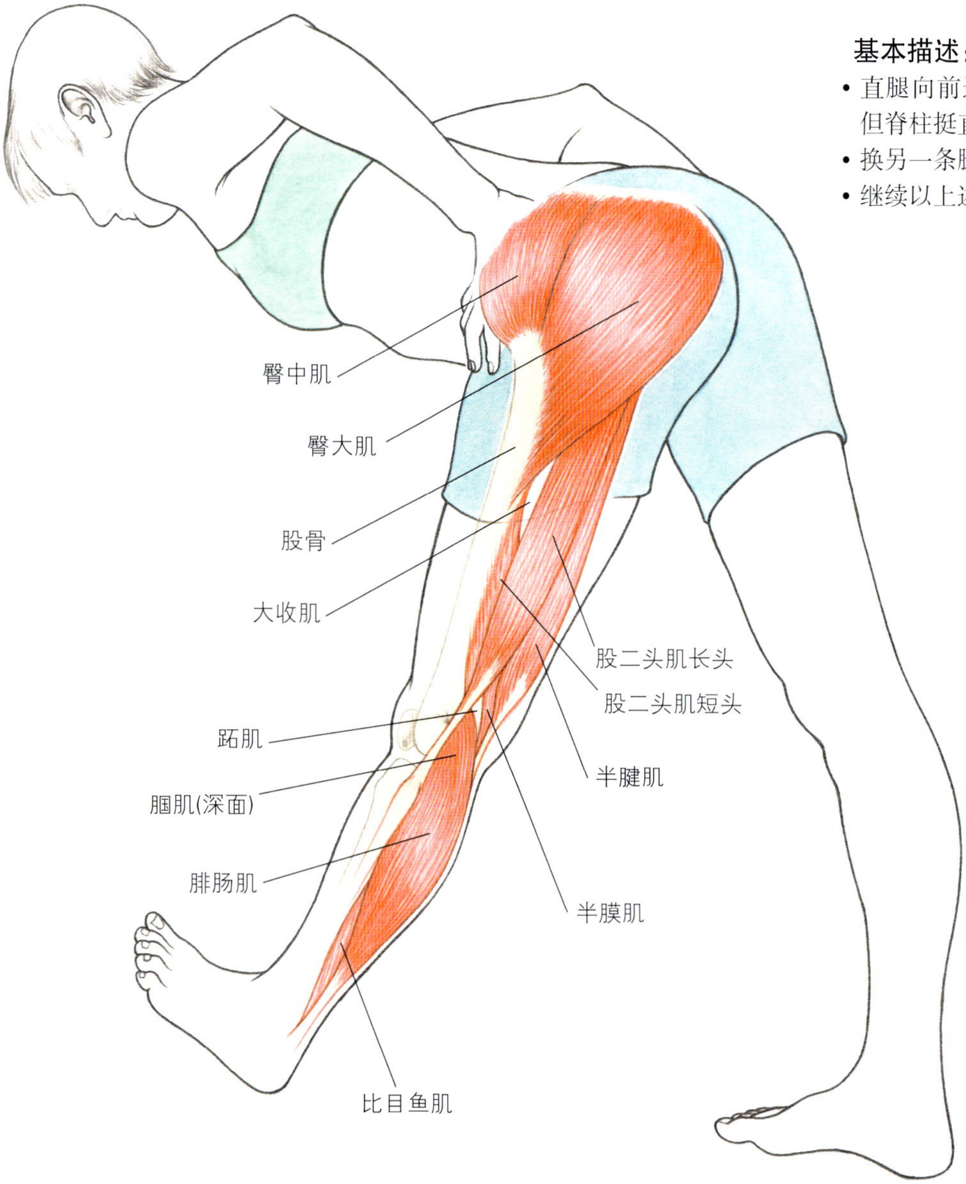

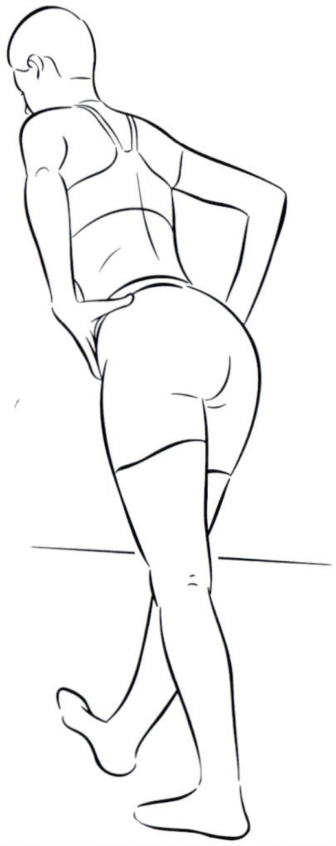

起始姿势

- 向前迈一步。

动作分析	关节	关节运动	动用的肌肉
关节1	髋	前侧腿：屈曲 后侧腿：伸展	臀大肌、臀中肌（后束）、股二头肌、半腱肌、半膜肌、大收肌（后束）
关节2	膝	伸展	股二头肌、半腱肌、半膜肌、股薄肌、缝匠肌、腓肠肌、腘肌、跖肌
关节3	踝	背屈	腓肠肌、比目鱼肌、胫骨后肌

多向弓步

基本描述：

- 向前弓步，收回。
- 向前45°弓步，保持躯干和脚直指向前，收回。
- 向侧面弓步，保持躯干和脚直指向前，收回。
- 向斜后45°弓步，保持躯干和脚直指向前，收回。
- 弓步向后，回到起始姿势。

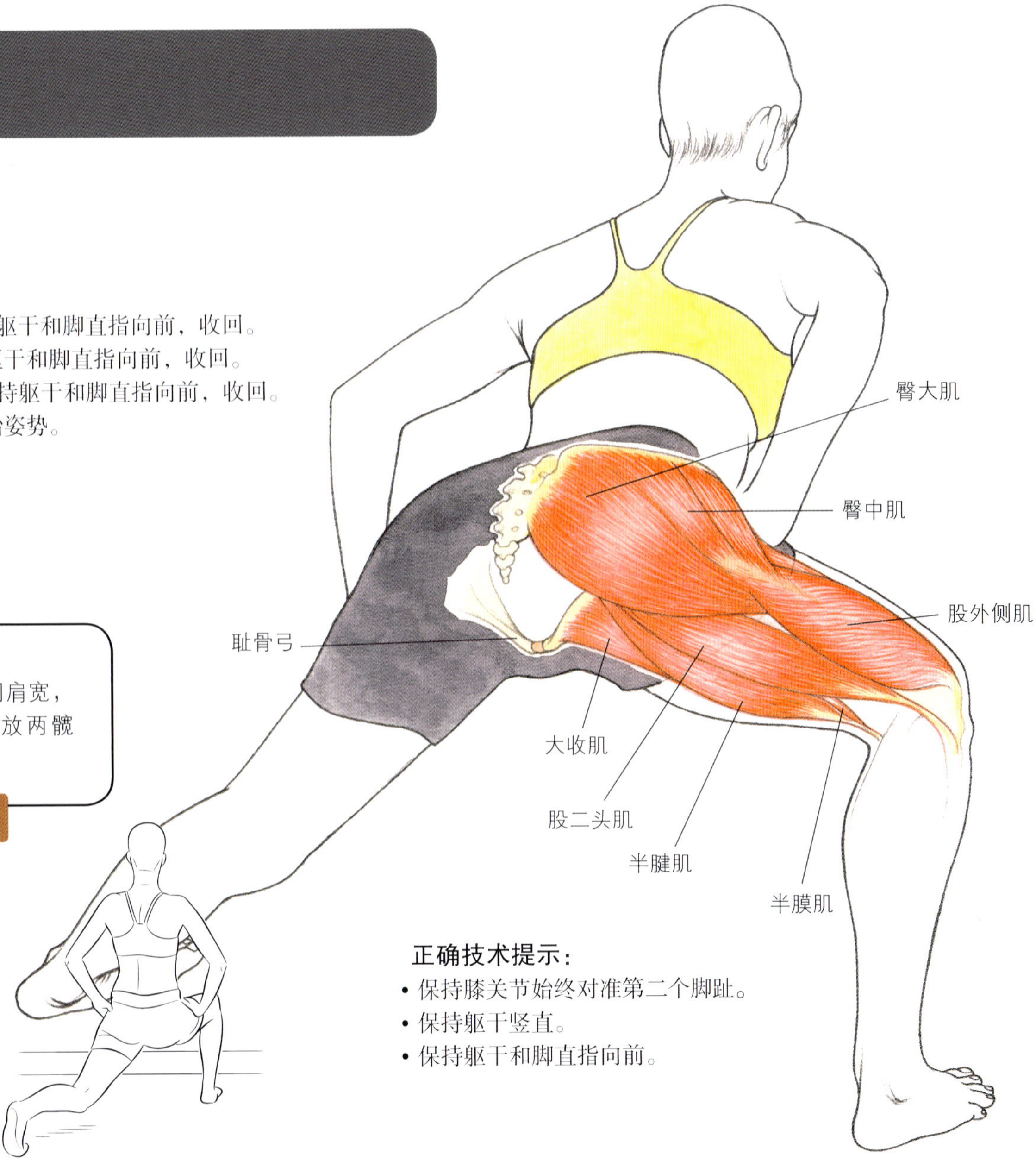

起始姿势

- 站姿，双脚分开同肩宽，躯干竖直，双手放两髋上。

正确技术提示：

- 保持膝关节始终对准第二个脚趾。
- 保持躯干竖直。
- 保持躯干和脚直指向前。

动作分析	关节	关节运动	动用的肌肉
关节1	髋	屈曲、伸展、内旋、外旋、内收、外展	臀大肌、臀中肌（后束）、股二头肌、半腱肌、半膜肌、大收肌（后束）、阔筋膜张肌、缝匠肌、耻骨肌、短收肌、长收肌、股薄肌、腰肌、髂肌、梨状肌、股四头肌、上孖肌、下孖肌、闭孔外肌、闭孔内肌
关节2	膝	伸展、旋内、旋外	股内侧肌、股中间肌、股外侧肌、股直肌、股薄肌、半腱肌、半膜肌、缝匠肌、腘肌、股二头肌
关节3	踝	足背屈、足外翻	胫骨前肌、趾长伸肌（含第三腓骨肌）、踇长伸肌、腓骨长肌、腓骨短肌

步行摆臂

正确技术提示：

- 保持躯干竖直。
- 当摆臂向上越过头顶时，保证手臂可以碰到耳朵。
- 当手臂直接摆过头顶时，保证踝关节处于完全的跖屈状态。

基本描述：

- 向前行进时，踝关节跖屈，双臂向前摆动画圈，10~20个。
- 继续向前行进，踝关节跖屈，双臂向后摆动画圈，10~20个。
- 开始时慢些，热身后可加快速度。

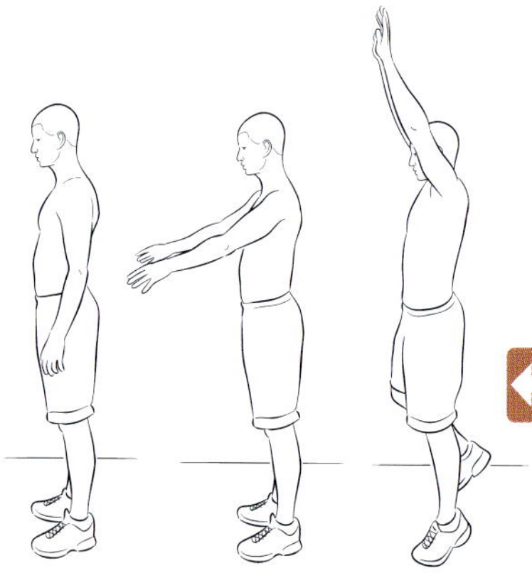

起始姿势

- 站姿，双脚分开同肩宽，躯干竖直向上，双手放于体侧。

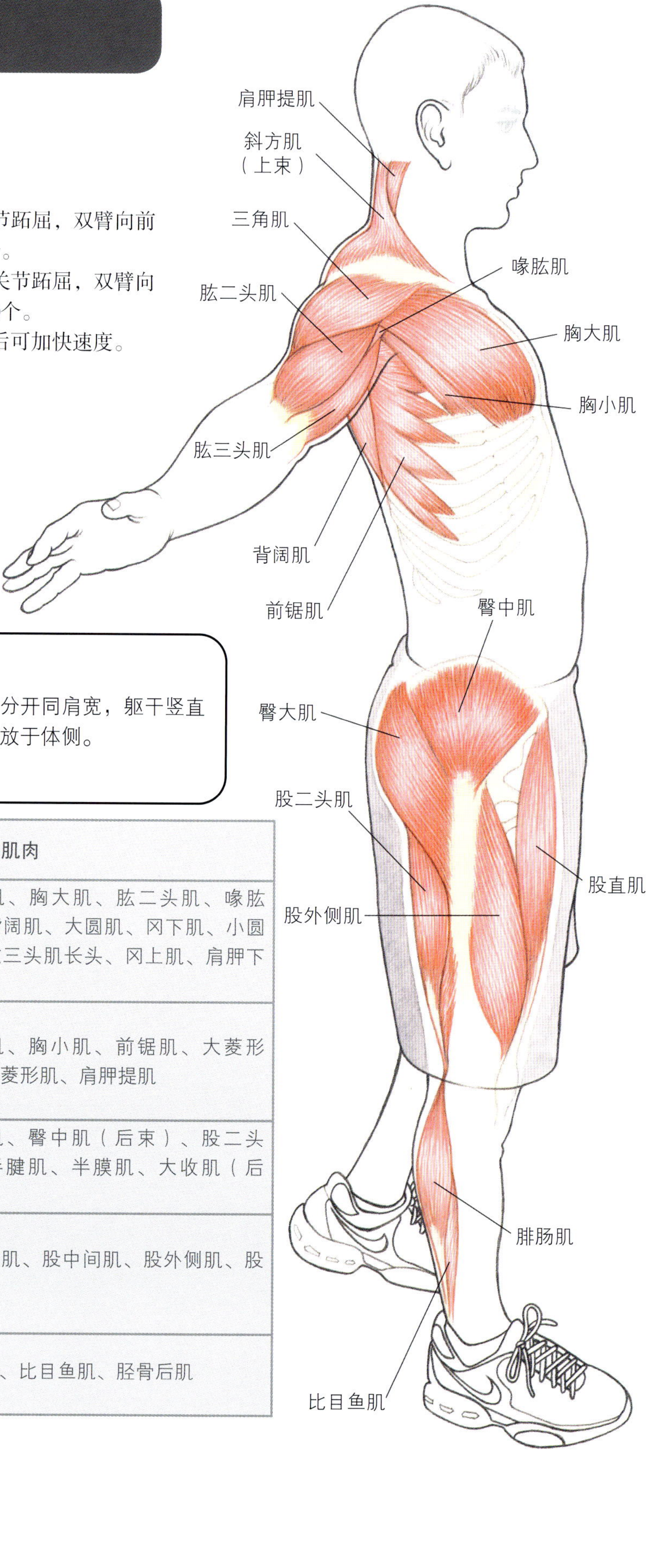

动作分析	关节	关节运动	动用的肌肉
关节1	肩	环转	三角肌、胸大肌、肱二头肌、喙肱肌、背阔肌、大圆肌、冈下肌、小圆肌、肱三头肌长头、冈上肌、肩胛下肌
关节2	肩胛骨	上回旋、外展、下回旋、内收、上提、下压	斜方肌、胸小肌、前锯肌、大菱形肌、小菱形肌、肩胛提肌
关节3	髋	后侧腿：伸展 前侧腿：屈曲	臀大肌、臀中肌（后束）、股二头肌、半腱肌、半膜肌、大收肌（后束）
关节4	膝	上：伸展 下：屈曲	股内侧肌、股中间肌、股外侧肌、股直肌
关节5	踝	上：跖屈 下：背屈	腓肠肌、比目鱼肌、胫骨后肌

侧向滑步跑

基本描述：

- 脚向侧面或成45°角快速滑步跑1米。
- 快速转换方向，向90°角滑步跑。然后再侧向滑步跑并转换方向。
- 继续快速滑步跑若干米。

正确技术提示：

- 屈膝，重心位于前脚掌蹋趾球。
- 保持后侧腿蹬地，移动时不要交叉腿。
- 保持躯干姿势，抬头，看向移动的方向。
- 手臂随着每次移动进行摆臂。

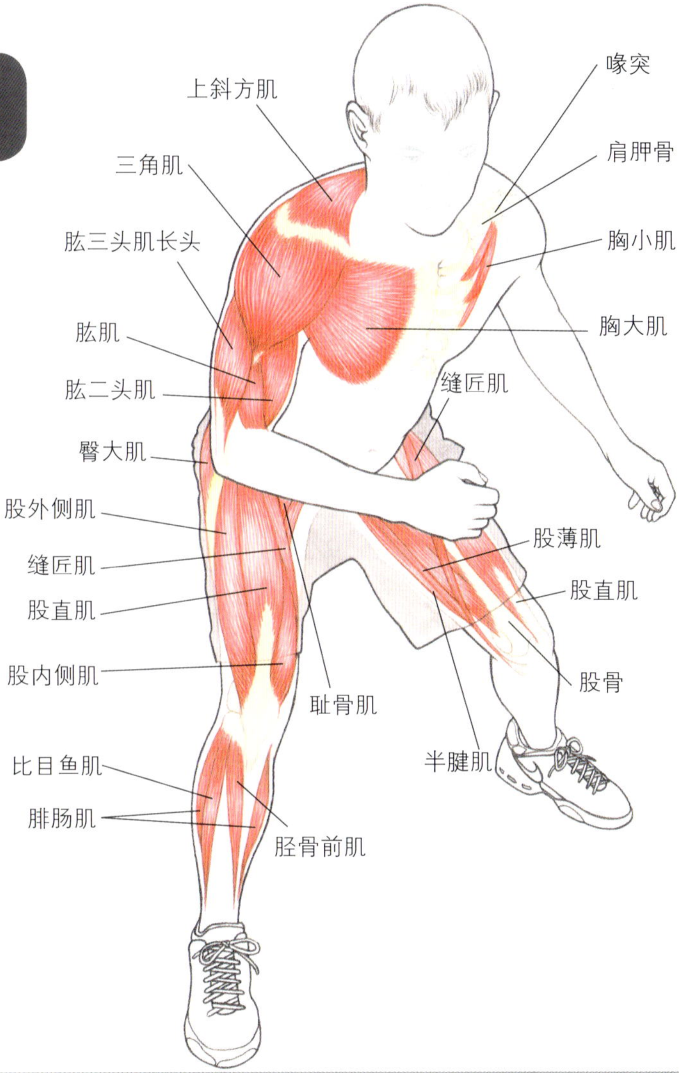

起始姿势

- 屈膝，髋部微微放低，重心在前脚掌。

动作分析	关节	关节运动	动用的肌肉
关节1	肩	屈曲、伸展	三角肌(前束)、胸大肌（上束）、肱二头肌、三角肌（后束）、背阔肌、大圆肌、冈下肌、小圆肌、胸大肌（下束）、肱三头肌长头
关节2	肩胛骨	上回旋、外展、下回旋、内收	斜方肌、胸小肌、前锯肌、大菱形肌、小菱形肌、肩胛提肌
关节3	髋	外展、内收、内旋、外旋	臀大肌、臀中肌、臀小肌、阔筋膜张肌、缝匠肌、耻骨肌、短收肌、长收肌、大收肌、腰大肌、髂肌、股薄肌、半腱肌、半膜肌、梨状肌、股四头肌、上孖肌、下孖肌、闭孔外肌、闭孔内肌
关节4	膝	屈曲、伸展	股二头肌、半腱肌、半膜肌、耻骨肌、缝匠肌、腓肠肌、腘肌、跖肌、股内侧肌、股中间肌、股外侧肌、股直肌
关节5	踝	跖屈、背屈	腓肠肌、比目鱼肌、胫骨后肌、胫骨前肌、趾长伸肌、蹋长伸肌
关节6	足	内翻、外翻	胫骨前肌、胫骨后肌、趾长屈肌、蹋长屈肌、蹋长伸肌、腓骨长肌、腓骨短肌、趾长伸肌

深层肌肉练习

四足式腹部挖空

起始姿势

- 让自己呈现四足支撑姿势（马式支撑姿势）。
- 双手位于双肩正下方，双膝位于髋关节正下方。
- 可以在脊柱上放一根木棍或传力杆帮助形成脊柱中立位。木棍和腰椎之间的缝隙正好可以平放入一只手。

基本描述：

- 吸气，腹部向地面下落。
- 呼气，轻轻收腹，或者想象正在如厕（小便），但不得不中断尿流（可激活盆底肌），脊柱不发生任何动作。
- 保持上述收缩10秒。
- 再次吸气，重复上述步骤10次。

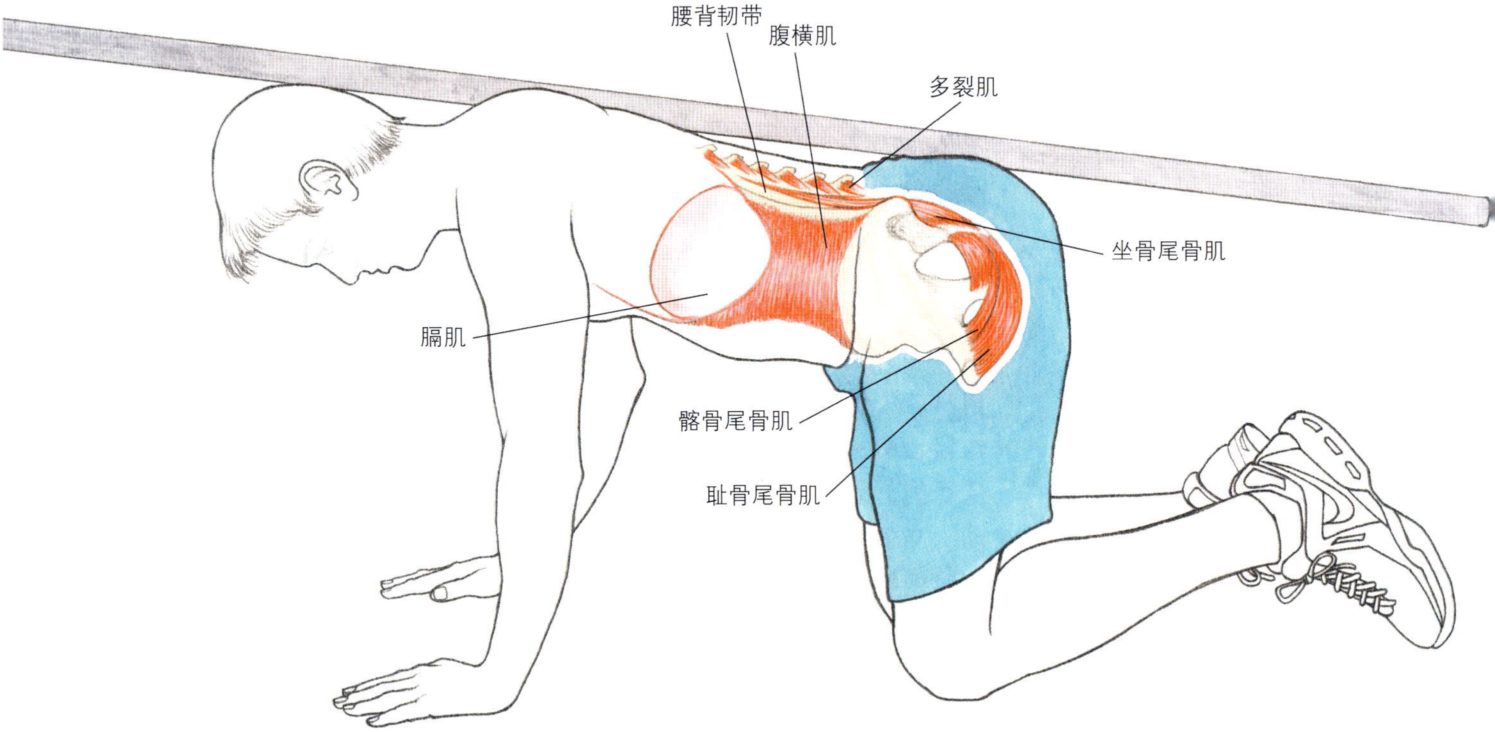

正确技术提示：

- 保持脊柱中立位。
- 当吸气时，保证肚子朝向地面下落。

动作分析	关节	关节运动	稳定肌
关节1	胸廓	稳定	膈肌、腹横肌
关节2	腰椎	稳定	膈肌、多裂肌
关节3	骨盆	稳定	腹横肌、耻骨直肠肌、耻骨尾骨肌、髂骨尾骨肌、坐骨尾骨肌

马式支撑垂直动作

起始姿势

- 让自己呈现四足支撑姿势（马式支撑姿势）。
- 双手位于双肩正下方，双膝位于髋关节正下方。
- 可以放一根木棍或传力杆在脊柱上帮助形成脊柱中立位。木棍和腰椎之间的缝隙正好可以平放入一只手。

基本描述：

- 吸气，腹部向地面下落。
- 呼气，轻轻收腹，或者想象正在如厕（小便），但不得不中断尿流（可激活盆底肌），脊柱不发生任何动作。
- 同时把一只手和它对侧的膝关节抬离地面1毫米。保持脊柱中立位不动，避免脊柱的扭转或躯干、髋部的左右移动。
- 保持上述收缩5~10秒，换另一侧做，再保持5~10秒。
- 自然呼吸，保持肚脐内收。每侧重复上述动作10次。

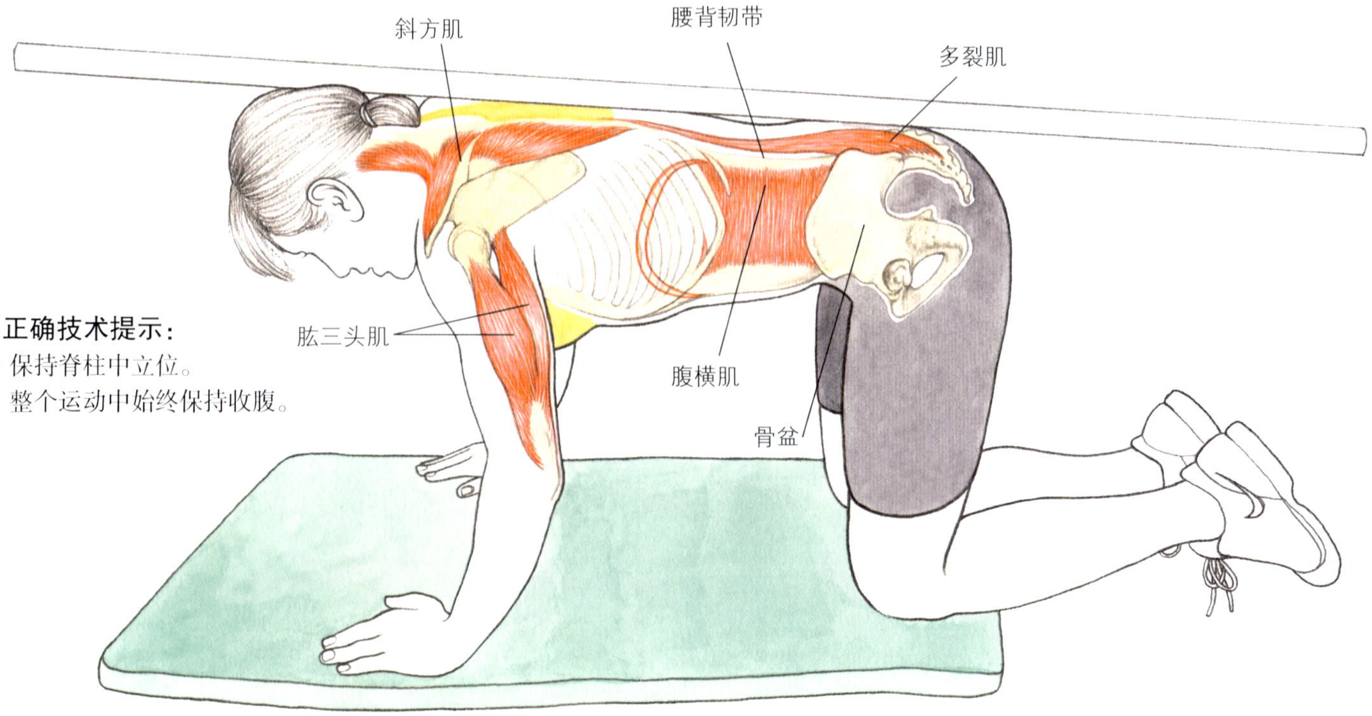

正确技术提示：

- 保持脊柱中立位。
- 整个运动中始终保持收腹。

动作分析	关节	关节运动	动用的肌肉
关节1	胸廓	稳定	膈肌、腹横肌
关节2	腰椎	稳定、旋转	腹横肌、多裂肌、腹外斜肌、腹内斜肌、回旋肌
关节3	骨盆	稳定	腹横肌、耻骨直肠肌、耻骨尾骨肌、髂骨尾骨肌、坐骨尾骨肌
关节4	肩胛骨	内收	斜方肌（中束）、大菱形肌和小菱形肌（抬起的一侧）
关节5	肘	稳定	肱三头肌（撑地的一侧）

马式支撑水平动作

起始姿势

- 让自己呈现四足支撑姿势（马式支撑姿势）。
- 双手位于双肩正下方，双膝位于髋关节正下方。
- 可以放一根木棍或传力杆在脊柱上帮助形成脊柱中立位。木棍和腰椎之间的缝隙正好可以平放入一只手。

基本描述：

- 吸气，腹部向地面下落。
- 呼气，轻轻收腹，或者想象正在如厕（小便），但不得不中断尿流（可激活盆底肌），脊柱不发生任何动作。
- 然后，同时把一侧手臂和它对侧的腿抬高到与地面平行的高度，手臂与躯干成45°角。保持脊柱中立位不动，避免脊柱的扭转或躯干、髋部的左右移动。
- 保持收缩5~10秒，然后换另一侧。
- 自然呼吸，同时保持收腹。每侧重复上述动作10次。

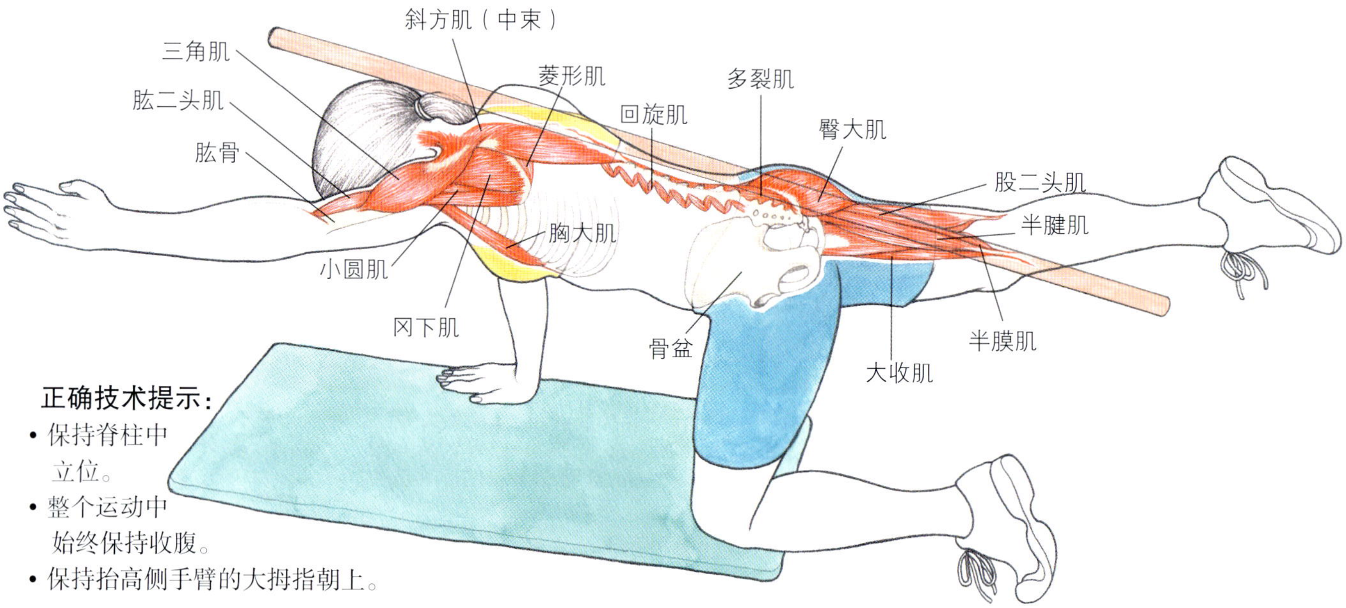

正确技术提示：

- 保持脊柱中立位。
- 整个运动中始终保持收腹。
- 保持抬高侧手臂的大拇指朝上。

动作分析	关节	关节运动	动用的肌肉
关节1	胸廓	稳定	膈肌、腹横肌
关节2	腰椎	稳定、旋转	腹横肌、多裂肌、腹外斜肌、腹内斜肌、回旋肌
关节3	骨盆	稳定	腹横肌、耻骨直肠肌、耻骨尾骨肌、髂骨尾骨肌、坐骨尾骨肌
关节4	肩胛骨	内收	斜方肌（中束）、大菱形肌和小菱形肌（抬起的一侧）
关节5	肘	稳定	肱三头肌（撑地的一侧）
关节6	肩	屈曲、外展、外旋	三角肌、胸大肌（上束）、肱二头肌、冈上肌、冈下肌、小圆肌
关节7	髋	伸展	臀大肌、臀中肌（后束）、股二头肌、半腱肌、半膜肌、大收肌（后束）

核心解剖——浅层肌肉

核心的浅层由4个不同的系统组成：前侧斜向（前斜）系统（the anterior oblique system）、后侧斜向（后斜）系统（the posterior oblique system）、侧向系统（lateral system）和深层纵向系统（deep longitudinal system）。浅层具有双重作用：帮助深层肌肉稳定，并且产生运动。深层肌肉本质上是张力性的（稳定肌），浅层肌肉通常是相位性的（运动肌）。

前斜系统包括腹外斜肌和与其协同工作的对侧的腹内斜肌和内收肌群。它们相互协作，产生躯干和骨盆的旋转动作。这个系统在步态中帮助一条腿离地，以及只有一条腿支撑时上方躯干的稳定，便于确定脚跟落地的理想位置。

除了步态，前斜系统在许多体育运动中也扮演着重要的角色，如投掷球类、网球发球、高尔夫开球（或挥杆）、武术中踢的动作、踢足球。本书使用“推”和“扭转”模式来训练前斜系统（72~78页）。

后斜系统由臀大肌和对侧的背阔肌及负责连接它们的胸腰筋膜组成。在步态的推进阶段，后斜系统的臀大肌和对侧的背阔肌同时收缩，推动身体向前移动，产生髋伸展和肩伸展。

后斜系统还能在步态中稳定支撑腿的骶髂关节，这是由于臀大肌和胸腰椎筋膜的纤维与对侧背阔肌联合垂直于骶髂关节运行。当肌肉同时收缩时，它们压缩关节，形成骶髂关节的所谓外力闭合（force closure）（第135页“术语”）。当肌肉同时收缩时，后斜系统还可将动能储存在胸腰筋膜中；当肌肉放松时，动能再释放出来，减少了步态中的能量需求，从而提高了效率。

除了步态之外，后倾系统还涉及许多拉的动作，如高尔夫中的后挥杆（也叫上杆）、网球中的拉拍动作、踢球前的向后摆腿、武术和拳击出拳后收回的动作等。在本书中，后斜系统是使用“拉”的模式来训练的。

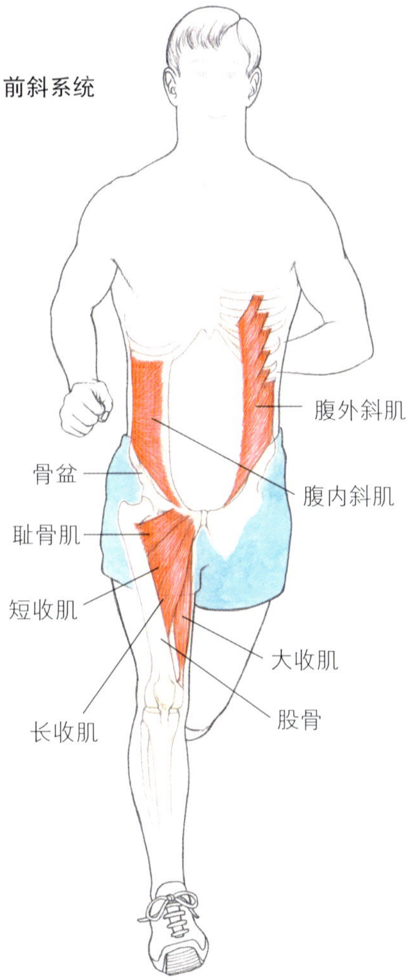

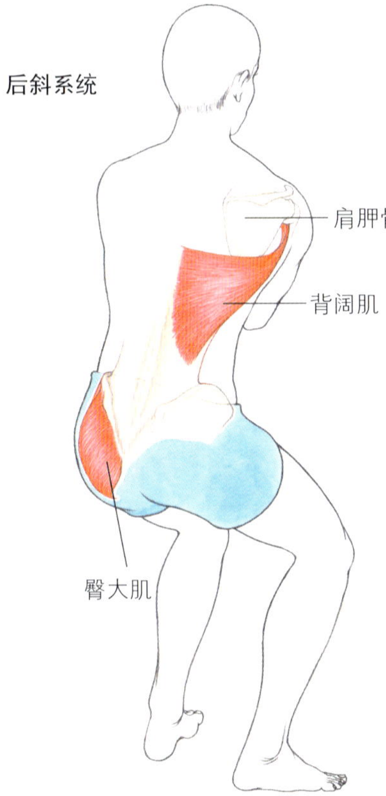

侧向系统由髋内收肌群，同侧的臀中肌、臀小肌和对侧的腰方肌组成。在步态中，侧向系统负责站立支撑腿上方躯干的稳定，主要是利用臀肌和内收肌的力量均等地收缩，稳定髋关节。腰方肌在步态中的作用是抬高或“拉起”髋部，为腿的摆动提供足够的空间。

侧向系统对任何涉及步态的运动都至关重要，笔者认为，臀中肌通常是无力的，尤其是女性，这增加了脚踝、膝关节、髋部和下背部受伤的可能性。它还会降低跑步的效率、爆发力和速度。侧向系统可以用本书中的弓步模式来训练。

深层纵向系统由腓骨长肌、股二头肌、骶结节韧带、胸腰筋膜、竖脊肌组成。在步态后期的摆动阶段，骨盆向后旋转，通过骶髂关节在脚跟着地前形成外力闭合建立稳定（也称被动闭合，第135页“术语”）。此外，股二头肌收缩，会减缓髋关节屈曲和膝关节伸展。研究表明，股二头肌产生的张力有18%被传递到腓骨长肌，与胫骨前肌协同工作，在脚跟着地时稳定脚和脚踝。腘绳肌通过骶结节韧带产生张力，通过外力闭合（主动闭合）帮助稳定支撑腿的骶髂关节。骶结节韧带的张力传递到胸腰筋膜和竖脊肌，这样，动能就被传送到躯干，帮助脊柱旋转，降低步态的能量消耗。

跑步中，地面给人体的反作用力是体重的5~7倍。因此，一个约90千克（200磅）的人可产生450~630千克（1 000~1 400磅）的力，这些力需要消耗散掉而不能传递到头部。力量经由深层纵向系统的肌肉从地面传递，并被椎旁肌耗散，帮助脊柱的旋转。

在腹横肌被抑制的情况下，已有理论证实股二头肌会加强收缩，通过骶结节韧带形成张力从而在骶髂关节中产生足够的外力闭合。也有理论认为，这可能会增加短跑运动员的股二头肌张力过大的发病率（P. Chek. *Back Strong & Beltless-Part* 3）。

侧向系统

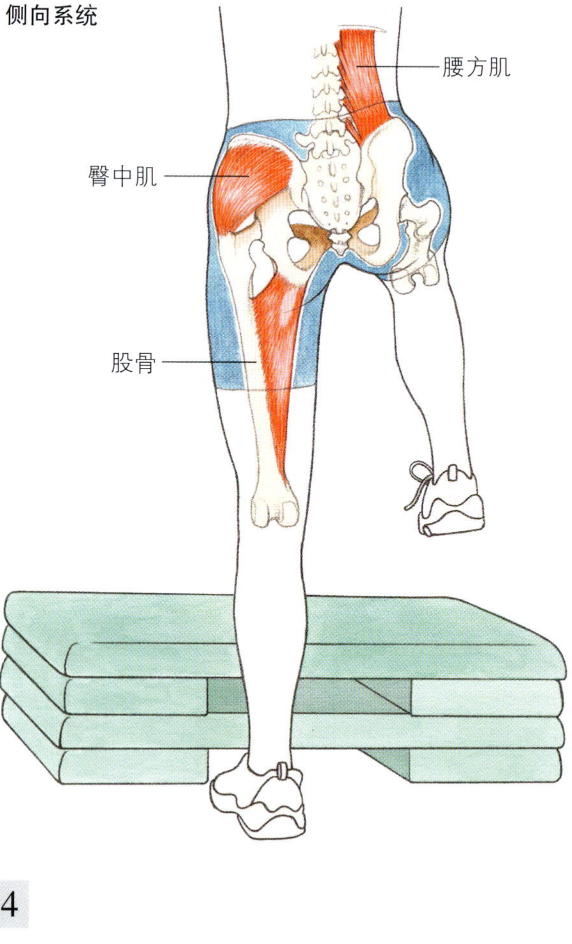

深层纵向系统

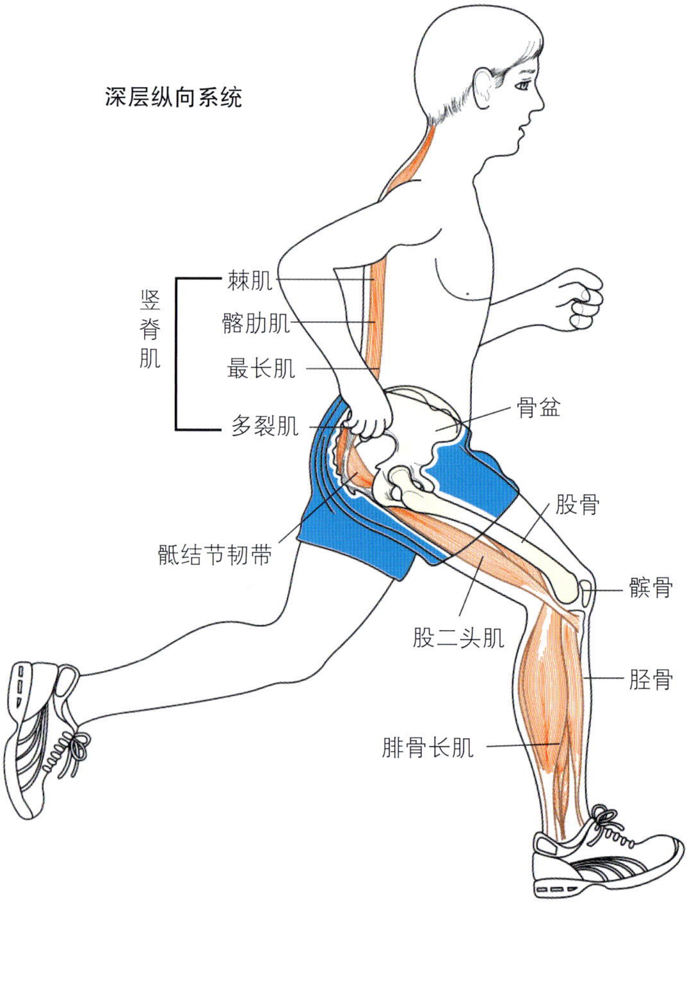

3.原始模式®运动

在《运动很重要》（*Movement that Matters*）一书中，保罗·切克认为：进化的选择性压力必然导致人类解剖学向着专门为满足自然的需求而设计发展。

他还说，“如果进化的人类不能在站姿时扭转、拉拽、弓步、屈体、下蹲、推，或者不能有效地走动，那么生存的机会就会大大减小。”

因此，他提出了原始模式®运动。原始模式®运动包括：

- 弓步
- 下蹲
- 屈体
- 推
- 拉
- 扭转
- 步态

弓步

下蹲

推

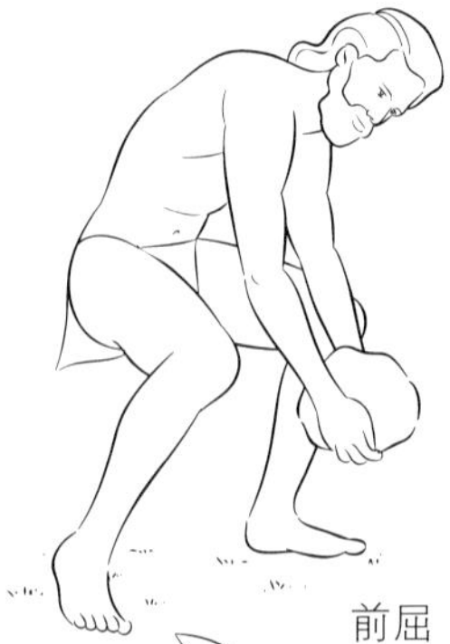
前屈

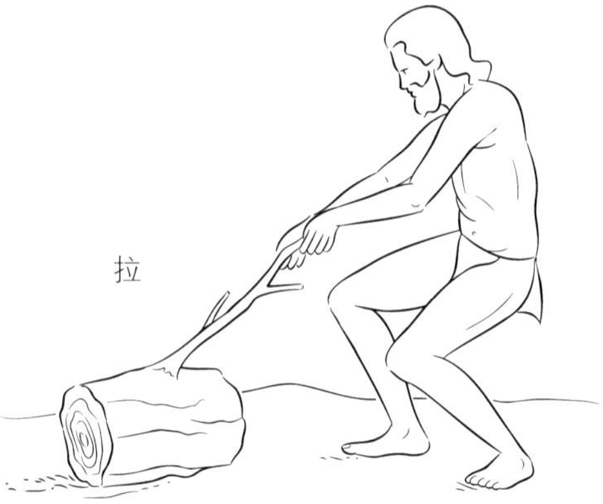
拉

扭转

这意味着如果运动员不能在自己的专项运动中完成上述所有必需的原始模式®运动，他们的表现将会降低，受伤的可能性将会增加。

运动中的所有动作都可以分解成原始模式®运动或变成这些运动的组合。例如，在投掷球类时，开始动作是弓步，然后扭转，最后靠伸肘和屈腕完成推的动作。篮球中的跳投先是下蹲，然后是推的动作。高尔夫球的开球是屈体，再同时加了扭转。

施密特（*Schmidt*）在著作《运动学习与表现》（*Motor Learning and Performance*）中提出，大脑存储的运动模式是整体运动程序，而不是每个肌肉的单独控制。因此，大脑有一个“踢球”的运动方案，而不是“稳定躯干，伸展髋部，肩屈曲，然后旋转躯干的同时髋屈曲加后伸肩关节”的运动程序。所以说是“训练运动，而不是肌肉”。施密特认为，可以把节奏相近的运动作为一组运动一起训练。例如，下蹲模式的训练可以用来训练跳跃，因为二者脚踝、膝关节和髋关节运动的节奏是一样的。在运动体能方面，可以着重突出任一特定运动所必需的几种原始模式®运动，单独训练每项运动，包括与核心深层肌肉相结合，直到达成完美的技术。一旦达到完美或接近完美，再把单独的原始模式®运动结合起来训练，就是与该特定运动直接相关的运动模式。

还应指出的是，高负荷的体育运动训练对现实的某一特定运动的运动方案可能是有害的。例如，作为一名网球运动员，您可不想用哑铃或钢索训练器（cable machine）来模拟底线击球，这会对您的技巧和您底线击球的时机产生负面影响。然而，您可以训练扭转、弓步、推、拉、前屈和下蹲等打网球时需要的动作。正如施密特所说，只要相关的节奏是相似的，这些训练就会在运动表现上延续。

在下面的章节中，笔者列出的每个原始模式®运动都分为初级、中级和高级练习。您必须分析自己的特定运动，并强调运动中需要哪种原始模式®运动。如果没有太多时间锻炼，需要优先考虑对运动最重要的原始模式®运动，并专注于这种模式的体能训练。

笔者所列示的练习并没有囊括所有的训练，也可能不适合所有的运动，您要考虑自己是否需要在单腿、双腿或单腿、双腿都用的模式下训练，您是否需要在稳定表面或不可预测的表面上进行运动训练（第130页）。通过分析自己的运动，运用一些创造力找出最佳方法来训练每种模式运动，优化自己的表现。

请注意，您可以完美地完成一项原始模式®运动并不意味着您可以完美地完成所有的模式运动。确保自己能以完好的技术完成每一项原始运动（请查看每项运动中的“正确技术提示”）。一旦可以完美地完成初级练习，就可以进入中级练习。如果练习适合您的运动，一旦完成中级练习，就可以进入高级练习。学习运动模式时，需要慢速运动。一旦掌握了良好的运动技巧，就可以逐渐提高运动的速度。

步态

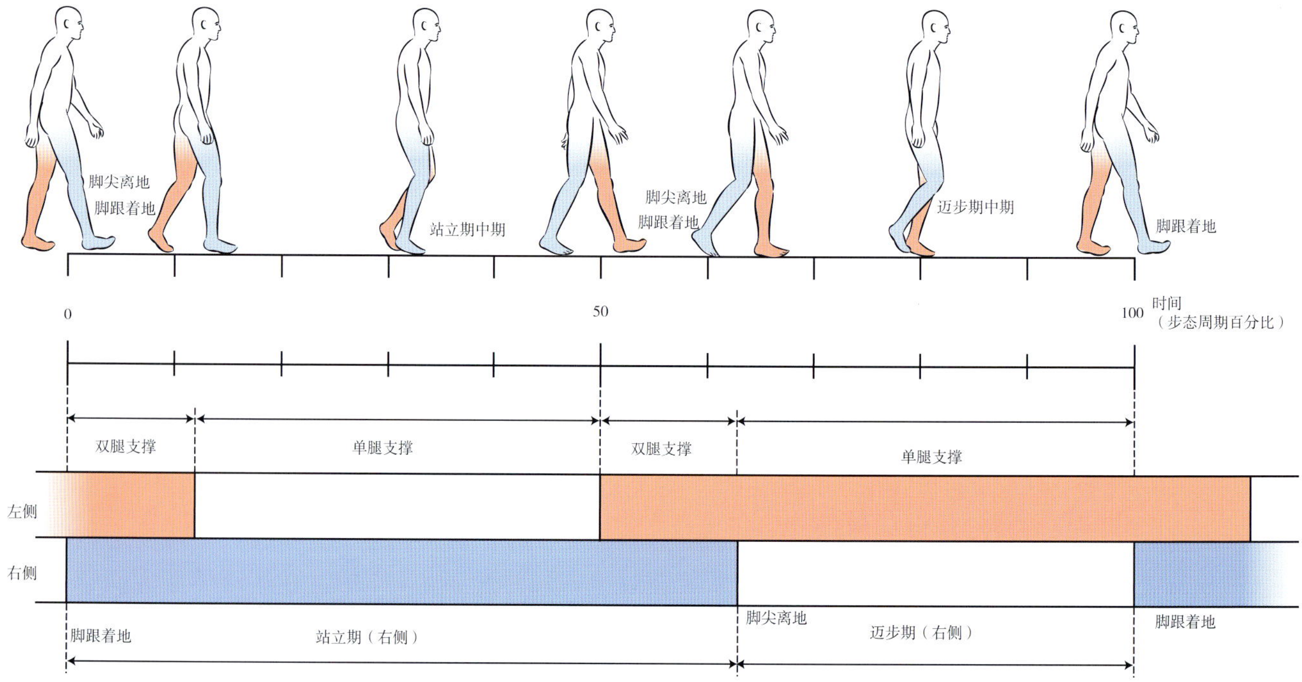

步态是描述动物如何靠肢体走动的词汇。我们人类大多数时间惯于用两条腿走路，尤其在进行大多数运动时。人类的步态对于狩猎时代维持生存至关重要，直到距今1万年前农耕技术在亚洲发展起来、距今3 000年前在欧洲发展起来。在农耕时代之前，大多数部落都是游牧民族，他们为了保持高能量的食物供应，会追赶动物群数千米。狩猎时，必然用冲刺跑来捕获猎物，猎物还需要被带回营地烹制和食用，这就可能需要所有的原始模式®运动，包括步态（行走）。

步态有3种不同的速度：行走、跑步（包括慢跑）和冲刺跑。很多运动都包括3种速度。步态的每种速度都有和整体运动程序对应的节奏，这被认为是野外生存的关键。运动程序相对节奏的差异对于运动员的训练日常安排至关重要。记住，训练必须与所选运动的运动程序非常相似，以把训练结果最大化地转化到运动中并带入竞技场。像本书中许多爆发力、敏捷性训练、增强式训练和速度训练的特定相对节奏，对于任何一名在专项运动中需要训练跑步的运动员都非常重要。

步态主要有两个阶段，即站立期（stance phase）和迈步期（swing phase）。站立期包括脚跟着地、全脚掌着地；站立期中期，脚跟离地，脚尖离地。站立期又可分为触地期、支撑中期和推蹬期。迈步期包括加速期、迈步中期和减速期。

快速、高效的跑步需要良好的肌肉平衡（21~22页）和足够的力量，以及核心深层和浅层所有肌肉（48~54页）与其他扭转躯干和移动四肢的肌肉，特别是肩关节和髋关节伸肌的协同工作。任何肌肉不平衡都会造成所谓的能量泄露（power leaks）。这将导致力的产生和效率的降低，从而降低最大速度并在相对的速度下消耗更多的能量。肌肉不平衡也会导致交互抑制（第135页“术语”）和代替主动肌的协同肌的受伤。

因为跑步涉及躯干的旋转及肢体的屈曲和伸展，原始模式®运动中所有始于站立位的强化练习都应该普及，以提高跑步速度。重要的是，要详细将训练计划周期化（132~133页），以达到最佳的速度并降低受伤的可能性。

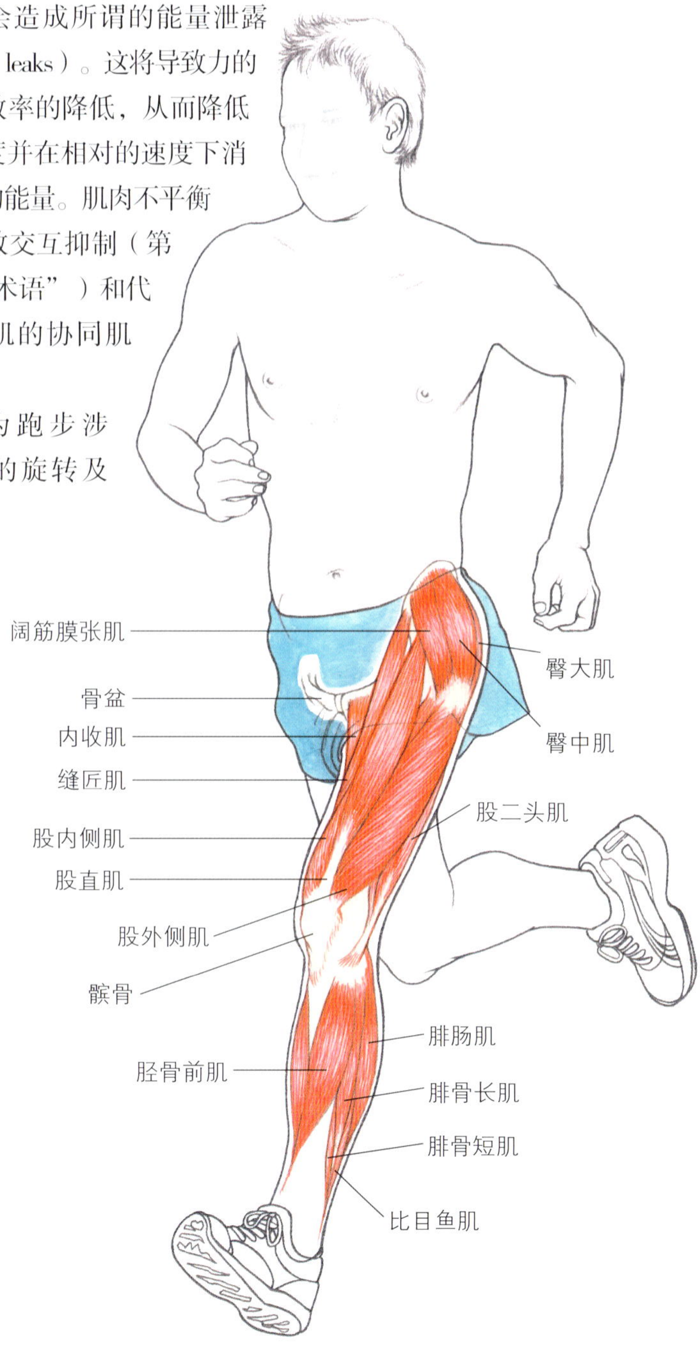

弓步——初级

分腿下蹲/静态弓步

基本描述：

- 吸气，轻轻收腹。
- 降低身体重心。
- 弯曲双膝，直到后侧膝关节离地约2.5厘米（约1英寸）。
- 把大部分体重放在前侧腿上。
- 在弓步到底后，前侧脚脚跟压向地面，同时张嘴（噘嘴）呼气，度过最困难的上升阶段，身体向上返回到起始姿势。

起始姿势

- 开始时，双手放于两侧髋部，躯干竖直向上。
- 一条腿向前跨一大步。

正确技术提示：

- 保持躯干竖直向上，稍微将肩胛骨向中间挤压，保持双眼平视前方。
- 在身体上升和下落阶段，始终保持前侧膝关节对准第二脚趾，避免足、踝或膝关节向中线移动。
- 保持重心在前侧脚的中后部。

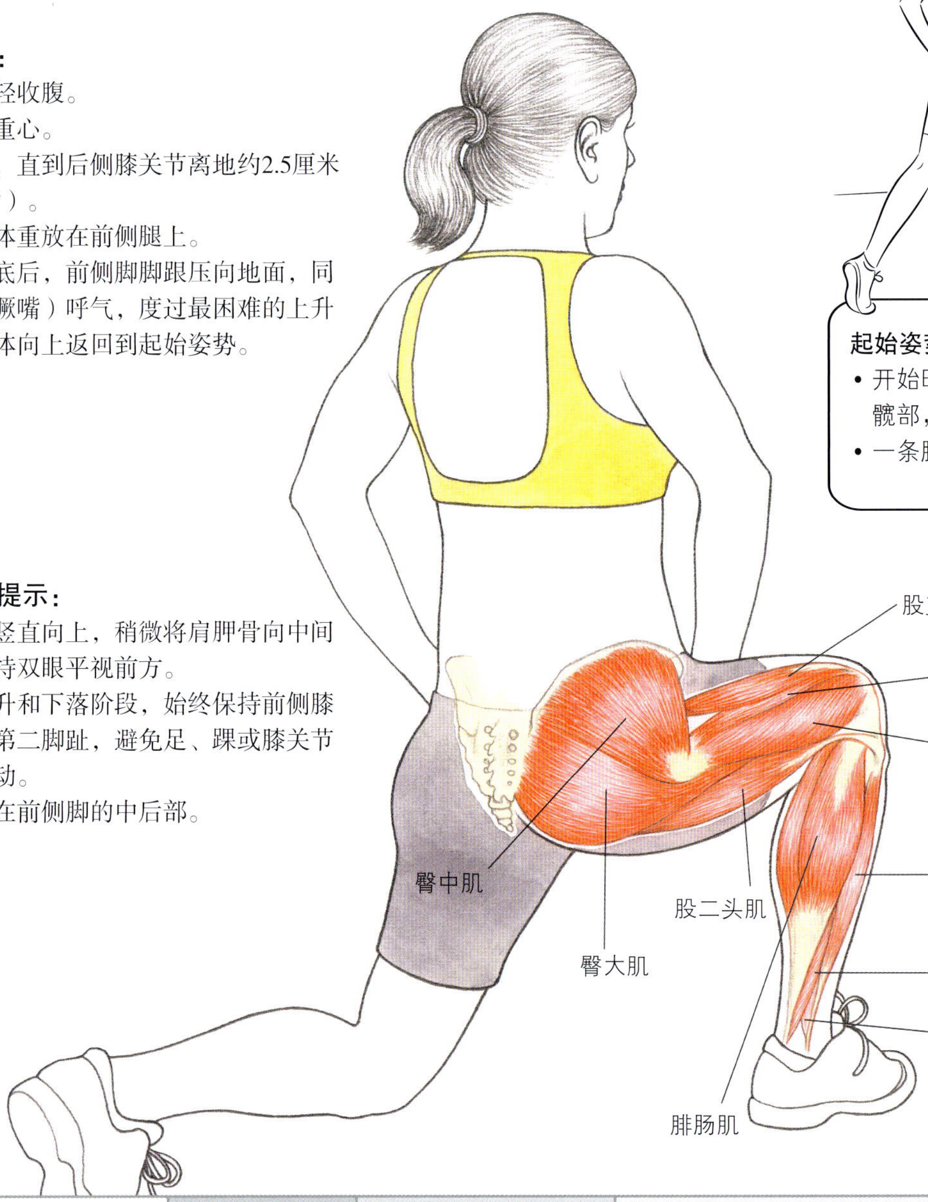

动作分析	关节	关节运动	动用的肌肉
关节1	髋	下：屈曲 上：伸展	前侧腿：臀大肌、臀中肌（后束）、股二头肌、半腱肌、半膜肌、大收肌（后束）
关节2	膝	下：屈曲 上：伸展	前侧腿：股直肌、股内侧肌、股中间肌、股外侧肌
关节3	踝	下：背屈 上：跖屈	前侧腿：腓肠肌、比目鱼肌、胫骨后肌、腓骨长肌、腓骨短肌

弓步——中级
弓步

基本描述：

- 吸气，轻轻收腹。
- 向前跨一大步，有控制地向地面降低身体重心。
- 双膝弯曲，直到后侧膝关节离地约2.5厘米（1英寸）。
- 保持大部分体重在前侧腿上。
- 在弓步到底后，前侧脚脚跟压向地面，张嘴（噘嘴）呼气，度过最困难的上升阶段，身体向上升起直接回到起始姿势。

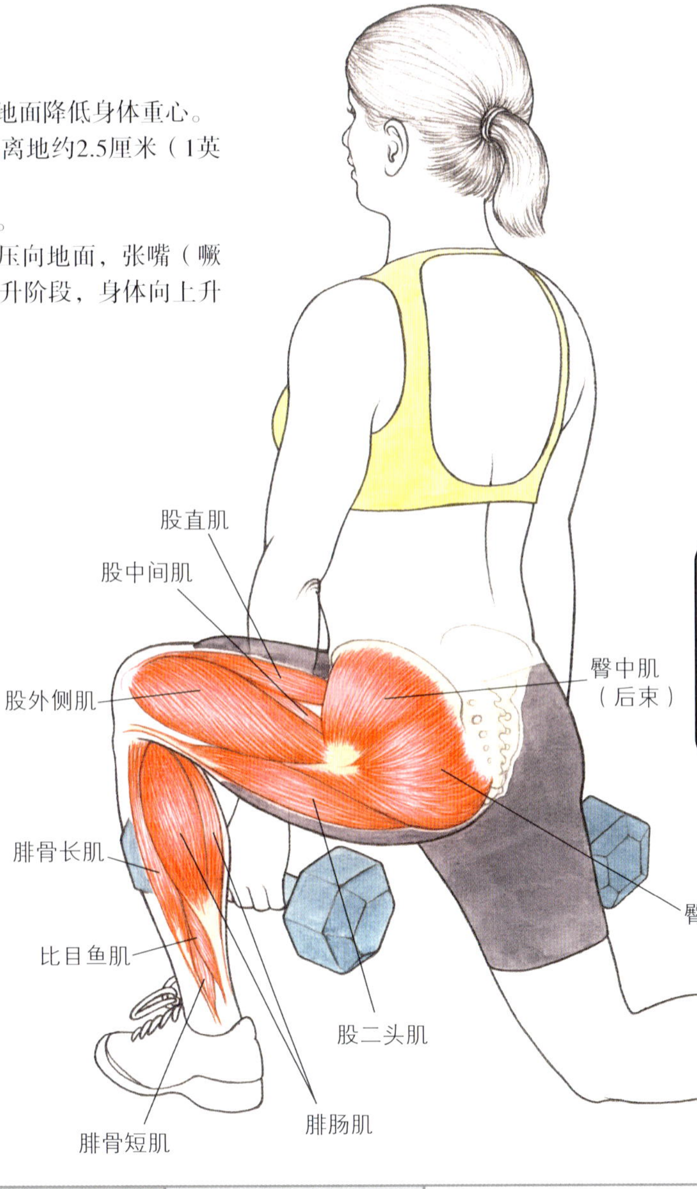

正确技术提示：

- 保持躯干竖直向上，稍微将肩胛骨向中间挤压，保持双眼平视前方。
- 在身体上升和下落阶段，始终保持前侧膝关节对准第二脚趾，避免足、踝或膝关节向中线移动。
- 保持重心在前侧脚的中后部。

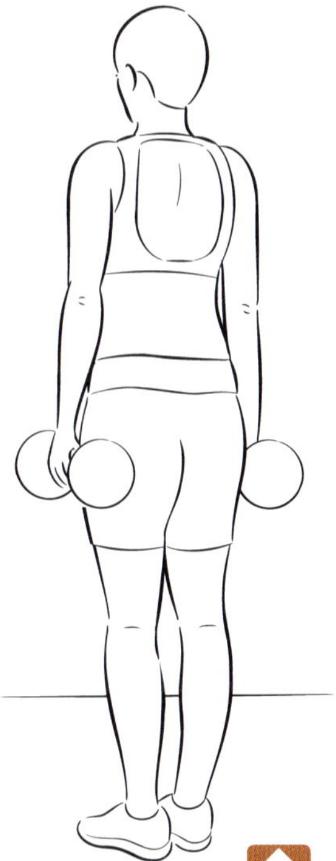

起始姿势

- 开始时，身体竖直向上，每只手各拿一个哑铃。
- 双足分开与肩同宽。

动作分析	关节	关节运动	动用的肌肉
关节1	髋	下：屈曲 上：伸展	前侧腿：臀大肌、臀中肌（后束）、股二头肌、半腱肌、半膜肌、大收肌（后束）
关节2	膝	下：屈曲 上：伸展	前侧腿：股直肌、股内侧肌、股中间肌、股外侧肌
关节3	踝	下：背屈 上：跖屈	前侧腿：腓肠肌、比目鱼肌、胫骨后肌、腓骨长肌、腓骨短肌

弓步——高级
球上弓步

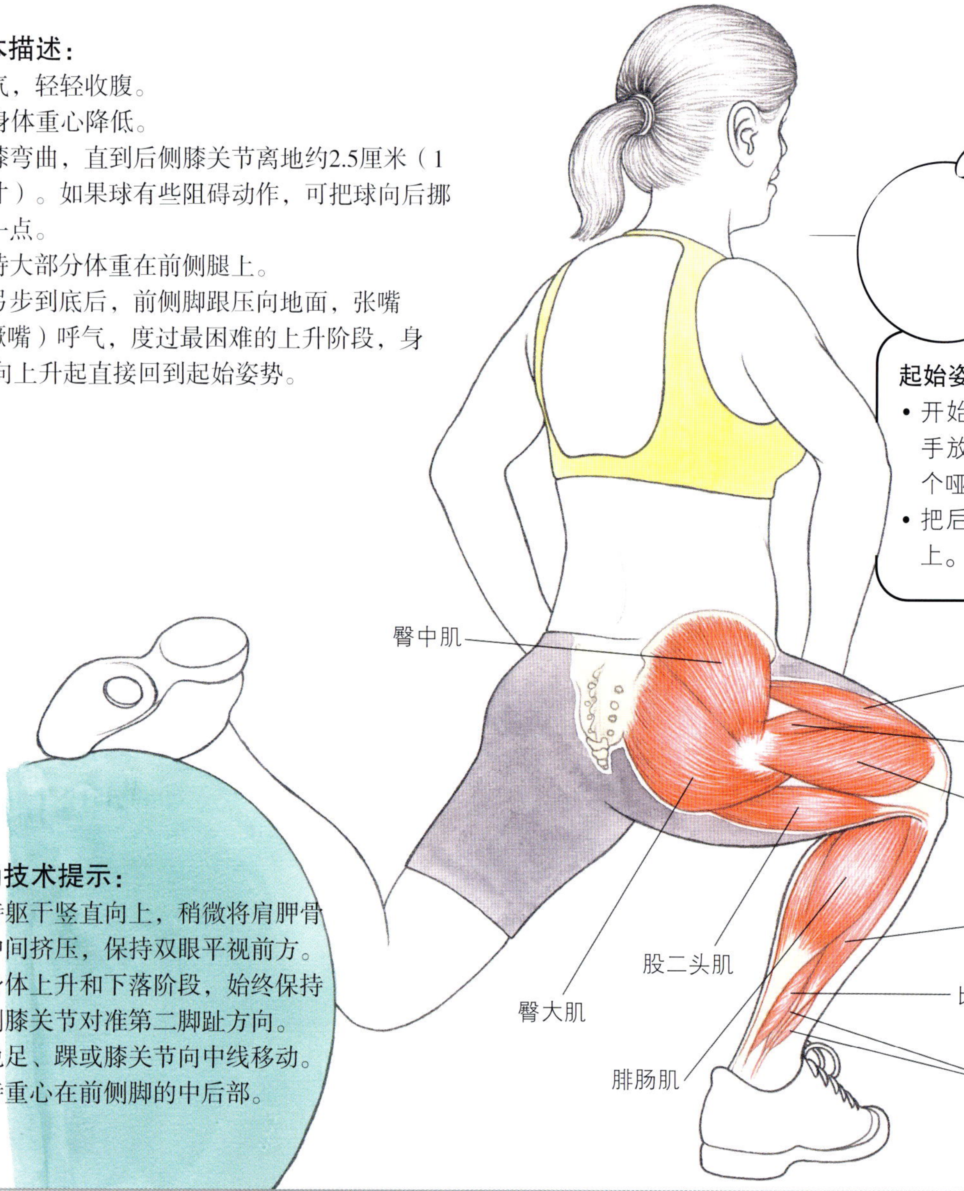

基本描述：

- 吸气，轻轻收腹。
- 将身体重心降低。
- 双膝弯曲，直到后侧膝关节离地约2.5厘米（1英寸）。如果球有些阻碍动作，可把球向后挪远一点。
- 保持大部分体重在前侧腿上。
- 在弓步到底后，前侧脚跟压向地面，张嘴（噘嘴）呼气，度过最困难的上升阶段，身体向上升起直接回到起始姿势。

起始姿势

- 开始时，身体竖直向上，双手放于髂部或每只手各拿一个哑铃。
- 把后侧腿放在身后的瑞士球上。

正确技术提示：

- 保持躯干竖直向上，稍微将肩胛骨向中间挤压，保持双眼平视前方。
- 在身体上升和下落阶段，始终保持前侧膝关节对准第二脚趾方向。
- 避免足、踝或膝关节向中线移动。
- 保持重心在前侧脚的中后部。

动作分析	关节	关节运动	动用的肌肉
关节1	髋	下：屈曲 上：伸展	前侧腿：臀大肌、臀中肌（后束）、股二头肌、半腱肌、半膜肌、大收肌（后束）
关节2	膝	下：屈曲 上：伸展	前侧腿：股直肌、股内侧肌、股中间肌、股外侧肌
关节3	踝	下：背屈 上：跖屈	前侧腿：腓肠肌、比目鱼肌、胫骨后肌、腓骨长肌、腓骨短肌

下蹲——初级
靠墙蹲

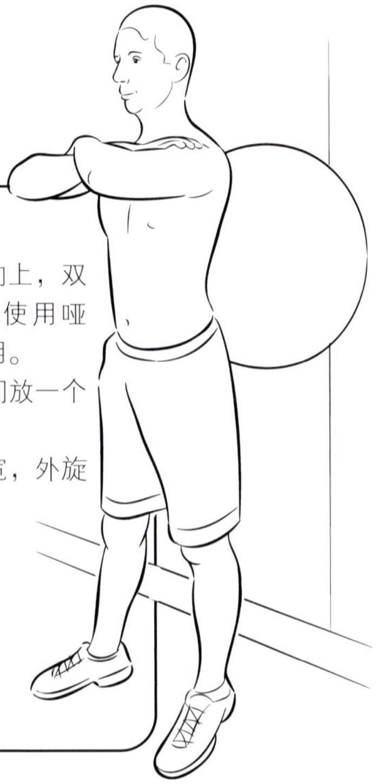

起始姿势

- 站姿，躯干竖直向上，双眼平视前方，可使用哑铃，也可以不使用。
- 在下背部和墙之间放一个瑞士球。
- 双脚分开与肩同宽，外旋30°。

正确技术提示：

- 保持躯干竖直，双眼直视前方。
- 膝关节对准第二脚趾。

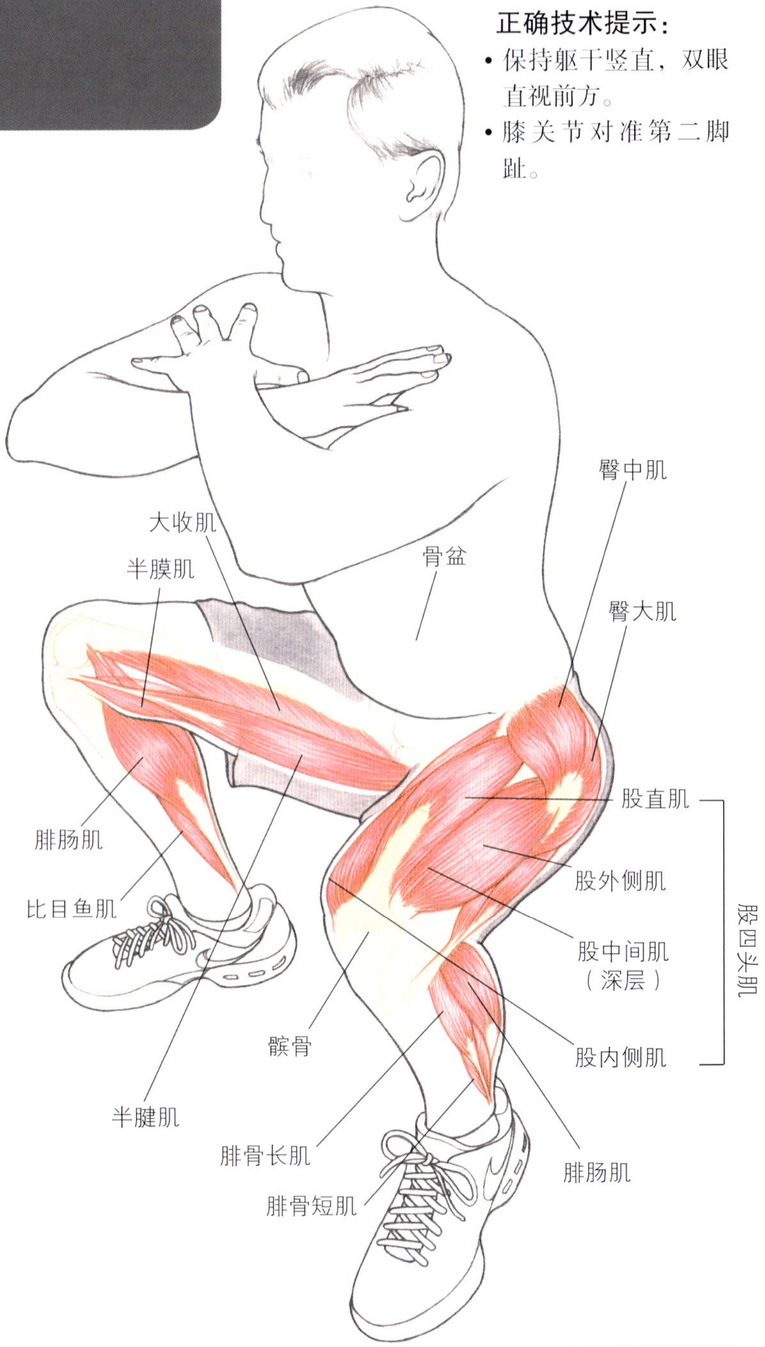

基本描述：

- 吸气，轻轻收腹。
- 身体重心降低呈下蹲姿势，像坐进椅子里。在保证下背部没有弓起（屈曲）的前提下，尽可能向下蹲。
- 蹲到底后，脚跟压向地面，把自己推向上。
- 呼气，度过最有挑战的身体上升阶段。

动作分析	关节	关节运动	动用的肌肉
关节1	髋	下：屈曲 上：伸展	臀大肌、臀中肌（后束）、股二头肌、半腱肌、半膜肌、大收肌（后束）
关节2	膝	下：屈曲 上：伸展	股直肌、股内侧肌、股中间肌、股外侧肌
关节3	踝	下：背屈 上：跖屈	腓肠肌、比目鱼肌、胫骨后肌、腓骨长肌、腓骨短肌

下蹲——中级

前蹲

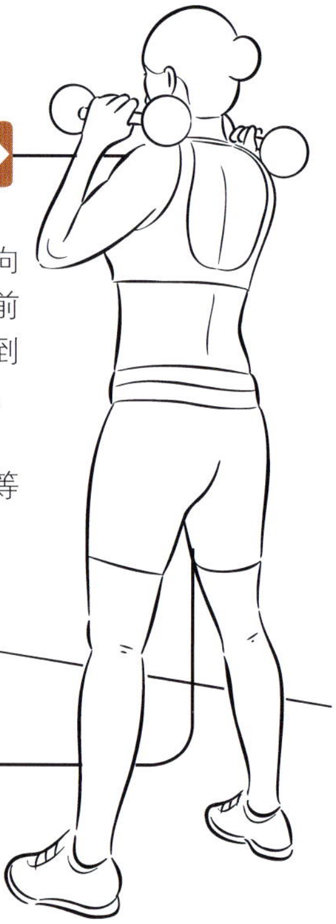

起始姿势

- 站姿，躯干竖直向上，双眼直视前方，手拿哑铃举到体前侧肩膀高度，手肘向上。
- 双脚分开与肩等宽，外旋30°。

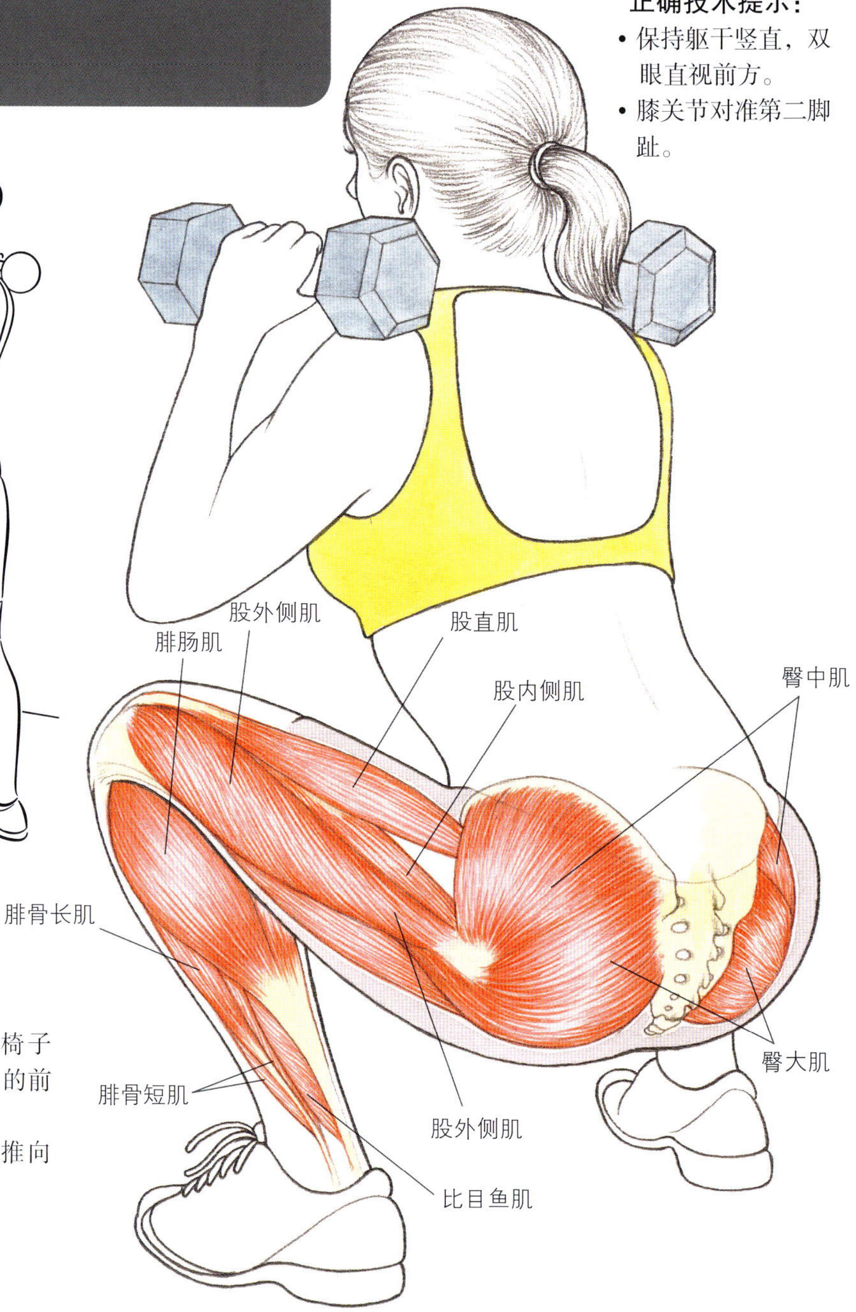

正确技术提示：

- 保持躯干竖直，双眼直视前方。
- 膝关节对准第二脚趾。

基本描述：

- 吸气，轻轻收腹。
- 身体重心降低呈下蹲姿势，像坐进椅子里。在保证下背部没有弓起（屈曲）的前提下，尽可能向下蹲。
- 蹲到底后，脚跟压向地面，把自己推向上。
- 呼气，度过最有挑战的身体上升阶段。

动作分析	关节	关节运动	动用的肌肉
关节1	髋	下：屈曲 上：伸展	臀大肌、臀中肌（后束）、股二头肌、半腱肌、半膜肌、大收肌（后束）
关节2	膝	下：屈曲 上：伸展	股直肌、股内侧肌、股中间肌、股外侧肌
关节3	踝	下：背屈 上：跖屈	腓肠肌、比目鱼肌、胫骨后肌、腓骨长肌、腓骨短肌

下蹲——高级

单腿下蹲

基本描述：

- 吸气，轻轻收腹。
- 身体重心降低呈下蹲姿势，像坐进椅子里。在保证下背部没有弓起（屈曲）的前提下，尽可能向下蹲。
- 蹲到底后，脚跟压向地面，把自己推向上。
- 呼气，度过最有挑战的身体上升阶段。

正确技术提示：

- 保持躯干竖直向上，双眼直视前方。
- 膝关节对准第二脚趾。

起始姿势

- 单腿站立，躯干竖直向上，双眼直视前方。
- 双手分别放在对侧的肩膀上。手中也可以拿着哑铃或杠铃。

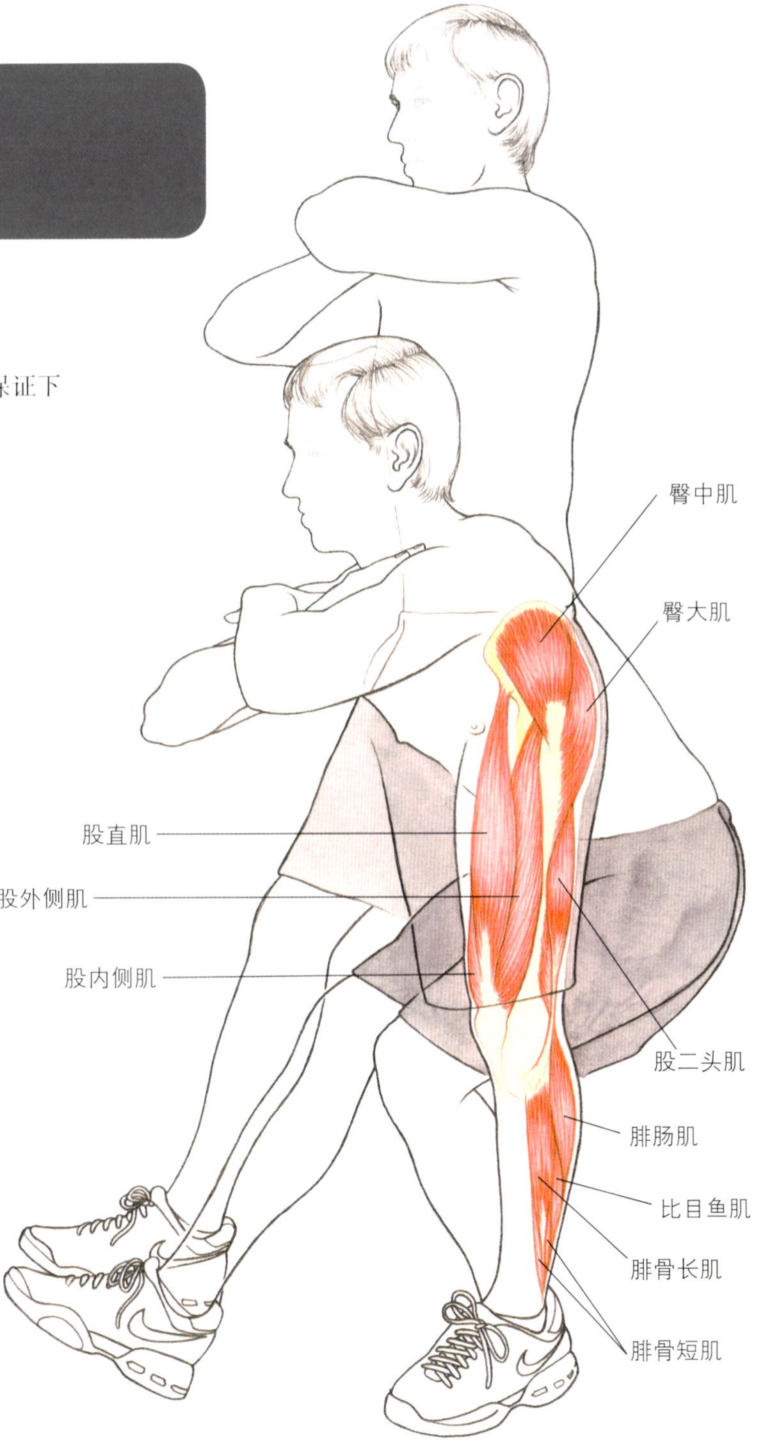

动作分析	关节	关节运动	动用的肌肉
关节1	髋	下：屈曲 上：伸展	站立腿（支撑腿）：臀大肌、臀中肌（后束）、股二头肌、半腱肌、半膜肌、大收肌（后束）
关节2	膝	下：屈曲 上：伸展	站立腿（支撑腿）：股直肌、股内侧肌、股中间肌、股外侧肌
关节3	踝	下：背屈 上：跖屈	站立腿（支撑腿）：腓肠肌、比目鱼肌、胫骨后肌、腓骨长肌、腓骨短肌

屈体——高级

单腿硬拉

基本描述：

- 吸气，收腹。
- 双脚向下压以启动躯干上升。
- 张嘴（嘶嘴）呼气，完成硬拉中最有挑战的阶段。保持躯干的角度不变，直到杠铃经过膝关节。
- 向上拉时，让杠铃尽可能地贴近身体。
- 一旦杠铃经过了膝关节，髋部向前顶直到身体直立向上。始终保持手臂伸直。
- 在练习的最高点，收腹，吸气，屈髋，向下放低杠铃，保持杠铃贴近身体，直到杠铃到达膝关节，然后屈膝把杠铃放回地上。
- 呼气，完成最有挑战的上提和放下的阶段。

正确技术提示：

- 确保腰椎没有屈曲，如果需要的话，可以在腰椎处贴上运动胶带，这样便于知道是否弯曲了脊柱。
- 保持躯干挺直，轻轻内收肩胛骨。
- 保持双眼平视。

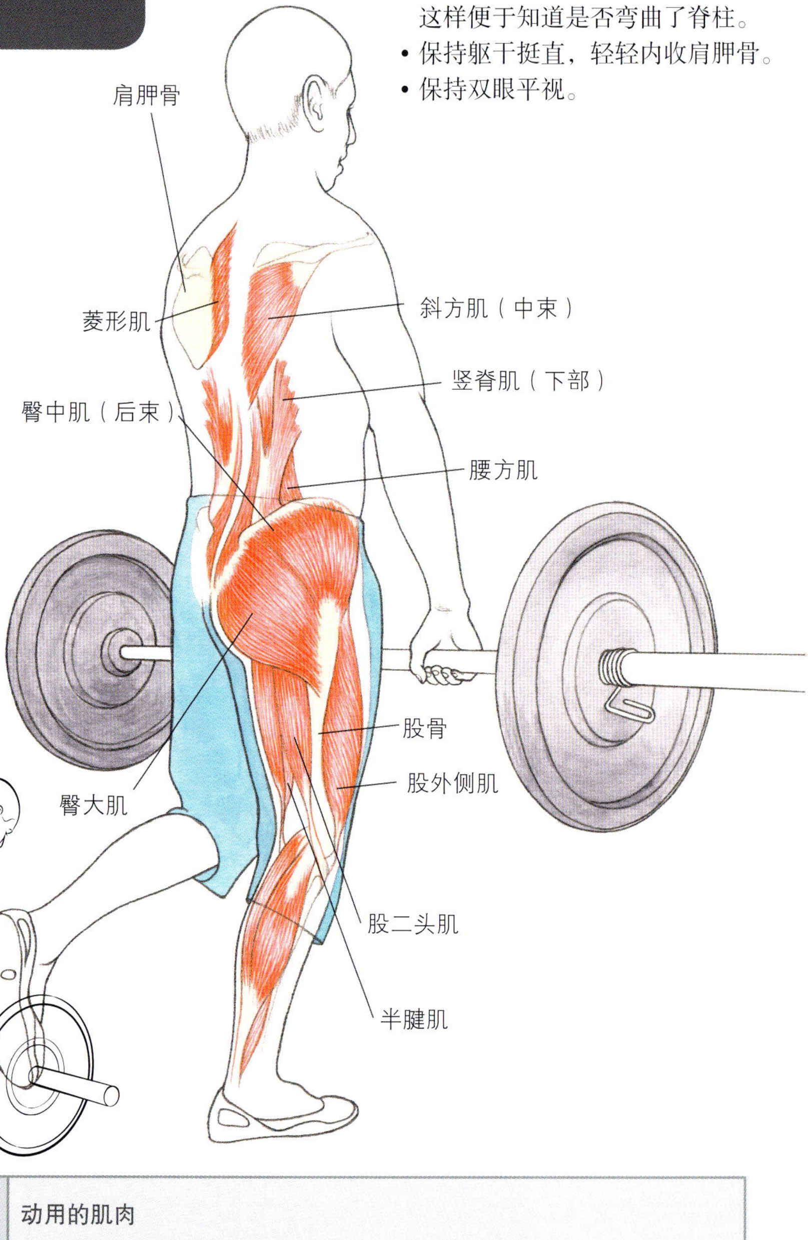

起始姿势

- 单腿支撑，屈体向前，杠铃放于体前。“自由”腿在身后。
- 抓握杠铃杆，保持脊柱竖直。

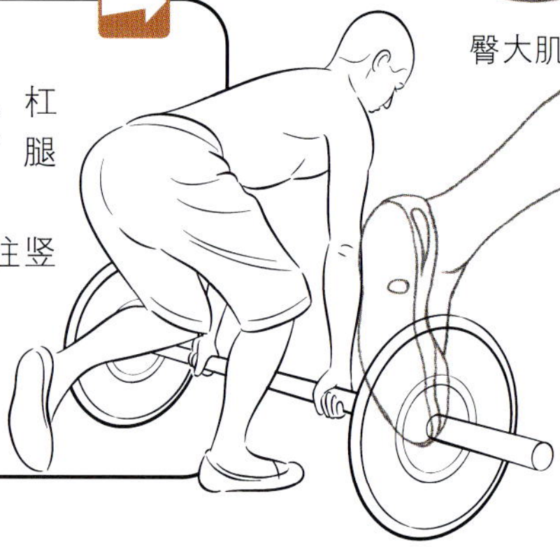

动作分析	关节	关节运动	动用的肌肉
关节1	髋	上：伸展 下：屈曲	臀大肌、臀中肌（后束）、股二头肌、半腱肌、半膜肌、大收肌（后束）
关节2	膝	上：伸展 下：屈曲	股直肌、股内侧肌、股中间肌、股外侧肌
关节3	踝	上：跖屈 下：背屈	腓肠肌、比目鱼肌、胫骨后肌、腓骨长肌、腓骨短肌
关节4	腰椎	稳定：伸展	多裂肌、棘肌、最长肌、髂肋肌、腰方肌、棘间肌

拉——初级
坐姿拉绳

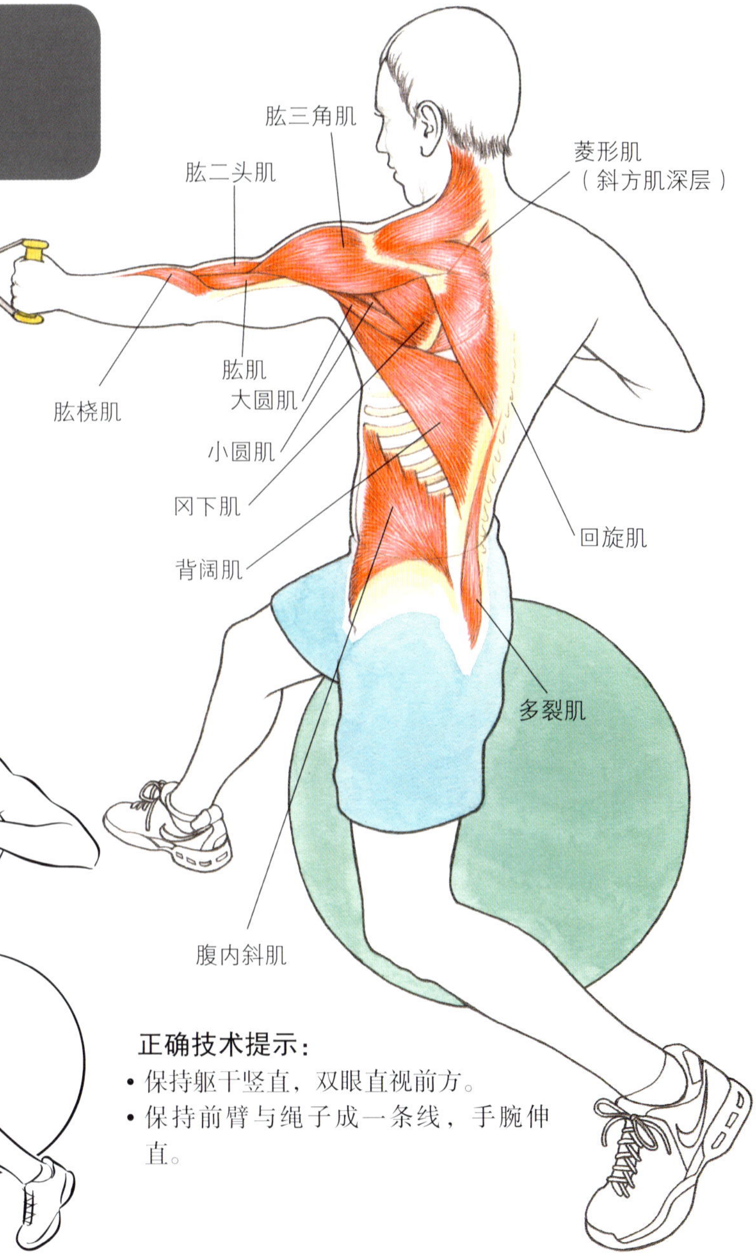

基本描述：

- 面向钢索训练器坐在瑞士球上。
- 一只手抓住绳索把手，对侧腿（未抓绳子手同侧腿）向前，同侧腿（抓绳子手同侧腿）向后。
- 吸气，轻轻收腹。
- 旋转躯干远离绳索拉力器，并像拉弓一样拉动绳索。拉绳子时，对侧手臂向前伸，形成反向旋转。

结束姿势

- 张嘴（噘嘴）呼气，完成拉绳中最有挑战的阶段。
- 保持收腹，同时吸气，把绳子转回到起始位置。

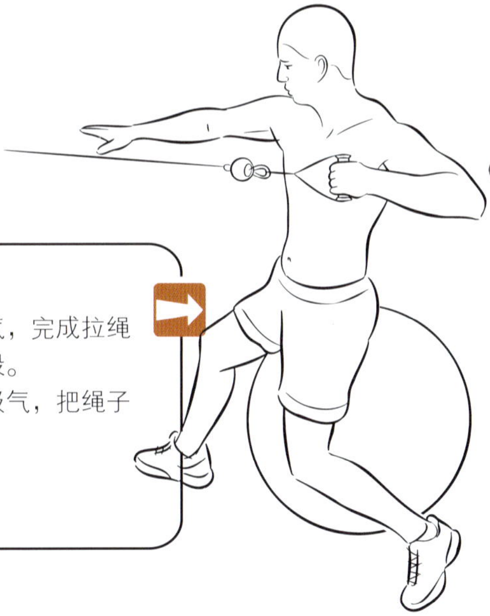

正确技术提示：

- 保持躯干竖直，双眼直视前方。
- 保持前臂与绳子成一条线，手腕伸直。

动作分析	关节	关节运动	动用的肌肉
关节1	脊柱	回旋	同侧：腹内斜肌 对侧：多裂肌、回旋肌、腹外斜肌
关节2	肩胛骨	拉：内收 返回：外展	斜方肌（中束）、大菱形肌、小菱形肌
关节3	肩	拉：水平外展、伸展 返回：水平内收	三角肌（后束）、冈下肌、小圆肌、背阔肌、大圆肌
关节4	肘	拉：屈曲 返回：伸展	肱二头肌、肱肌、肱桡肌、桡侧腕屈肌、掌肌
关节5	前臂	拉：旋后 返回：旋前	肱二头肌、冈上肌、旋后肌

拉——中级

单臂拉绳

基本描述：

- 吸气，轻轻收腹。
- 前侧脚脚跟向下踩使身体重心远离器械。像拉弓一样拉动绳索并旋转躯干远离钢索训练器。拉绳子时，另一侧手臂向前伸，形成反向旋转。
- 张嘴（噘嘴）呼气，完成拉绳中最有挑战的阶段。
- 保持收腹，同时吸气，把绳子转回到起始位置。

起始姿势

- 站姿，呈低位弓步姿势，面向钢索拉力器。
- 用前侧腿的对侧手抓握绳索把手。

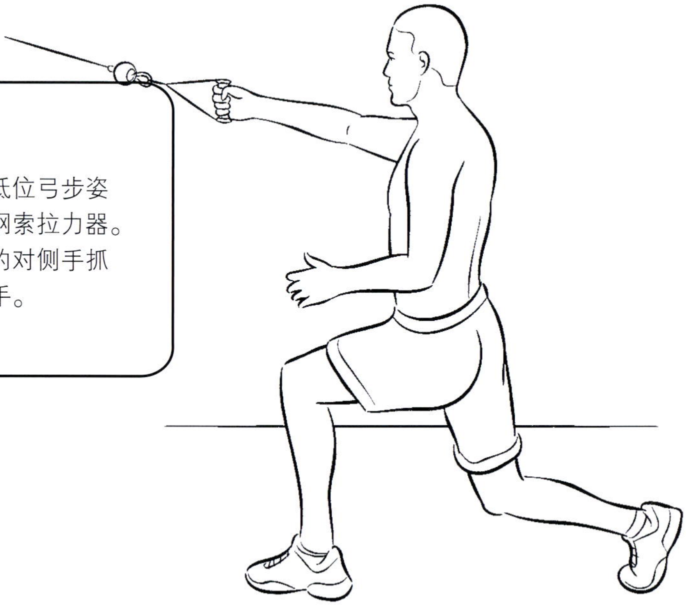

动作分析	关节	关节运动	动用的肌肉
关节1	踝	前侧腿：跖屈 后侧腿：背屈	前侧腿：腓肠肌、比目鱼肌、胫骨后肌、腓骨长肌、腓骨短肌
关节2	膝	前侧腿：伸展	股直肌、股内侧肌、股中间肌、股外侧肌
关节3	髋	前侧腿：伸展 后侧腿：外旋	前侧腿：臀大肌、臀中肌（后束）、股二头肌、半腱肌、半膜肌、大收肌（后束） 后侧腿：臀大肌、臀中肌（后束）、股二头肌、缝匠肌、腰肌、髂肌、梨状肌、股四头肌、上孖肌、下孖肌、闭孔外肌、闭孔内肌
关节4	脊柱	旋转（回旋）	同侧：腹内斜肌 对侧：多裂肌、回旋肌、腹外斜肌
关节5	肩胛骨	拉绳：内收 返回：外展	斜方肌（中束）、大菱形肌、小菱形肌
关节6	肩	拉：水平外展、伸展 返回：水平内收	三角肌（后束）、冈下肌、小圆肌、背阔肌、大圆肌
关节7	肘	拉：屈曲 返回：伸展	肱二头肌、肱肌、肱桡肌、桡侧腕屈肌、掌肌或掌长肌
关节8	前臂	拉：旋后 返回：旋前	肱二头肌、旋后肌

腓骨短肌

正确技术提示:

- 保持躯干竖直，双眼平视前方。
- 保持前臂与绳索成一条直线，手腕伸直。
- 重心向后移动，旋转躯干，然后用手臂平稳地展现拉的动作。

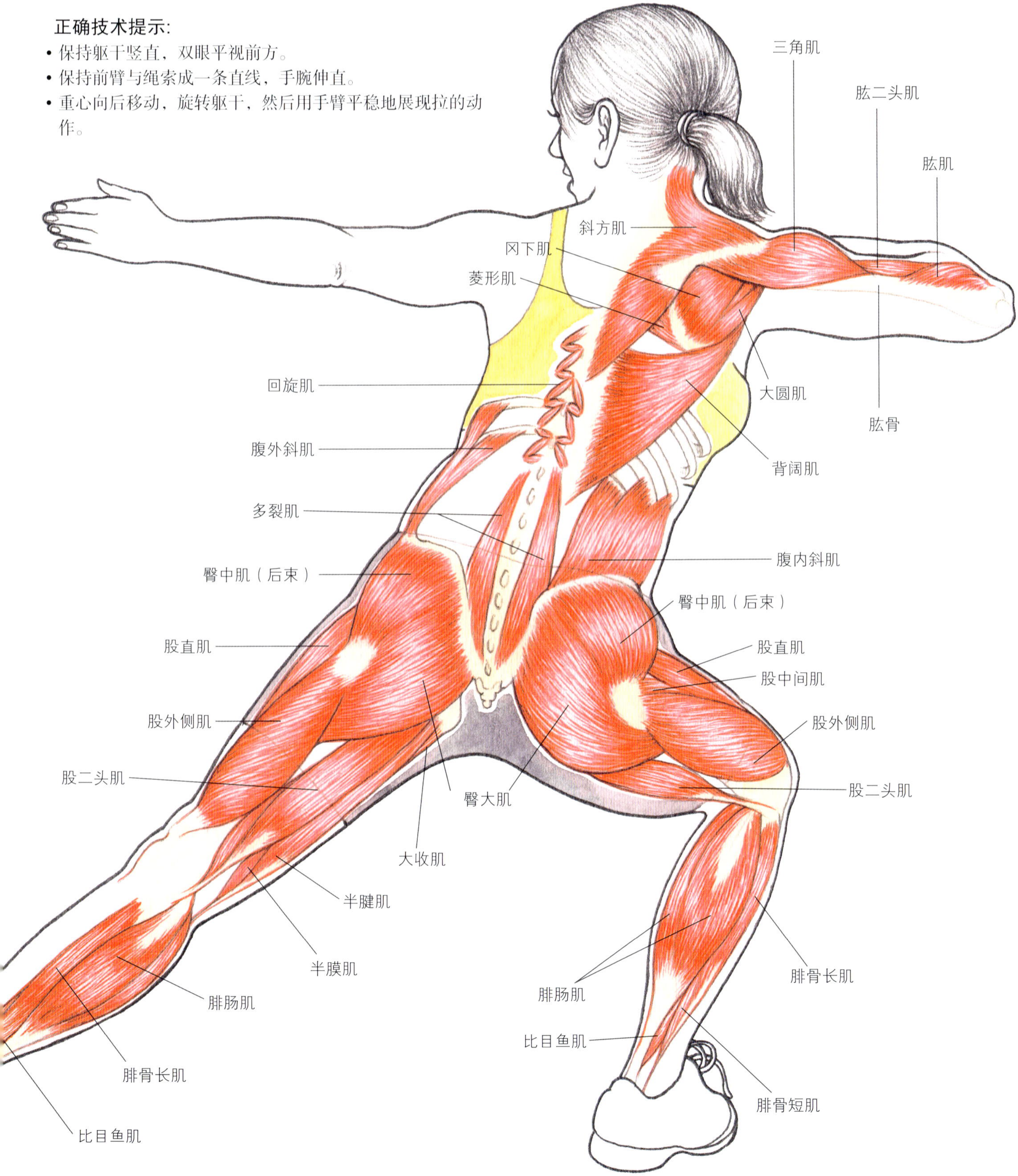

拉——高级

单臂单腿拉绳

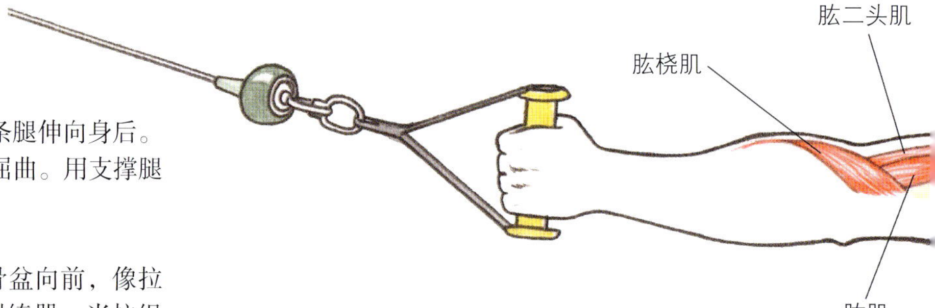

基本描述：

- 单腿支撑站姿，面向钢索训练器，另一条腿伸向身后。
- 从髋部把上半身向前倾斜，但脊柱没有屈曲。用支撑腿的对侧手抓握绳索把手。
- 吸气，轻轻收腹。
- 前侧脚脚跟向下蹬（push off），推动骨盆向前，像拉弓一样拉动绳索并旋转躯干远离钢索训练器。当拉绳时，对侧腿向前屈膝成90°，对侧手臂向前摆臂，形成反向旋转。

正确技术提示：

- 确保脊柱没有前屈，双眼始终平视前方。
- 保持前臂与绳索成一条直线，手腕伸直。

动作分析	关节	关节运动	动用的肌肉
关节1	踝	前侧腿：跖屈	前侧腿：腓肠肌、比目鱼肌、胫骨后肌、腓骨长肌、腓骨短肌
关节2	膝	前侧腿：伸展	股直肌、股内侧肌、股中间肌、股外侧肌
关节3	髋	前侧腿：伸展 后侧腿：屈曲	前侧腿：臀大肌、臀中肌（后束）、股二头肌、半腱肌、半膜肌、大收肌（后束） 后侧腿：腰肌、髂肌、股直肌、阔筋膜张肌、缝匠肌、短收肌、长收肌、大收肌、臀中肌（后束）、臀小肌
关节4	脊柱	旋转（回旋）	同侧：腹内斜肌 对侧：多裂肌、回旋肌、腹外斜肌
关节5	肩胛骨	拉绳：内收 返回：外展	斜方肌（中束）、大菱形肌、小菱形肌
关节6	肩	拉：水平外展、伸展 返回：水平内收	三角肌（后束）、冈下肌、小圆肌、背阔肌、大圆肌
关节7	肘	拉：屈曲 返回：伸展	肱二头肌、肱肌、肱桡肌、桡侧腕屈肌、掌肌
关节8	前臂	拉：旋后 返回：旋前	肱二头肌、旋后肌

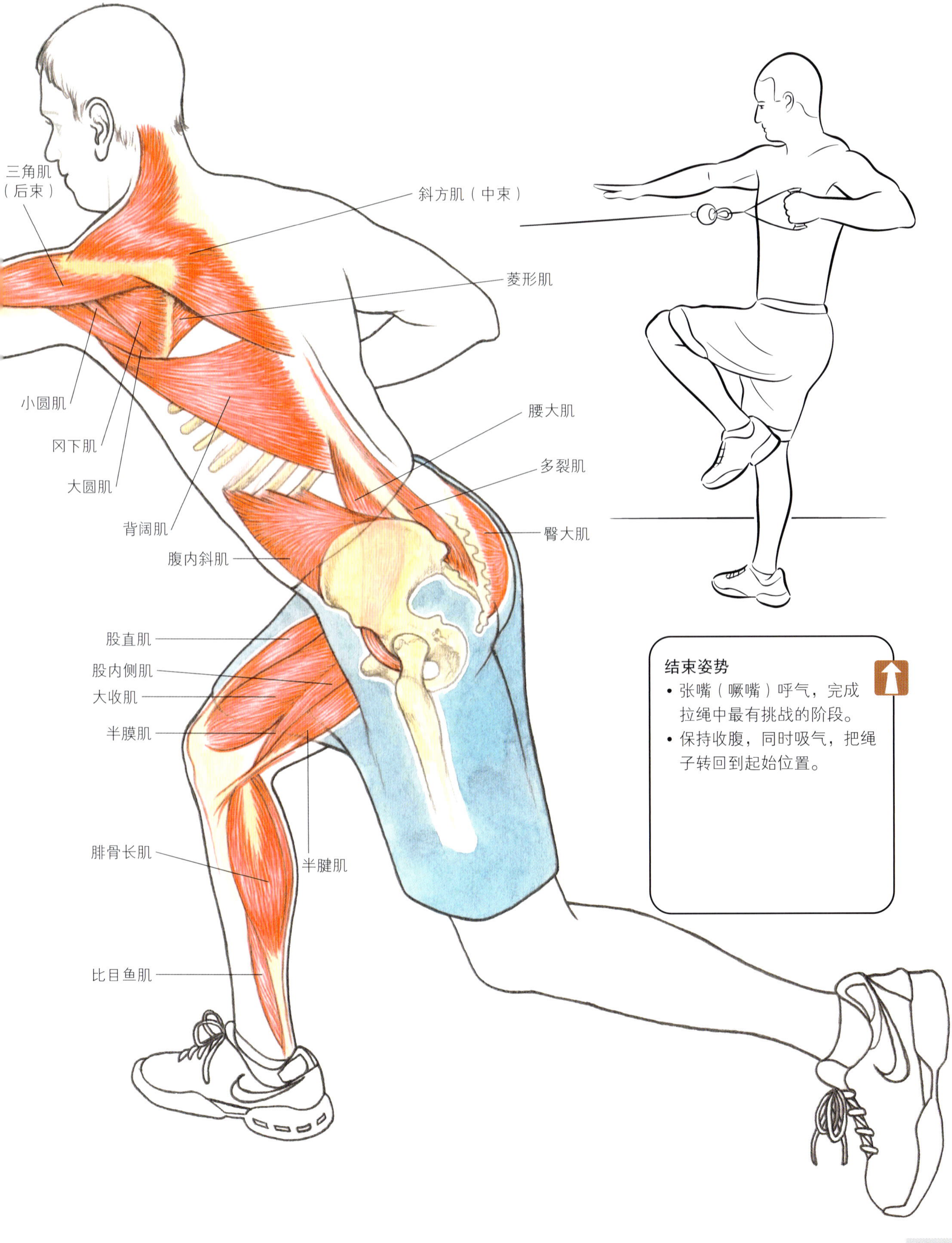

结束姿势

- 张嘴（噘嘴）呼气，完成拉绳中最有挑战的阶段。
- 保持收腹，同时吸气，把绳子转回到起始位置。

推——初级
坐姿推绳

基本描述：
- 坐在瑞士球上，背向钢索训练器。
- 一只手抓握绳索把手，对侧腿（未握绳索手同侧）置于前侧，同侧腿（握绳索手同侧）向后。
- 吸气，轻轻收腹。
- 旋转躯干远离器械，同时像出拳一样推绳。推绳时，对侧手臂向后摆臂，形成反向旋转。

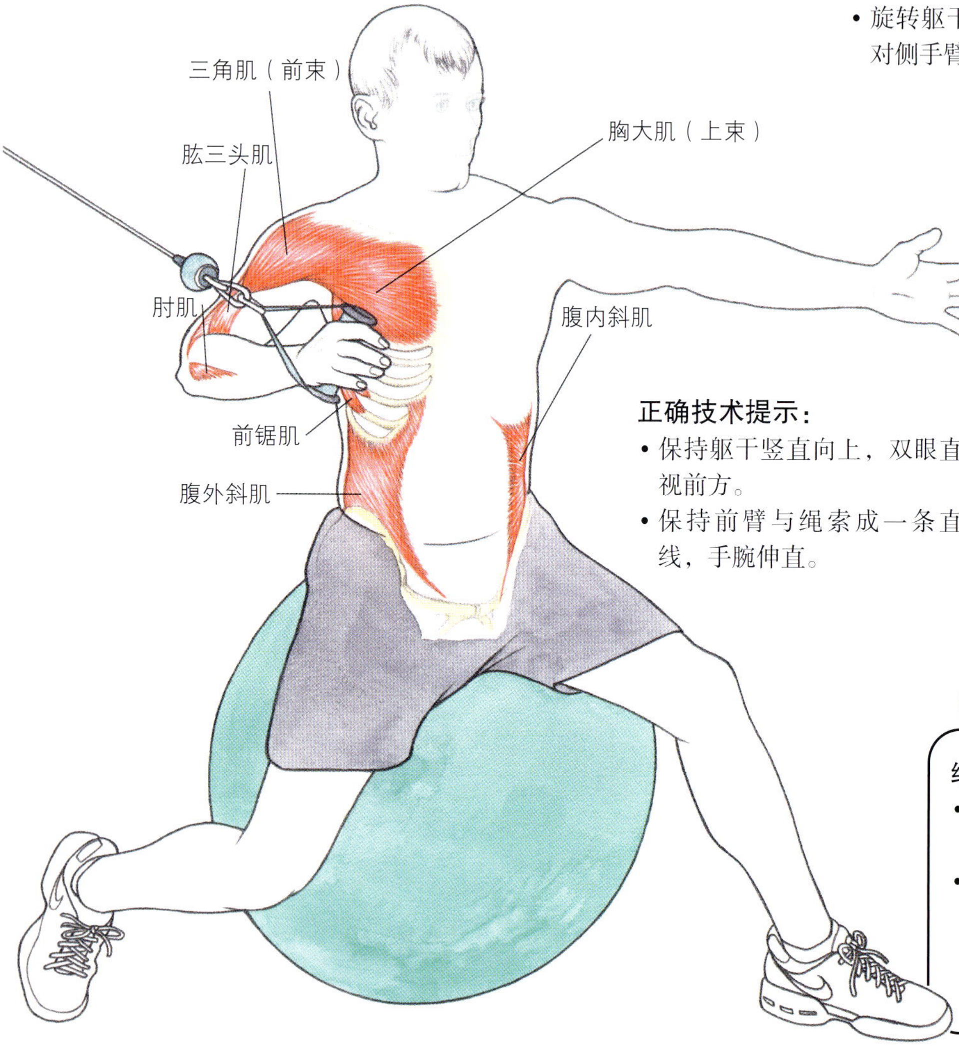

正确技术提示：
- 保持躯干竖直向上，双眼直视前方。
- 保持前臂与绳索成一条直线，手腕伸直。

结束姿势
- 张嘴（噘嘴）呼气，完成推绳中最有挑战的阶段。
- 保持收腹，同时吸气，把绳子转回到起始位置。

动作分析	关节	关节运动	动用的肌肉
关节1	脊柱	旋转（回旋）	同侧：腹内斜肌 对侧：多裂肌、回旋肌、腹外斜肌
关节2	肩胛骨	推：外展 返回：内收	胸小肌、前锯肌
关节3	肩	推：水平内收、屈曲 返回：水平外展	三角肌（前束）、胸大肌（上束）
关节4	肘	推：伸展 返回：屈曲	肱三头肌、肘肌
关节5	前臂	推：旋前 返回：旋后	旋前圆肌、旋前方肌

推——中级

单臂推绳

正确技术提示：

- 保持躯干竖直向上，眼睛直视前方。
- 保持前臂和绳索成一条直线，手腕伸直。
- 转移身体重心向前，旋转躯干，然后用手臂平稳地展现推的动作。

起始姿势

- 站姿，低位侧弓步，背向钢索训练器。
- 用前侧腿的对侧手抓握绳索把手（为安全起见，在站成侧弓步之前先抓住把手）。

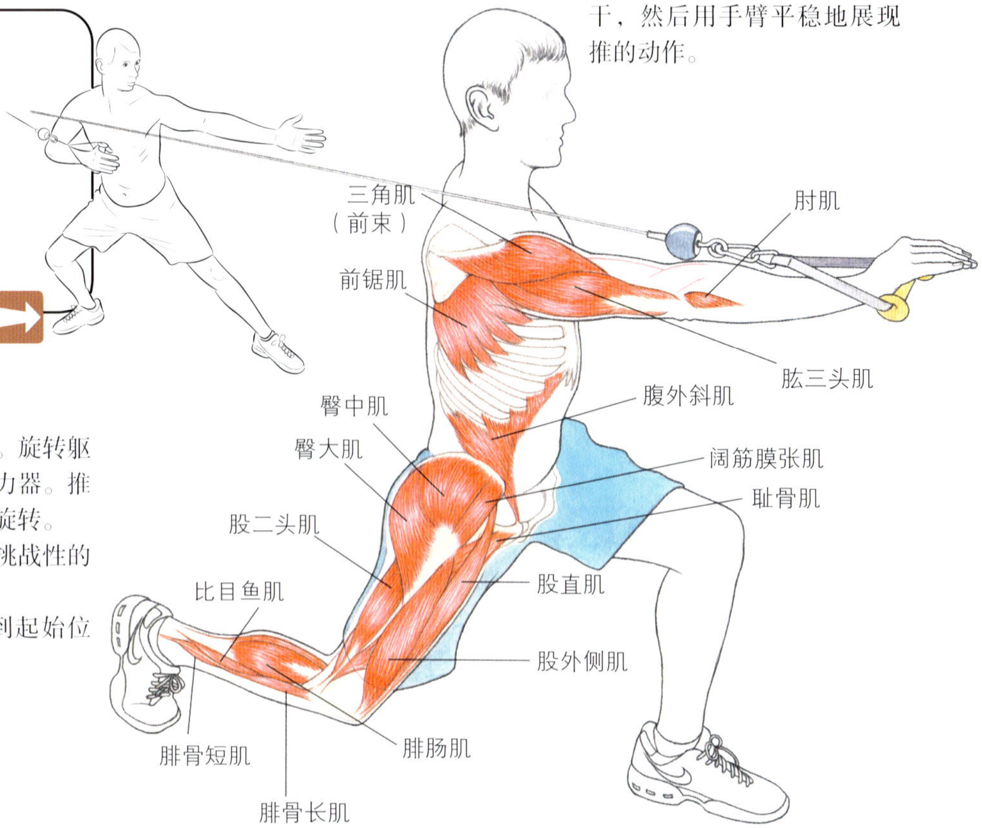

基本描述：

- 吸气，轻轻收腹。
- 用力蹬离后侧脚使身体重心远离器械。旋转躯干，像出拳一样推绳，使身体远离拉力器。推绳时，对侧手臂向后摆臂形成反向的旋转。
- 张嘴（噘嘴）呼气，完成推绳中最具挑战性的阶段。
- 保持收腹，同时吸气，把绳子转回到起始位置。

动作分析	关节	关节运动	动用的肌肉
关节1	踝	后侧腿：跖屈 前侧腿：背屈	后侧腿：腓肠肌、比目鱼肌、胫骨后肌、腓骨长肌、腓骨短肌
关节2	膝	后侧腿：伸展 前侧腿：屈曲	后侧腿：股直肌、股内侧肌、股中间肌、股外侧肌
关节3	髋	后侧腿：伸展、内旋 前侧腿：屈曲、内旋	后侧腿：臀大肌、臀中肌（后束）、股二头肌、半腱肌、半膜肌、臀中肌（前束）、臀小肌、耻骨肌、短收肌、长收肌、大收肌、股薄肌、阔筋膜张肌
关节4	脊柱	旋转（回旋）	同侧：腹内斜肌 对侧：多裂肌、回旋肌、腹外斜肌
关节5	肩胛	推：外展 返回：内收	胸小肌、前锯肌
关节6	肩	推：水平内收 返回：水平外展	三角肌（前束）、胸大肌（上束）
关节7	肘	推：伸展 返回：屈曲	肱三头肌、肘肌
关节8	前臂	推：旋前 返回：旋后	旋前圆肌、旋前方肌

推——高级

单臂单腿推绳

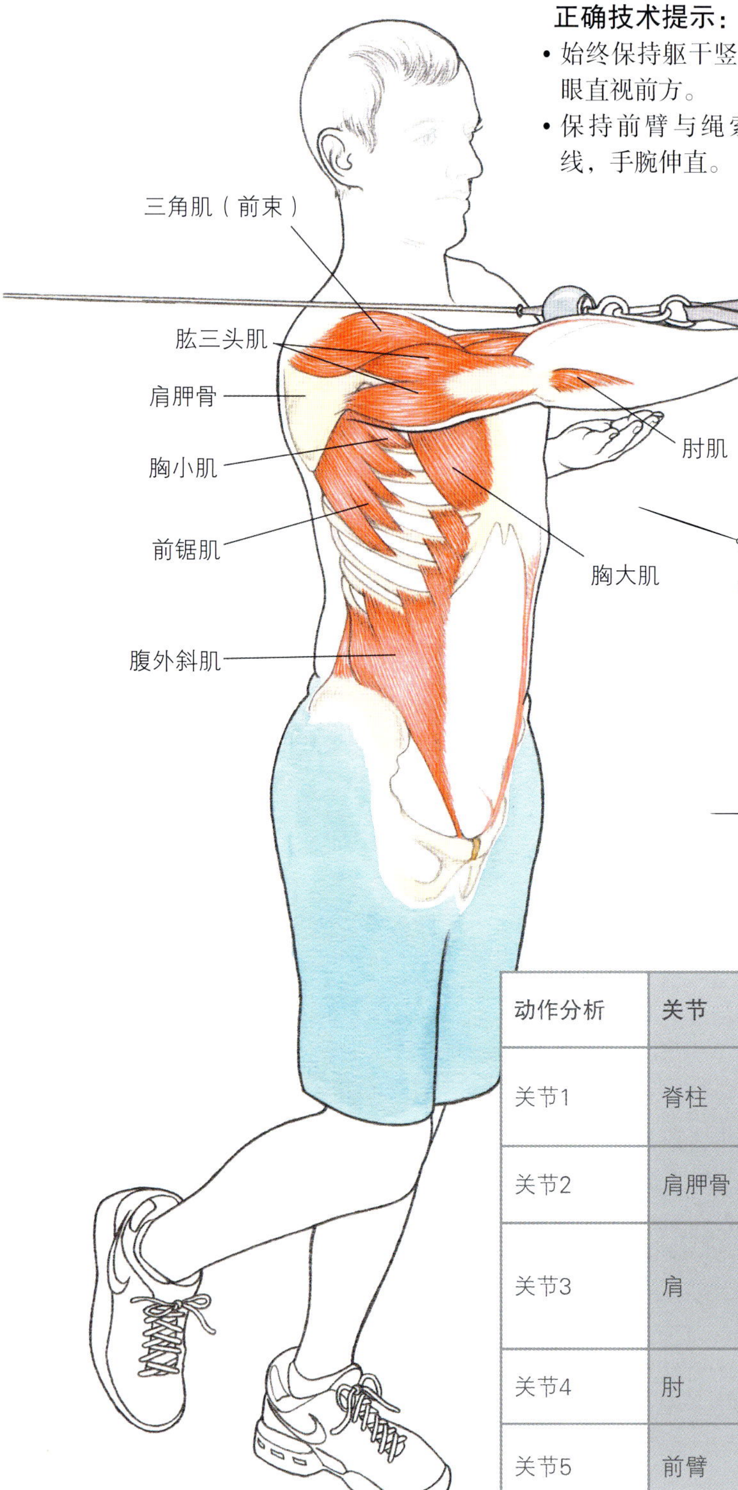

正确技术提示：

- 始终保持躯干竖直向上，双眼直视前方。
- 保持前臂与绳索成一条直线，手腕伸直。

基本描述：

- 吸气，轻轻收腹。
- 旋转躯干远离器械，像出拳一样推动绳索。当推绳时，对侧手臂往后摆臂形成反向旋转。
- 张嘴（噘嘴）呼气，完成推绳中最具挑战性的阶段。
- 保持收腹，同时吸气，把绳子转回到起始位置。

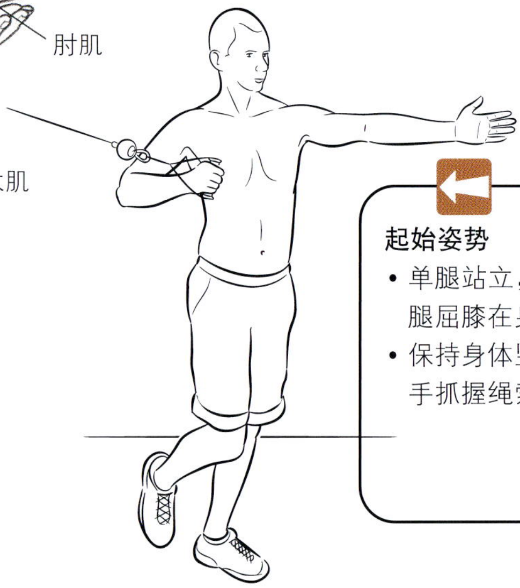

起始姿势

- 单腿站立，背向钢索训练器，另一条腿屈膝在身后。
- 保持身体竖直向上，用支撑腿的对侧手抓握绳索把手。

动作分析	关节	关节运动	动用的肌肉
关节1	脊柱	旋转（回旋）	同侧：腹内斜肌 对侧：多裂肌、回旋肌、腹外斜肌
关节2	肩胛骨	推：外展 返回：内收	胸小肌、前锯肌
关节3	肩	推：水平内收，屈曲 返回：水平外展	三角肌（前束）、胸大肌（上束）
关节4	肘	推：伸展 返回：屈曲	肱三头肌、肘肌
关节5	前臂	推：旋前 返回：旋后	旋前圆肌、旋前方肌

扭转——初级
坐姿伐木

基本描述：

- 竖直坐在瑞士球上，背向钢索训练器。
- 用绳索远侧的手抓住绳索把手，近侧的手放在抓绳索的手上。
- 吸气，轻轻收腹。
- 旋转躯干并带动绳索扭转远离器械，手臂的动作像伐木一样。

正确技术提示：

- 保持躯干竖直，双眼平视前方。
- 保持手肘微弯。

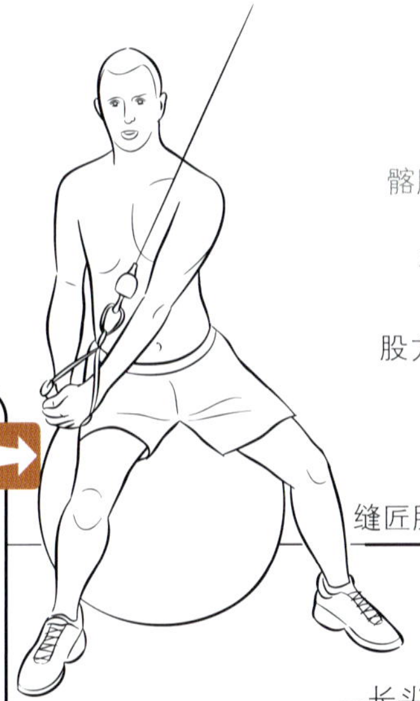

结束姿势

- 张嘴（噘嘴）呼气，完成扭转中最具挑战的阶段。
- 保持收腹，同时吸气，把绳子转回到起始位置。

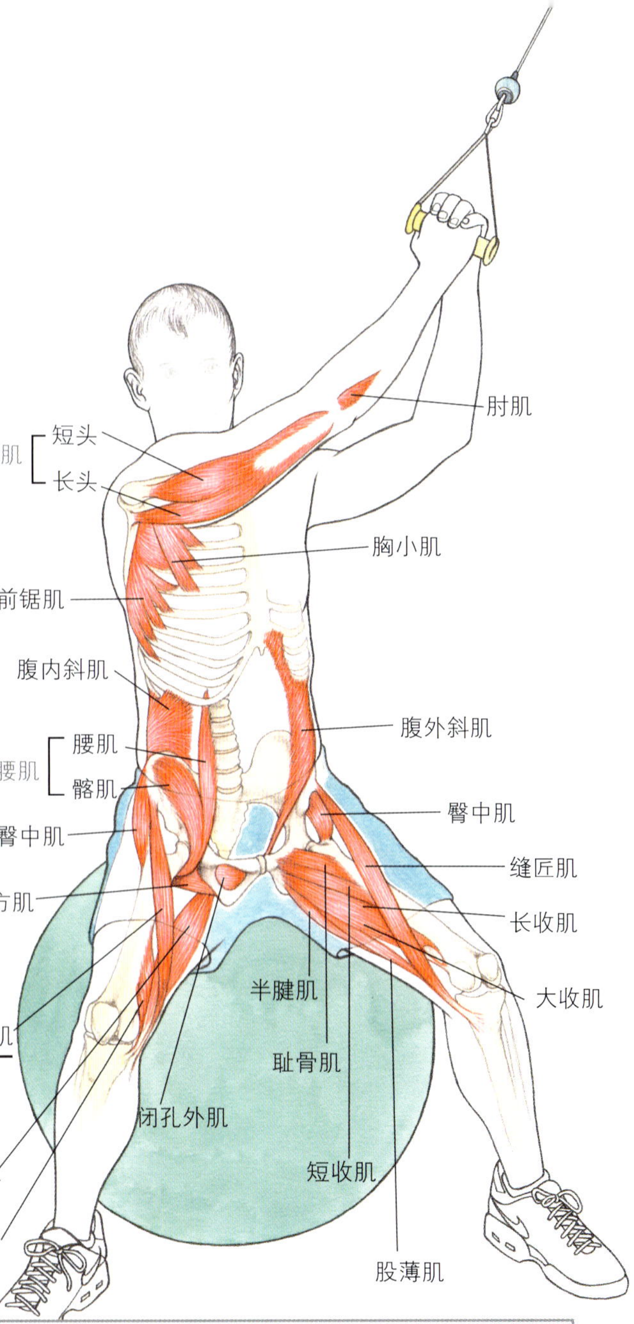

动作分析	关节	关节运动	动用的肌肉
关节1	脊柱	旋转（回旋）	同侧：腹内斜肌 对侧：多裂肌、回旋肌、腹外斜肌
关节2	肩胛骨	下回旋、上回旋、内收、外展、上提、下压	斜方肌（上束和下束）、胸小肌、前锯肌
关节3	肩	伸展、屈曲	背阔肌、大圆肌
关节4	髋	内旋、外旋	内侧腿（近器械）：臀中肌（前束）、臀小肌、耻骨肌、短收肌、长收肌、大收肌、股薄肌、阔筋膜张肌、半腱肌、半膜肌 外侧腿：臀大肌、臀中肌（后束）、股二头肌、缝匠肌、腰肌、髂肌、梨状肌、股方肌、上孖肌、下孖肌、闭孔外肌、闭孔内肌

扭转——中级
伐木

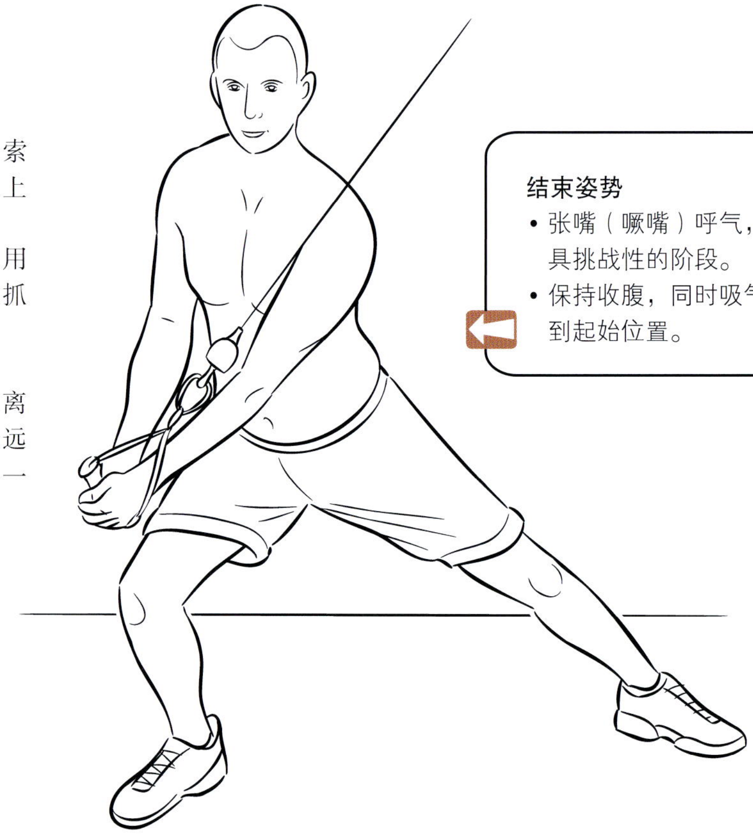

基本描述：

- 站姿，成侧弓步姿势，背向钢索训练器，70%的体重放在内侧腿上（近钢索训练器侧）。
- 用绳索远侧的手抓住绳索把手，用另一只手（绳索近侧的手）放在抓绳索的手上。
- 吸气，轻轻收腹。
- 把器械近侧的脚向下推使重心远离器械。旋转躯干并带动绳索扭转远离训练器，手臂动作像砍伐木一样。

结束姿势

- 张嘴（嘬嘴）呼气，完成扭转中最具挑战性的阶段。
- 保持收腹，同时吸气，把绳子转回到起始位置。

动作分析	关节	关节运动	动用的肌肉
关节1	脊柱	旋转（回旋）	同侧：腹内斜肌 对侧：多裂肌、回旋肌、腹外斜肌
关节2	肩胛骨	下回旋、上回旋、内收、外展、上提、下压	斜方肌（上束和下束）、胸小肌、前锯肌
关节3	肩	伸展、屈曲	背阔肌、大圆肌
关节4	髋	内旋、外旋、外展、内收	内侧腿（近器械）：臀大肌、臀中肌、臀小肌、阔筋膜张肌、缝匠肌、耻骨肌、短收肌、长收肌、大收肌、股薄肌、半腱肌、半膜肌 外侧腿：臀大肌、臀中肌（后束）、股二头肌、缝匠肌、腰肌、髂肌、梨状肌、股方肌、上孖肌、下孖肌、闭孔外肌、闭孔内肌
关节5	膝	伸展、屈曲	股直肌、股内侧肌、股中间肌、股外侧肌
关节6	踝	跖屈、背屈	腓肠肌、比目鱼肌、胫骨后肌、腓骨长肌、腓骨短肌

正确技术提示：

- 保持躯干竖直，双眼直视前方。
- 保持手肘微屈。
- 侧向移动重心，旋转躯干，然后带着手臂平稳地展示扭转的动作。

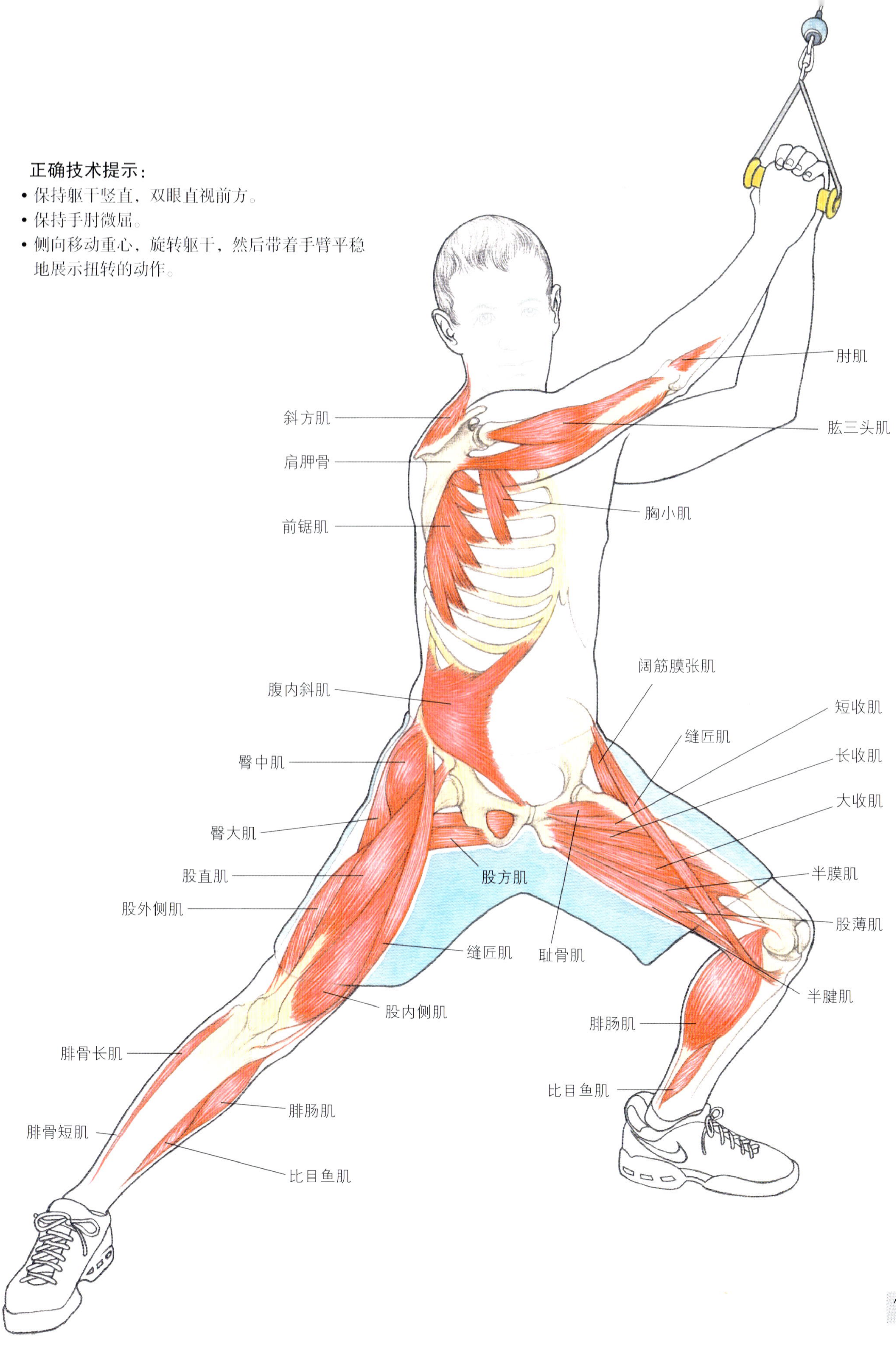

扭转——高级

单腿支撑伐木

结束姿势

- 张嘴（噘嘴）呼气，完成扭转中最具挑战性的阶段。
- 保持收腹，同时吸气，把绳子转回到起始位置。

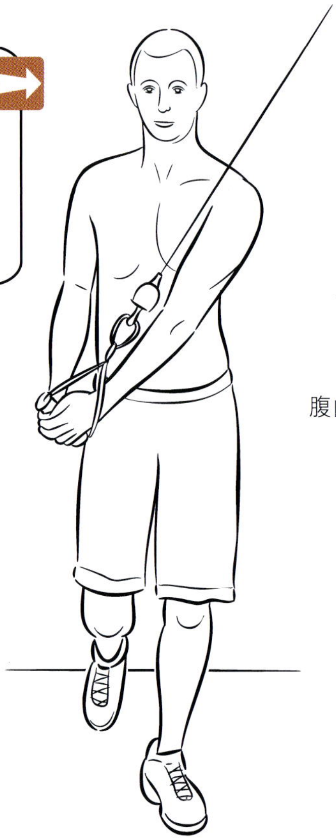

基本描述：

- 单腿站姿，背向钢索训练器，另一条腿屈膝向后，脚抬离地面。
- 保持躯干竖直，用器械远侧的手抓握绳索把手，近侧的手放在抓握手的上边。
- 吸气，轻轻收腹。
- 旋转躯干远离器械，并扭转绳索像伐木一样。

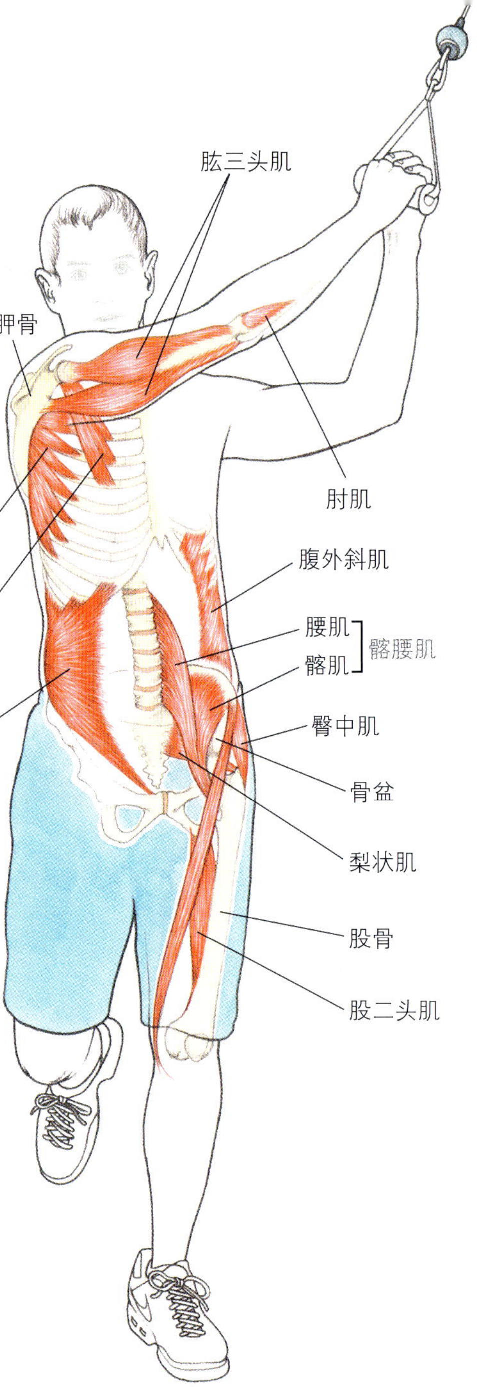

正确技术提示：

- 始终保持躯干竖直，双眼直视前方。
- 保持手肘微屈。

动作分析	关节	关节运动	动用的肌肉
关节1	脊柱	旋转（回旋）	同侧：腹内斜肌 对侧：多裂肌、回旋肌、腹外斜肌
关节2	肩胛骨	下回旋、上回旋、内收、外展、上提、下压	背阔肌、大圆肌、三角肌（后束）、小圆肌、肱三头肌（长头）
关节3	肩	伸展、屈曲	肱三头肌、肘肌
关节4	髋	外旋、内旋	支撑腿：臀大肌、臀中肌（后束）、股二头肌、缝匠肌、腰肌、髂肌、梨状肌、股方肌、上孖肌、下孖肌、闭孔外肌、闭孔内肌

4.力量和爆发力

力量

简单地说，力量可以定义为“对抗阻力施加最大力量的能力”（哈维·牛顿《运动爆发力提升》（Harvey Newton, *Explosive Lifting for Sports*）。

力量发展可以分为两类：绝对力量和相对力量。绝对力量不用担心身体体积（body size）。例如，美式足球的边锋、英式橄榄球的前锋、最重量级拳击手和相扑选手都不用担心自己的体重，他们只需要尽可能地变得强壮。然而，相对力量则要考虑体重因素。例如，按体重分级别的拳击手、举重运动员、耐力运动员或冰上舞者（多余的重量会消耗更多的能量）则希望在不增大体型或体重情况下增强力量。因此，相对力量是要求提高与体重相关的力量。明确自己是需要有绝对力量还是相对力量有助于选择训练变量（exercise variables）（第124页）。

牛顿第二运动定律表述为“*f=ma*”，*f*是作用力，*m*是相关的质量，*a*是质量移动的加速度。虽然在大多数运动中加速度最终比全速（flat-out speed）更重要，但产生加速度所需的力（force）却受到产生这种力所需的力量（strength）的限制。只要进行加速训练，获得的力量越多，质量移动加速度越大。因此，您需要考虑运动所需的加速度，这也会影响需要练习的力量。

那么，您需要多少力量，这要取决于您需要克服的质量。如果您打英式橄榄球、练柔道或摔跤，或者您是奥运会举重运动员，您将需要对抗对手的质量（对手的质量有时远超于您），或者把巨大的负荷举过头，所以需要非常大的力量。如果您是球拍类运动员、高尔夫球手、游泳运动员或足球运动员，对力量的需求就相对少一些。

并不是变得越强壮就越能提高运动表现，变得强壮会限制恢复时间或限制在其他更重要的生物运动能力上的时间。例如，泰格·伍兹就不需要像奥运会举重运动员那样打高尔夫球，他只需要开好一个高尔夫球就好。并没有太多的科学理论来表明一个人需要多强壮，但是有一些关于特定运动的力量要求的统计数据可用。然而，每个人都是不同的，做个人的生物运动能力分析可很好地指明您要把多少精力放在力量提升上。

要增强力量需要仔细选择训练变量。如果您是一名耐力型运动员，肌肉耐力的增强在特定运动环境中会得到更好的发展，而在健身房里做力量训练最好。本节中选择的大部分力量练习可以被认为是增强最大力量的“传统”练习。要注意，您需要考虑对于您所从事的运动，哪些原始模式®运动是必需的，从哪个姿势进行。例如，综合格斗选手（mixed martial artist）、摔跤手或橄榄球运动员需要在地板上推开对手，所以长椅卧推将会给实际运动带来效果。引体向上则对需要“拉”的运动模式（如攀岩、游泳）是个非常好的训练，因为这些运动需要闭合链的拉的动作。

如果您需要开放链下的拉的模式，可采用适当负荷下的拉绳练习（67~71页）。

爆发力

爆发力（功率）=工作量（功）（质量×距离）÷时间［power=work（mass×distance）÷time］。简而言之，爆发力就是快速移动物体的能力。力的速度曲线是在力量和体能训练领域经常讨论的问题，它强化了最大力与最大速度的反比关系。这很容易理解，表示当您拉起最大重量时，运动的速度会非常慢；相反，如果您以最大速度移动，负荷一定是最小的。因此，为了提高爆发力，您一定不能仅仅提高力量，还必须进行快速的力量训练。一位强壮但行动迟缓的运动员和一位无力但快速的运动员，他们无论谁都不能产生很大的力量，尤其是在负重情况下。

还有一些术语，如速度力量（speed strength）(在高速下产生的力)或爆发性力量（explosive strength）（在最短时间内施加最大力的能力）经常被使用，这些术语真正用来定义爆发力时可能有点令人困惑。

在后面章节中要讨论的敏捷性和增强式训练也需要爆发力，爆发力、敏捷性、增强式训练和速度所需要的许多素质都是相同的。

最大肌力训练——弓步

杠铃前弓步/颈后负重前弓步

起始姿势

- 从深蹲架或力量架上扛起杠铃。杠铃杆放在斜方肌上束上第7颈椎的下方。
- 缓慢小心地向后退3~4步，离开力量架。
- 双脚分开站立，与肩等宽。

基本描述：

- 吸气，轻轻收腹。
- 向前迈一大步然后有控制地降低重心。
- 双膝弯曲，直到后侧膝关节离地面约2.5厘米（1英寸）。
- 保持大部分体重在前侧腿上。
- 弓步到最低点后，前侧脚脚跟压向地面，使身体直接向上回到初始位置。张嘴（噘嘴）呼气，完成最具挑战性的身体上升的动作。

正确技术提示：

- 保持躯干竖直向上，轻轻后缩肩胛骨，双眼平视前方。
- 身体升降时，始终保持前侧膝关节对准第二个脚趾。避免脚、踝或膝关节向身体中线移动。
- 保持重心在前侧脚的中后部。

动作分析	关节	关节运动	动用的肌肉
关节1	髋	向下：屈曲 向上：伸展	前侧腿：臀大肌、臀中肌（后束）、股二头肌、半腱肌、半膜肌、大收肌（后束）
关节2	膝	向下：屈曲 向上：伸展	前侧腿：股直肌、股内侧肌、股中间肌、股外侧肌
关节3	踝	向下：背屈 向上：跖屈	前侧腿：腓肠肌、比目鱼肌、胫骨后肌、腓骨长肌、腓骨短肌

最大肌力训练——深蹲

杠铃（颈）后蹲（背蹲）

结束姿势

- 蹲到最低点后，两个脚跟压向地面把身体向上推起来。
- 呼气，完成最具挑战性的身体上升阶段。

基本描述：

- 从深蹲架或力量架上扛起杠铃。杠铃杆放在斜方肌上束上第7颈椎的下方。
- 缓慢小心地向后退2~3小步，离开力量架。
- 站立，躯干挺直，双眼平视前方。
- 双脚分开与肩等宽，或略比肩宽，可以外旋最多30°。
- 吸气，轻轻收腹。
- 身体向下移动进行深蹲（像坐进椅子里一样），在保持下背没有弓起（屈曲）的前提下尽可能向下。

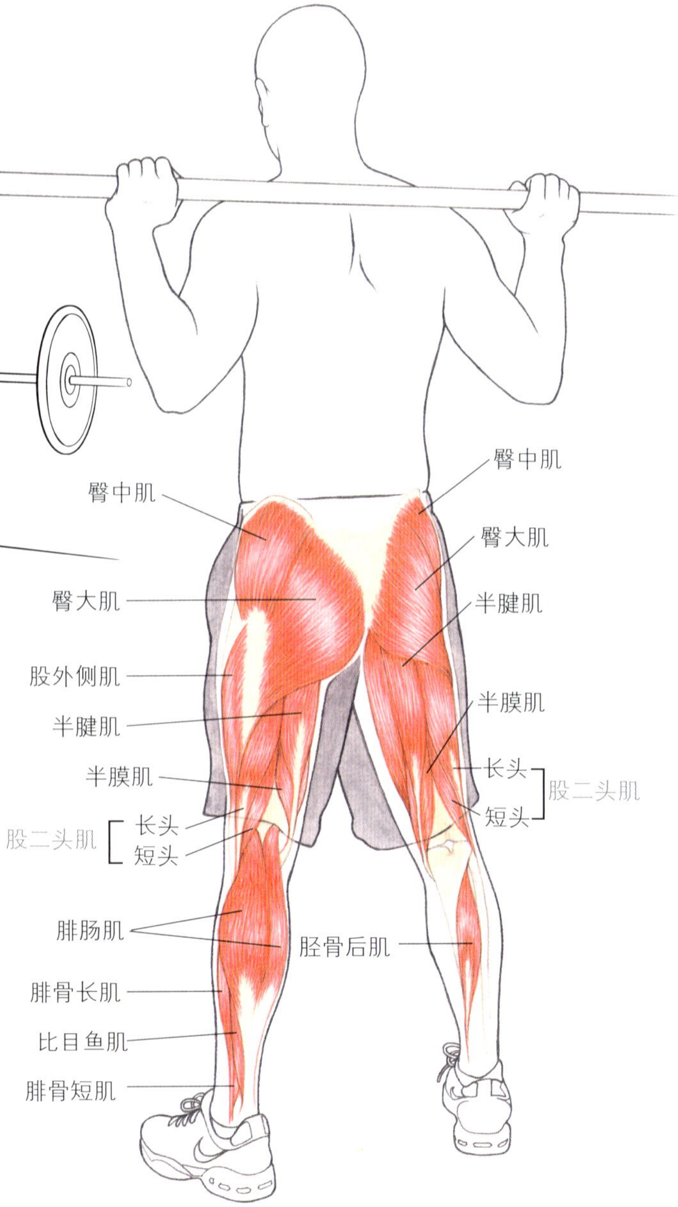

正确技术提示：

- 保持躯干挺直，双眼平视前方。
- 保持每个膝关节都朝向同侧第二个脚趾。

动作分析	关节	关节运动	动用的肌肉
关节1	髋	向上：伸展 向下：屈曲	臀大肌、臀中肌（后束）、股二头肌、半腱肌、半膜肌、大收肌（后束）
关节2	膝	向上：伸展 向下：屈曲	股直肌、股内侧肌、股中间肌、股外侧肌
关节3	踝	向上：跖屈 向下：背屈	腓肠肌、比目鱼肌、胫骨后肌、腓骨长肌、腓骨短肌

最大肌力训练——屈蹲

硬拉

基本描述：

- 吸气，轻轻收腹。
- 双脚压向地板，启动身体向上的动作。
- 张嘴（噘嘴）呼气，完成最具挑战性的拉的动作。保持屈体的角度不变，直到杠铃越过膝关节。
- 上拉过程中尽可能让杠铃杆靠近身体。
- 杠铃一越过膝关节，就把髋部向前推直到身体竖直站立。始终保持手臂伸直。
- 完成上拉后在最高点保持收腹并吸气，屈髋，下放杠铃，尽量保持杠铃杆靠近身体，直到杠铃杆到达膝关节的高度，再屈膝把杠铃放回地面。
- 呼气，通过最具挑战性的升降动作阶段。

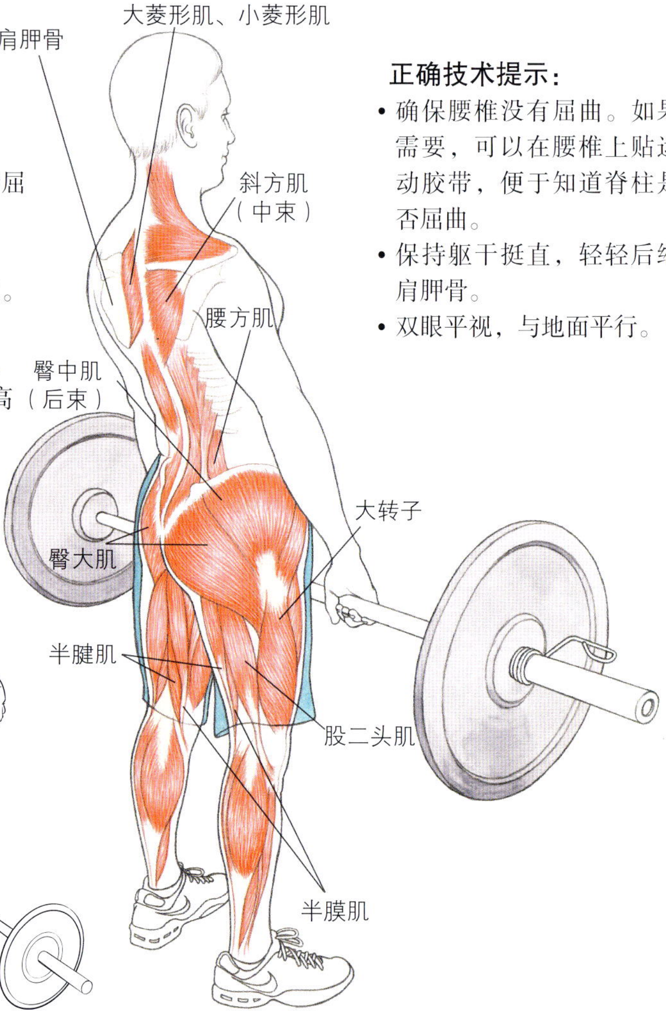

正确技术提示：

- 确保腰椎没有屈曲。如果需要，可以在腰椎上贴运动胶带，便于知道脊柱是否屈曲。
- 保持躯干挺直，轻轻后缩肩胛骨。
- 双眼平视，与地面平行。

起始姿势

- 身体呈屈膝屈髋姿势，双脚分开与肩等宽，杠铃置于身体前方。
- 双手抓握杠铃杆的距离宽于双腿外侧，保持脊柱挺直，躯干朝前。

动作分析	关节	关节运动	动用的肌肉
关节1	髋	向上：伸展 向下：屈曲	臀大肌、臀中肌（后束）、股二头肌、半腱肌、半膜肌、大收肌（后束）
关节2	膝	向上：伸展 向下：屈曲	股直肌、股内侧肌、股中间肌、股外侧肌
关节3	踝	向上：跖屈 向下：背屈	腓肠肌、比目鱼肌、胫骨后肌、腓骨长肌、腓骨短肌
关节4	腰椎	稳定：伸展	多裂肌、棘肌、最长肌、髂肋肌、股方肌、棘间肌
关节5	肩胛骨	内收	斜方肌（中束）、大菱形肌、小菱形肌
关节6	腕	抓握：屈曲	桡侧腕屈肌、尺侧腕屈肌、掌长肌、指浅屈肌

最大肌力训练——拉

引体向上

起始姿势

- 用宽距旋前握姿或窄距旋后握姿悬挂于引体向上横杠上。

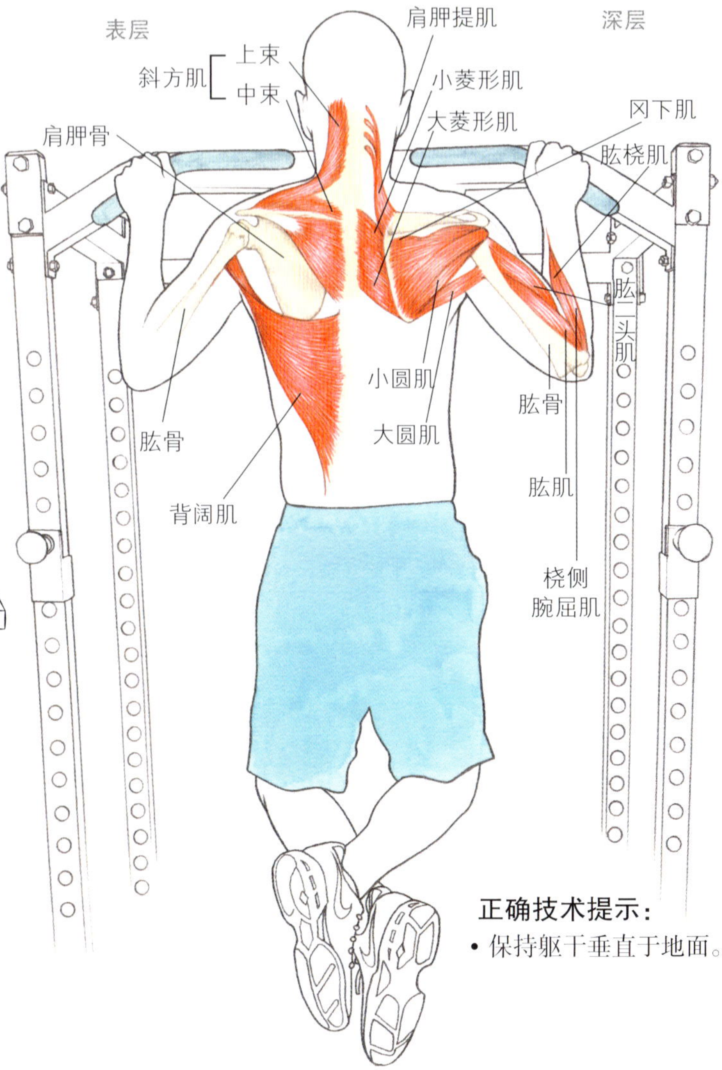

基本描述：

- 吸气，轻轻收腹，然后把身体向上拉直到下颌越过横杠。
- 张嘴（噘嘴）呼气，完成最具挑战性的上拉的阶段。
- 保持收腹，吸气，并有控制地让身体下降到起始姿势。

正确技术提示：

- 保持躯干垂直于地面。

动作分析	关节	关节运动	动用的肌肉
关节1	肩胛骨	上拉：下回旋，内收并下压 下落：上回旋，外展并上提	肩胛提肌、大菱形肌、小菱形肌、斜方肌（上束和中束）
关节2	肩	上拉：内收 下落：外展	背阔肌、大圆肌、冈下肌、小圆肌、胸大肌、肱三头肌（长头）、喙肱肌
关节3	肘	上拉：屈曲 下落：伸展	肱二头肌、肱肌、肱桡肌、桡侧腕屈肌、掌肌
关节4	腕	抓握拉杆	桡侧腕屈肌、尺侧腕屈肌、掌长肌、指浅屈肌

最大肌力训练——推

长凳卧推杠铃

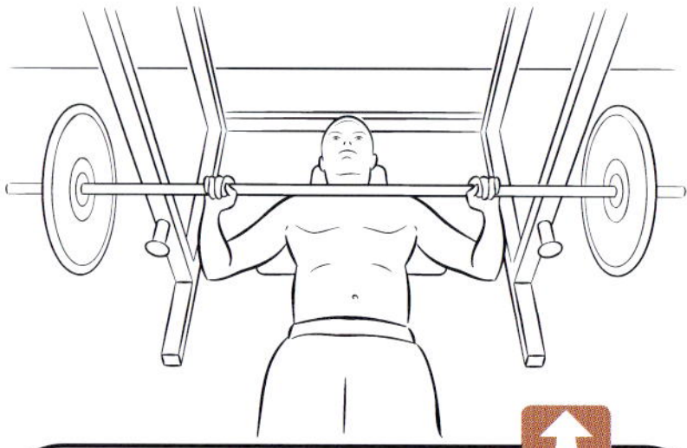

起始姿势

- 躺在卧推长凳上。
- 双手抓握杠铃，双手到杠铃杆中心距离相等。
- 双脚平放在地板上，脊柱保持中立位。

基本描述：

- 把杠铃杆从架子上举起，上半身要有足够的张力稳定住杠铃杆的重量。
- 轻轻收腹。
- 把杠铃向胸部下落，同时吸气。杠铃下降的距离因肩膀的灵活度不同而有差异。肩膀越灵活，可以放得越低。并不强制性地要求一定放低至胸口，因为这样可能会给有些人带来伤害。
- 一旦已经尽所能安全地放低横杆，用爆发力把杠铃杆推向天花板，推回到起始姿势。在最具挑战性的推的阶段（上升阶段）呼气。

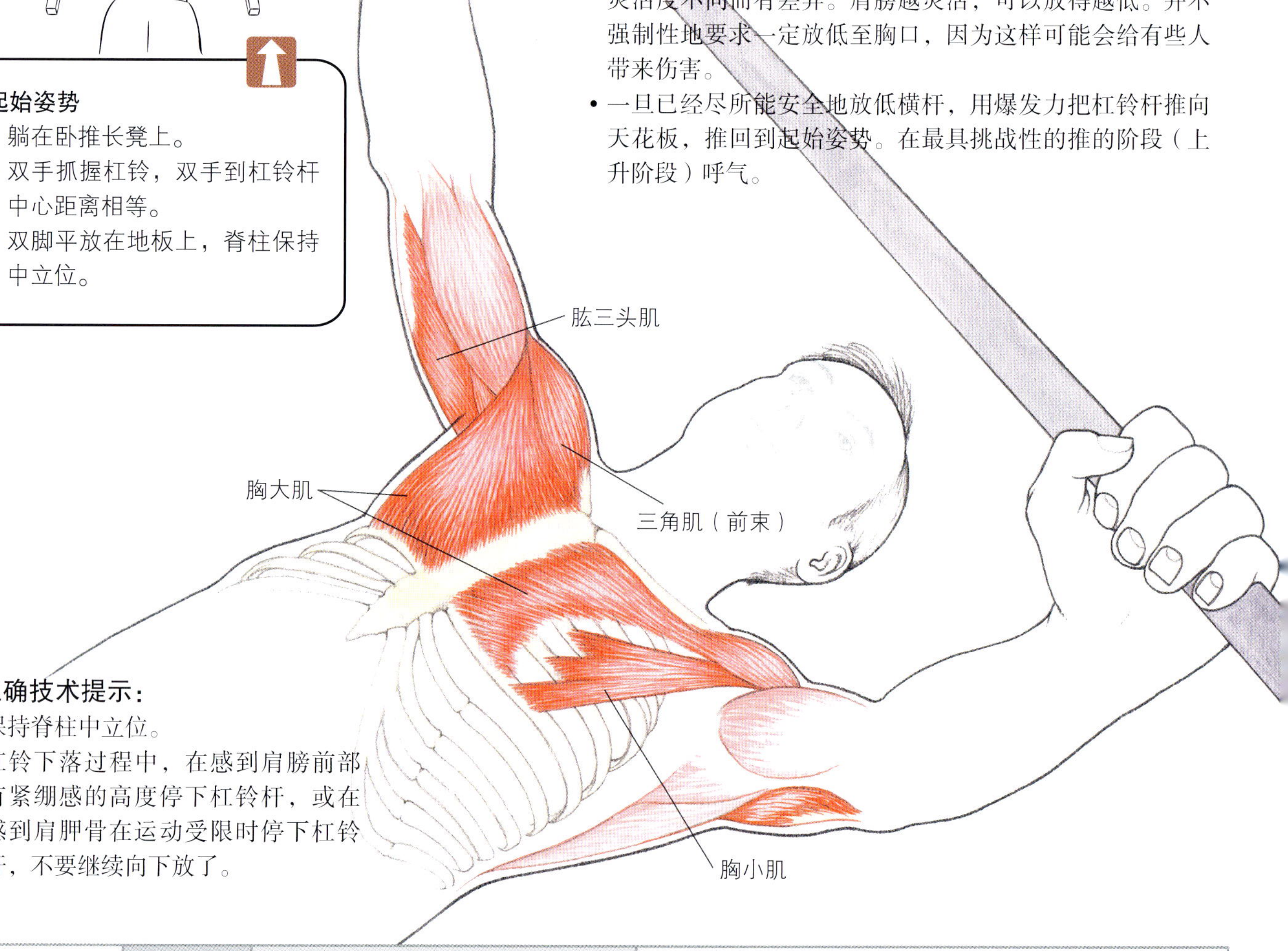

正确技术提示：

- 保持脊柱中立位。
- 杠铃下落过程中，在感到肩膀前部有紧绷感的高度停下杠铃杆，或在感到肩胛骨在运动受限时停下杠铃杆，不要继续向下放了。

动作分析	关节	关节运动	动用的肌肉
关节1	肩胛骨	上推：外展 下落：内收	胸小肌、前锯肌
关节2	肩	上推：水平内收 下落：水平外展	三角肌（前束）、胸大肌（上束）
关节3	肘	上推：屈曲 下落：伸展	肱三头肌、肘肌

最大肌力训练——扭转

上勾拳深蹲

起始姿势

- 站姿，背向钢索训练器。用靠近器械侧的手抓住绳索把手，另一只手放在此手上。
- 向下呈半蹲状，绳索拉向近侧的髋部。

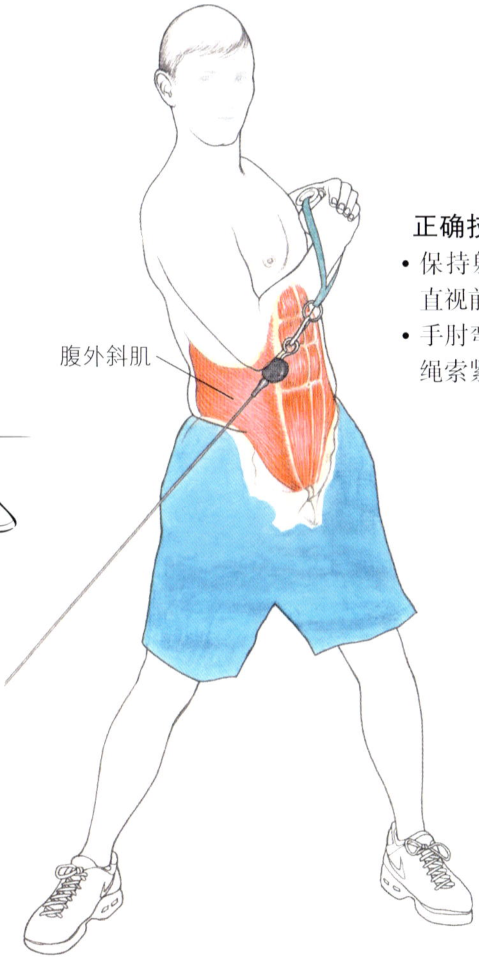

正确技术提示：

- 保持躯干竖直，双眼直视前方。
- 手肘弯曲约90°，保持绳索紧靠躯干。

基本描述：

- 吸气，轻轻收腹。
- 身体向上推起成站姿，同时把躯干向远离绳索方向旋转，并把绳索拉到对侧肩膀处（像打出一记上勾拳）。
- 张嘴呼气，完成最具挑战性的拉的动作。
- 从上述的高位返回到起始姿势，同时吸气，保持完成。

动作分析	关节	关节运动	动用的肌肉
关节1	踝	向上：跖屈 向下：背屈	腓肠肌、比目鱼肌、胫骨后肌、腓骨长肌、腓骨短肌
关节2	膝	向上：伸展 向下：屈曲	股直肌、股内侧肌、股中间肌、股外侧肌
关节3	髋	内侧腿，向上：伸展、外旋 外侧腿，向上：伸展、内旋	内侧腿：臀大肌、臀中肌（后束）、股二头肌、半腱肌、半膜肌、大收肌（后束）、缝匠肌、腰肌、髂肌、梨状肌、股方肌、上孖肌、下孖肌、闭孔外肌、闭孔内肌 外侧腿：臀大肌、臀中肌（后束）、股二头肌、半腱肌、半膜肌、大收肌（后束）、耻骨肌、短收肌、长收肌、大收肌、股薄肌、阔筋膜张肌
关节4	脊柱	旋转	同侧：腹内斜肌 对侧：多裂肌、回旋肌、腹外斜肌

爆发力训练——弓步

弓步跳加旋转

基本描述：

- 跳得越高越好，在空中交换双腿位置。把实心球从起始姿势举起，在落地时把球放到对侧膝关节外侧。
- 以另一条腿在前的弓步姿势落地。落地后立刻向上跳，越快越好，这是为了跳得尽可能高。

正确技术提示：

- 保持躯干竖直，确保在落地和上跳时膝关节对准同侧第二脚趾。需要的话可以张嘴呼吸。

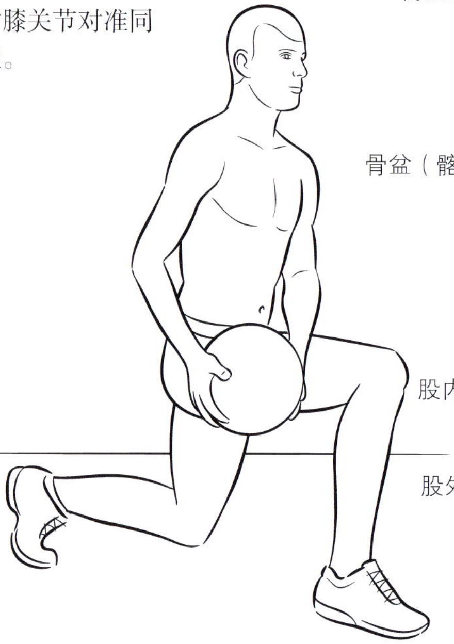

起始姿势

- 以弓步姿势开始，躯干竖直，在身体一侧抱一个实心球（重量约为体重的5%）。

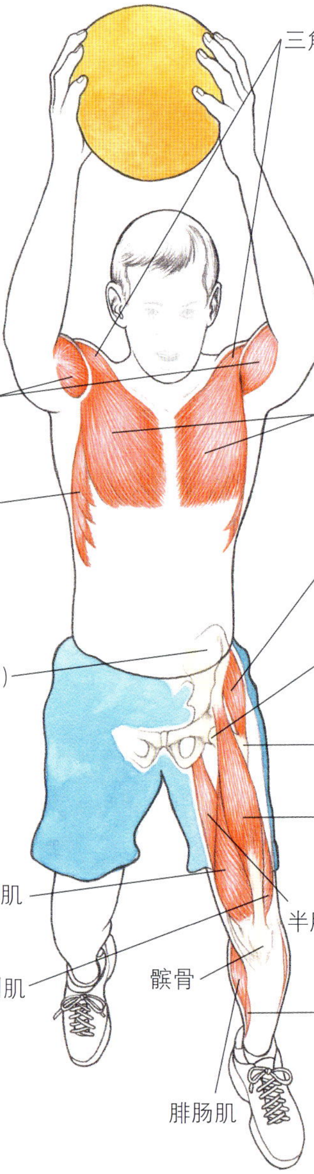

动作分析	关节	关节运动	动用的肌肉
关节1	肩	外展、屈曲、伸展、水平内收、水平外展	三角肌、冈上肌、胸大肌（上束）、肱二头肌、冈下肌、小圆肌
关节2	肩胸	上回旋、外展、下回旋、内收、上提、下压	斜方肌、肩胛提肌、大菱形肌、小菱形肌、胸小肌、前锯肌
关节3	髋	屈曲、伸展	前侧腿：臀大肌、臀中肌（后束）、股二头肌、半腱肌、半膜肌、大收肌（后束）
关节4	膝	屈曲、伸展	前侧腿：股直肌、股内侧肌、股中间肌、股外侧肌
关节5	踝	跖屈、背屈	腓肠肌、比目鱼肌、胫骨后肌、腓骨长肌、腓骨短肌

爆发力训练——深蹲

跳蹲

正确技术提示：

- 确保实现了髋、膝、踝（跖屈）3处关节的伸展。
- 在完成后续的跳蹲之前，不要完全蹲下。

起始姿势

- 竖直站姿，双脚分开约与髋等宽。
- 如果需要，可以在胸前抱一个实心球（重量约为体重的10%）。

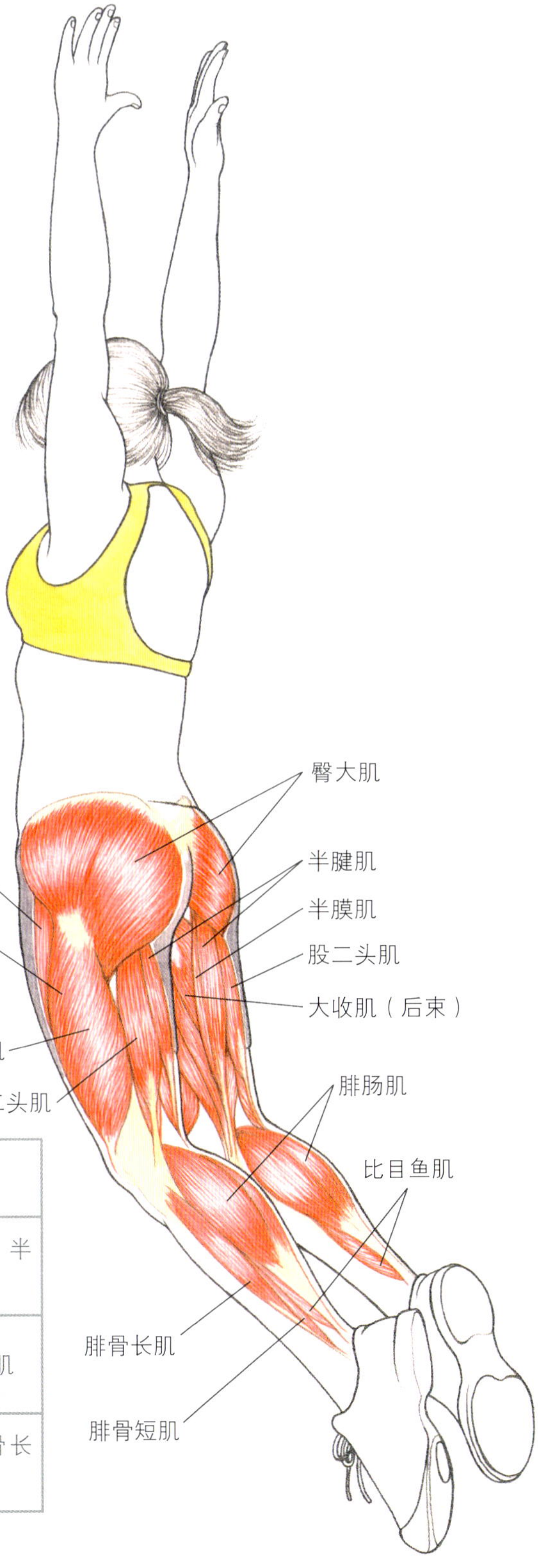

基本描述：

- 身体下降成半蹲姿势，然后双脚蹬离地面，用力向上、向远处跳，越远越好。
- 落地，停留时间越短越好。
- 是否用手臂来帮助身体向上跳取决于它是否对运动发挥作用。

动作分析	关节	关节运动	动用的肌肉
关节1	髋	向下：屈曲 向上：伸展	臀大肌、臀中肌（后束）、股二头肌、半腱肌、半膜肌、大收肌（后束）
关节2	膝	向下：屈曲 向上：伸展	股直肌、股内侧肌、股中间肌、股外侧肌
关节3	踝	向下：背屈 向上：跖屈	腓肠肌、比目鱼肌、胫骨后肌、腓骨长肌、腓骨短肌

爆发力训练——上推

挺举/站姿急推

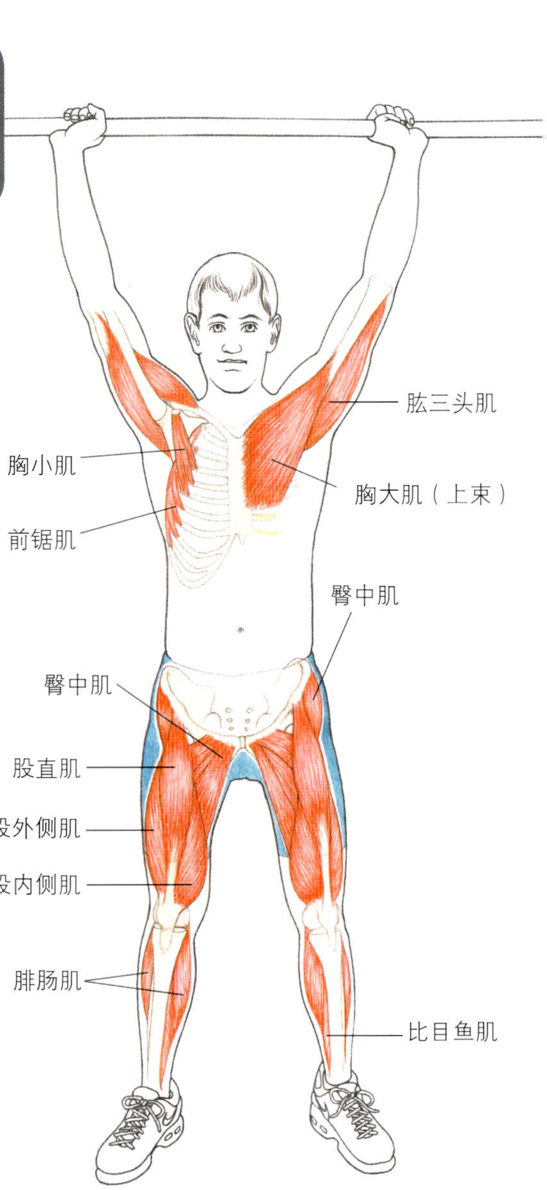

起始姿势

- 竖直站立，杠铃（也可以用哑铃）放在双肩上。

基本描述：

- 吸气，轻轻收腹。
- 身体向下呈半蹲状，用爆发力伸展髋、膝、踝3处关节，身体向上站起，同时把杠铃举过头。当杠铃过头时，身体迅速向下成稳固的弓步或半蹲姿势，位于杠铃下。
- 慢慢将杠铃放回到胸前肩膀处。

正确技术提示：

- 杠铃过头后一定要锁定手肘，不要过伸。
- 当身体下降时，确保膝关节对准同侧第二脚趾。

动作分析	关节	关节运动	动用的肌肉
关节1	肩胛骨	上推：外展	胸小肌、前锯肌
关节2	肩	下落：内收	三角肌（前束）、胸大肌（上束）
关节3	肘	上推：屈曲 下落：伸展	肱三头肌、肘肌
关节4	髋	下降：屈曲 上升：伸展	臀大肌、臀中肌（后束）、股二头肌、半腱肌、半膜肌、大收肌（后束）
关节5	膝	下降：屈曲 上升：伸展	股直肌、股内侧肌、股中间肌、股外侧肌
关节6	踝	下降：背屈 上升：跖屈	腓肠肌、比目鱼肌、胫骨后肌、腓骨长肌、腓骨短肌

爆发力训练——扭转

实心球侧投

正确技术提示：

- 保持躯干竖直，目光随着实心球移动。
- 保持手肘微屈。
- 身体重心移向侧面，旋转躯干，然后投球放手，靠双臂展示扭转的动作。

基本描述：

- 吸气，轻轻收腹。
- 远离墙的脚向下蹬踩，推动身体重心朝向墙。旋转躯干，用最大的力将实心球投向墙壁。
- 当球从墙面反弹后，接住球，同时身体转回到起始姿势。
- 回到起始姿势后立即进行下一次投掷。

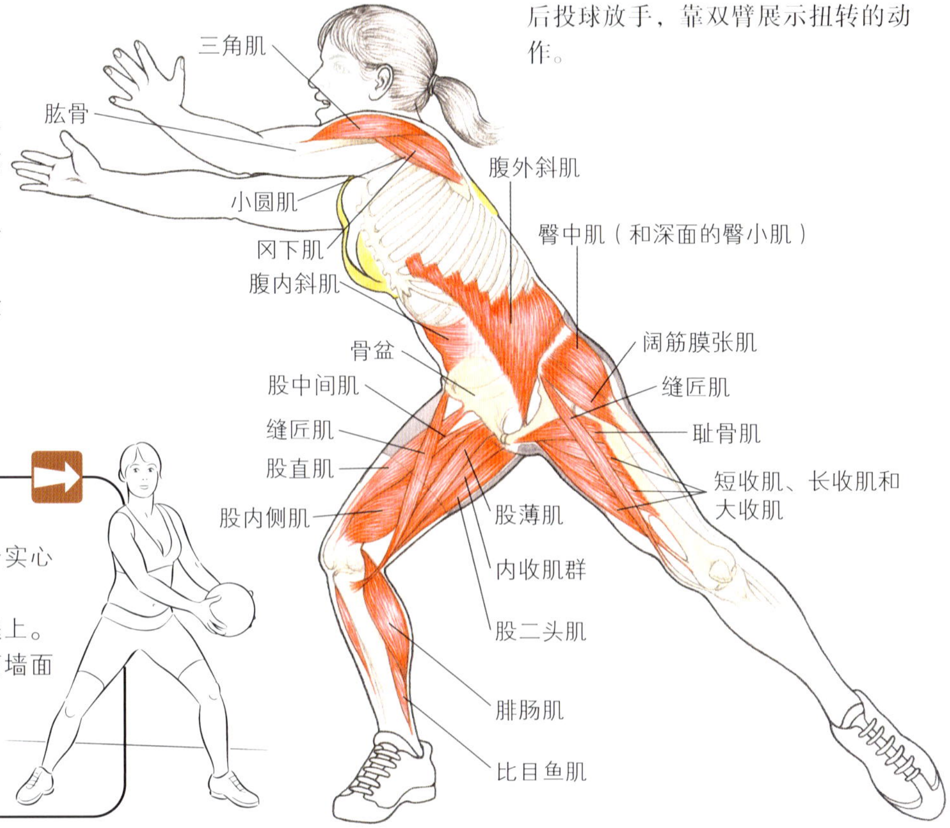

起始姿势

- 侧对着坚固的墙站立，双手抱一个实心球（重量为体重的5%~10%）。
- 70%的体重放在远离墙端的支撑腿上。双臂近乎伸直，把实心球抱在远离墙面的膝关节边。

动作分析	关节	关节运动	动用的肌肉
关节1	脊柱	旋转	同侧：腹内斜肌 对侧：多裂肌、回旋肌、腹外斜肌
关节2	肩胛骨	外展、内收	外侧手臂：胸小肌、前锯肌 内侧手臂：斜方肌（中束）、大菱形肌、小菱形肌
关节3	肩	水平内收、水平外展	外侧手臂：三角肌（前束）、胸大肌（上束） 内侧手臂：三角肌（后束）、冈下肌、小圆肌
关节4	髋	内旋、外旋、外展、内收、伸展、屈曲	外侧腿：臀大肌、臀中肌（后束）、股二头肌、半腱肌、半膜肌、大收肌（后束）、缝匠肌、腰肌、髂肌、梨状肌、股方肌、上孖肌、下孖肌、闭孔外肌、闭孔内肌 内侧腿：臀大肌、臀中肌、臀小肌、阔筋膜张肌、缝匠肌、耻骨肌、短收肌、长收肌、大收肌、股薄肌、半腱肌、半膜肌
关节5	膝	伸展、屈曲	外侧腿：股直肌、股内侧肌、股中间肌、股外侧肌
关节6	踝	跖屈、背屈	外侧腿：腓肠肌、比目鱼肌、胫骨后肌、腓骨长肌、腓骨短肌
关节7	足	外翻	外侧腿：腓骨长肌、腓骨短肌、趾长伸肌

5.敏捷性，增强式训练和速度

敏捷性

在本书的第一部分，笔者指出敏捷性是“迅速改变方向，包括减速、再加速，以应对各个方向的刺激，并保持平衡”。这里刺激指的是视觉、听觉或身体的诱因。

敏捷性也被描述为“在保持身体控制和减少速度损失的前提下，快速启动、减速、改变方向和加速的能力”［唐纳德·楚，《增强式训练中的跳跃》（Donald A.Chu. *Jump into Plyometrics*）］。敏捷性的关键是减少速度的损失，并有控制地移动身体重心。

本部分练习有助于迅速有效地改变方向，无论是向前、向后、向上、侧向或旋转。敏捷性需要良好的离心和向心的力量、速度、爆发力、平衡、灵活性（flexibility）和协调能力。人们发现身体下肢力量与敏捷性之间有强烈的相关性。因此，生理运动能力概况（第127页）能凸显您的需求质量，以确保您能获得最佳的敏捷性。

在运动中敏捷性常常被认为是成功的主要指标。那么，为什么敏捷性对运动表现如此重要？当看球拍类运动和场地类运动（field sports）时，如足球、橄榄球和曲棍球，它变得非常明显。网球的对打（rally）一般持续2.7~10.7秒，羽毛球对打会持续6~9秒，壁球对打持续时间平均约15秒。运动场地小意味着这些运动需要不断向球移动，在每次击球之间还要回到中心的位置，每次对攻都打很多拍，因此速度、方向有很多变化。

场地运动通常会有10~20米（33~66英尺）的冲刺，每场比赛每1~2分钟就有一次，整场要进行20~60次。这些冲刺包括改变方向、跳跃、切入和快速减速，这些都需要在冲刺当中或冲刺结束时具备高水平的技术。已有研究表明，敏捷性增强将直接关系到运动时机、节奏、移动等的发展（Donald A.Chu. *Jump into Plyometrics*）。

敏捷性训练要点

该如何提高敏捷性呢？这部分中敏捷性练习实现了重要的神经适应，这些适应需要随着时间的推移进行不断地重复才能取得进步。一些专家建议，为了提高运动敏捷性，需要在运动中训练而不是在练习中训练。然而，在非竞争环境的练习中进行敏捷性训练的好处是，可以得到教练的即时反馈。如果您有录像机，也可以自我反馈。这样，通过反复的实践，错误技术就能快速有效地纠正。正如切克所说：“完美的实践造就完美”（P.Chek. *Movement That Matters*）。

本部分的敏捷性练习列表绝非练习的全部，您应该使用其中与您的运动类似的训练，或者通过这些训练激发灵感，自己设计出与您运动相似的训练。一般来说，每组需要5~10秒，训练、休息的时间比例应为1∶3或1∶4，以获得最佳效果。

实践这些练习时，有一些基本的技巧提示需要注意。支撑基础越宽，质心（centre of mass）越低，稳定性越强，减速效率越高。要产生加速则需要与上面相反的条件，也就是支撑的基础变小，质心更高。当改变方向时，手臂也可以用于产生旋转力或反向旋转。当减速时，身体重心不能向后倾斜。

提高了敏捷性，也需要考虑对手的移动会影响您的移动决策。可以与教练或训练伙伴配合进行训练，包括反应速度和决策。当达到敏捷性发展的高级阶段时，还可以加入一些专项运动技能。

六边形训练

基本描述：

- 双脚一起向前跳出六边形，然后跳回到中心。
- 顺时针对六边形的每个边都进行向外跳跃，然后回到中心，要尽可能快。
- 绕着六边形的六个边完成至少1圈跳跃。
- 逆时针方向再跳一遍。

起始姿势

- 站在地板上标出的六边形内，六边形的每条边长为60厘米（24英寸）。

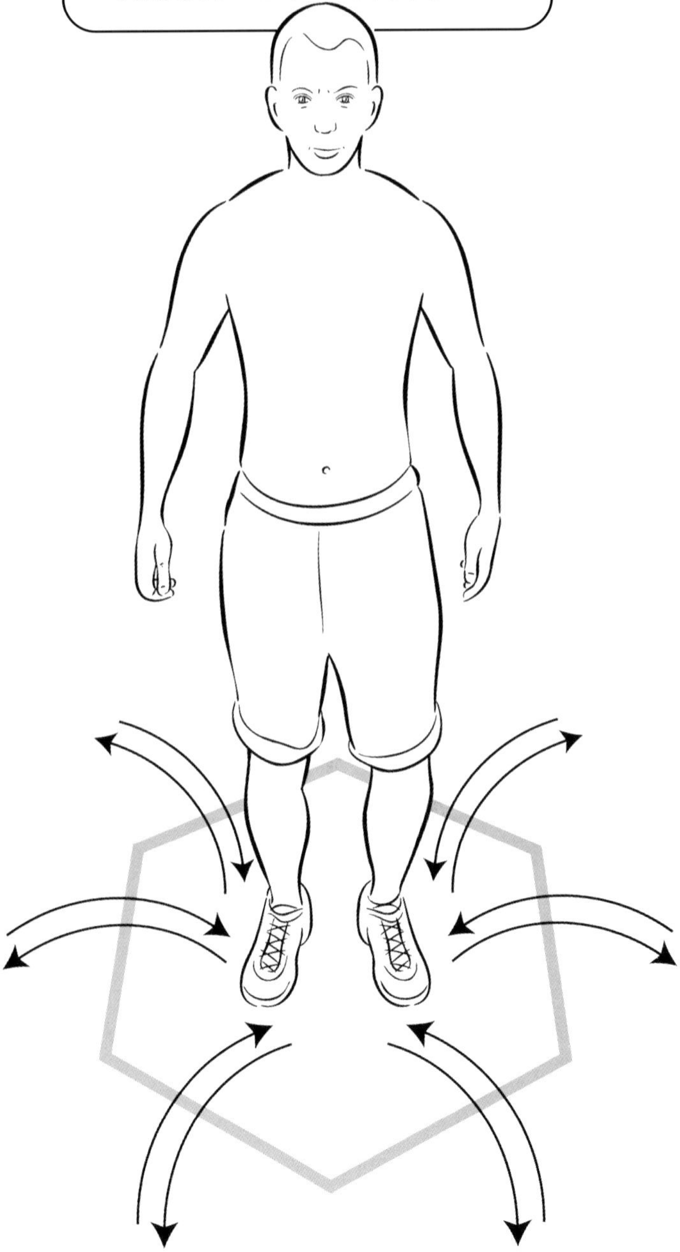

动作分析	关节	关节运动	动用的肌肉
关节1	髋	伸展、屈曲、内旋、外旋、外展、内收	臀大肌、臀中肌、臀小肌、肱二头肌、缝匠肌、腰肌、髂肌、梨状肌、股方肌、上孖肌、下孖肌、闭孔外肌、闭孔内肌、阔筋膜张肌、耻骨肌、短收肌、长收肌、大收肌、股薄肌、半腱肌、半膜肌
关节2	膝	伸展、屈曲	股直肌、股内侧肌、股中间肌、股外侧肌
关节3	踝	跖屈、背屈	腓肠肌、比目鱼肌、胫骨后肌、腓骨长肌、腓骨短肌
关节4	足	外翻、内翻	腓骨长肌、腓骨短肌、趾长伸肌、胫骨前肌、胫骨后肌、趾长屈肌、踇长屈肌、踇长伸肌

正确技术提示：

- 保持头和躯干竖直。
- 用前脚掌踇趾球支撑身体，与地面接触的时间越短越好。

180° 转体敏捷梯练习

基本描述：

- 跳起并转体180°，双脚落地，跨在一个梯级横档（rung）上，面朝另外一侧。
- 落地后立即跳起，再次转体180°，跨在下一个梯级横档上落地，和起始姿势的朝向是一样的。

正确技术提示：

- 保持抬头挺胸。
- 用前脚掌支撑身体，与地面接触的时间越短越好。

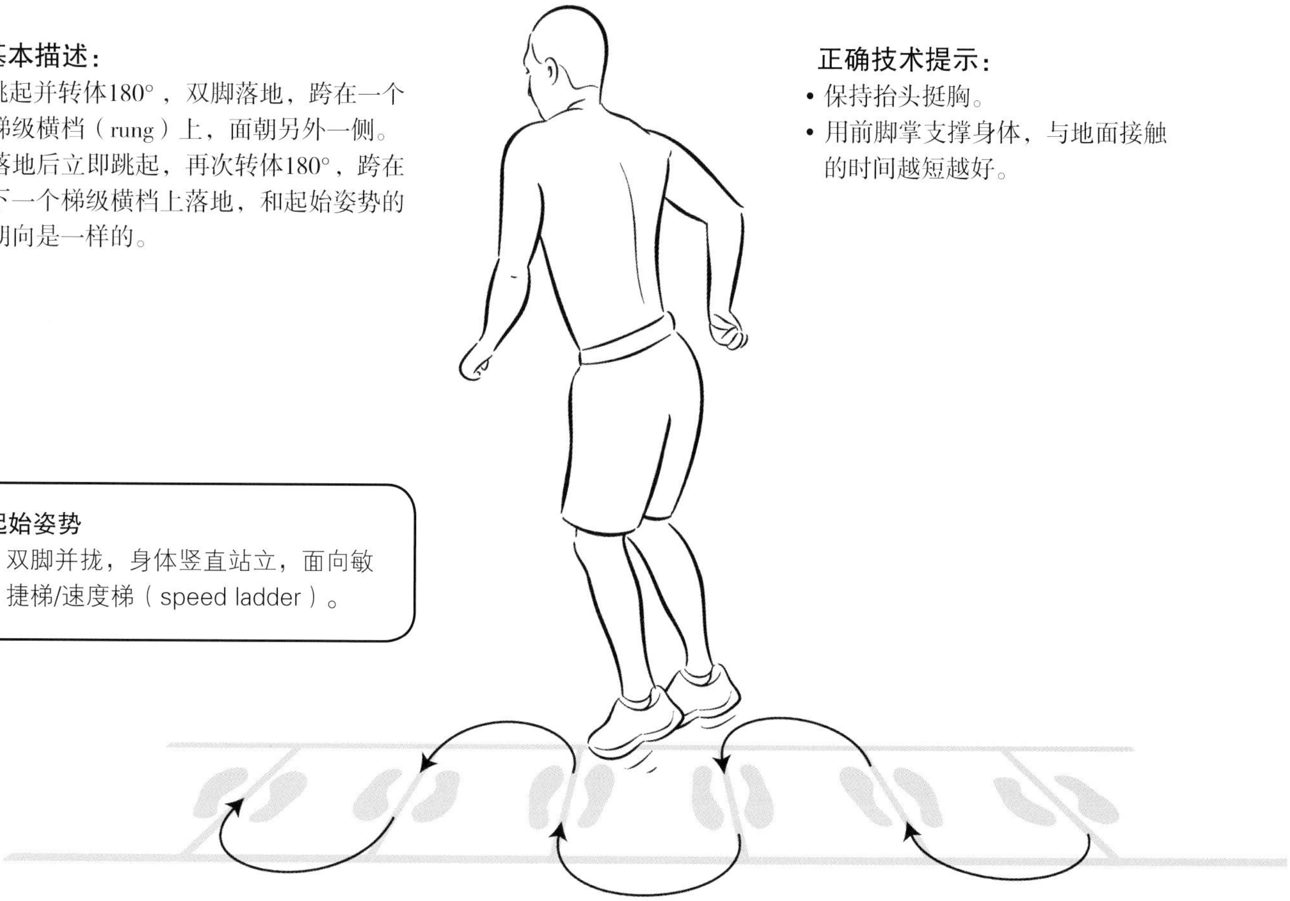

起始姿势

- 双脚并拢，身体竖直站立，面向敏捷梯/速度梯（speed ladder）。

动作分析	关节	关节运动	动用的肌肉
关节1	肩	伸展、屈曲	三角肌（前束和后束）、背阔肌、大圆肌、冈下肌、小圆肌、胸大肌、肱三头肌（长头）、肱二头肌
关节2	肩胛骨	上回旋、下回旋、外展、内收	斜方肌、胸小肌、前锯肌、肩胛提肌、大菱形肌、小菱形肌
关节3	脊柱	旋转	同侧：腹内斜肌 对侧：多裂肌、回旋肌、腹外斜肌
关节4	髋	伸展、屈曲、内旋、外旋	臀大肌、臀中肌、臀小肌、股二头肌、缝匠肌、腰肌、髂肌、梨状肌、股方肌、上孖肌、下孖肌、闭孔外肌、闭孔内肌、阔筋膜张肌、耻骨肌、短收肌、长收肌、大收肌、股薄肌、半腱肌、半膜肌
关节5	膝	伸展、屈曲	股直肌、股内侧肌、股中间肌、股外侧肌
关节6	踝	跖屈、背屈	腓肠肌、比目鱼肌、胫骨后肌、腓骨长肌、腓骨短肌

折返交叉滑步跑敏捷梯练习

起始姿势

- 站姿，双脚分开与髋等宽，站在敏捷梯第一横档（梯级）的左边。

基本描述：

- 左腿向右交叉踏入敏捷梯的第一方格（1）。
- 把左腿后边的右腿踩到第一方格的右侧（2）。
- 左腿向右迈步踩到第一方格的近外侧，和右腿会合（3）。
- 右腿交叉到左腿的前侧，踏入敏捷梯的第二个方格（4）。
- 左腿从右腿后侧经过来到第二个方格的左侧（5）。
- 然后，右腿横向移动到第二个方格左边近外侧，和左腿会合（6）。
- 沿着梯子一路继续上述模式的训练（7~9）。

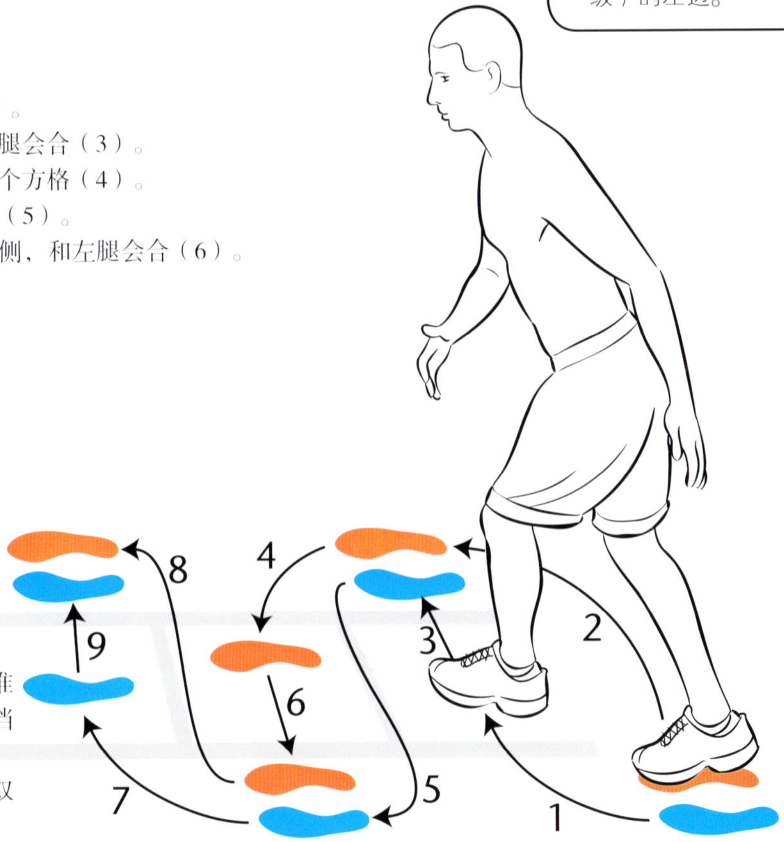

正确技术提示：

- 脚着地应轻而快。
- 开始时缓慢，建立良好的技术和脚落地的准确性，然后提高速度，避免脚落在梯子横档上。
- 一旦掌握了这种步伐，就保持躯干挺直，双眼向前看。

动作分析	关节	关节运动	动用的肌肉
关节1	肩	屈曲、伸展、内旋、外旋、水平内收、水平外展	三角肌（前束和后束）、胸大肌、肱二头肌、背阔肌、大圆肌、冈下肌、小圆肌、肱三头肌（长头）、肩胛下肌
关节2	肩胛骨	上回旋、下回旋、外展、内收	斜方肌、胸小肌、前锯肌、肩胛提肌、大菱形肌、小菱形肌
关节3	脊柱	旋转	同侧：腹内斜肌 对侧：多裂肌、回旋肌、腹外斜肌
关节4	髋	伸展、屈曲、内旋、外旋、外展、内收	臀大肌、臀中肌、股二头肌、半腱肌、半膜肌、髂肌、股直肌、阔筋膜张肌、缝匠肌、短收肌、长收肌、臀小肌、耻骨肌、股薄肌、梨状肌、股方肌、上孖肌、下孖肌、闭孔外肌、闭孔内肌
关节5	膝	伸展、屈曲	股直肌、股内侧肌、股中间肌、股外侧肌
关节6	踝	跖屈、背屈、外翻、内翻	腓肠肌、比目鱼肌、胫骨后肌、腓骨长肌、腓骨短肌、趾长伸肌

“A”形运动——锥桶训练

正确技术提示：
- 在冲刺、横向移动和倒退跑时摆臂（drive arms）。
- 用小而快的步伐帮助减速并为改变方向做准备。
- 倒退跑时，躯干稍微前倾。

基本描述：
- 向锥桶2冲刺。
- 从锥桶2向锥桶3横向移动，再从锥桶3返回锥桶2。
- 向锥桶4冲刺。
- 倒退着跑向锥桶5。
- 从锥桶5开始进行上述模式的反向练习。

起始姿势
- 在锥桶1处以预备姿势开始。

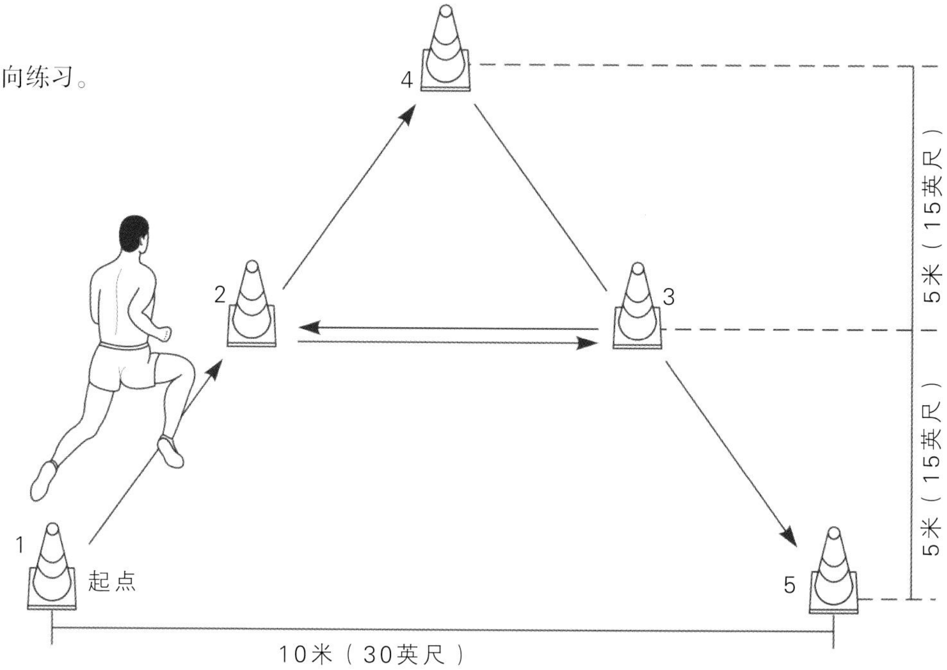

动作分析	关节	关节运动	动用的肌肉
关节1	肩	屈曲、伸展、内旋、外旋、水平内收	三角肌（前束和后束）、胸大肌、肱二头肌、背阔肌、大圆肌、冈下肌、小圆肌、肱三头肌（长头）、肩胛下肌
关节2	肩胛骨	上回旋、下回旋、外展、内收	斜方肌、胸小肌、前锯肌、肩胛提肌、大菱形肌、小菱形肌
关节3	脊柱	旋转	同侧：腹内斜肌 对侧：多裂肌、回旋肌、腹外斜肌
关节4	髋	伸展、屈曲、内旋、外旋、外展、内收	臀大肌、臀中肌（后束）、股二头肌、半腱肌、半膜肌、腰肌、髂肌、股直肌、阔筋膜张肌、缝匠肌、短收肌、长收肌、大收肌、臀小肌、耻骨肌、股薄肌、梨状肌、股方肌、上孖肌、下孖肌、闭孔外肌、闭孔内肌
关节5	膝	伸展、屈曲	股直肌、股内侧肌、股中间肌、股外侧肌
关节6	踝	跖屈、背屈、外翻、内翻	腓肠肌、比目鱼肌、胫骨后肌、腓骨长肌、腓骨短肌、趾长伸肌

"Z"形跑——锥桶训练

基本描述：

- 向距离最近的锥桶斜向冲刺跑（横向距离约5米），并绕过锥桶。
- 改变方向，向下一个最近的锥桶斜向冲刺跑。
- 继续上述运动绕过所有的锥桶。
- 按上述模式反方向跑回来。

正确技术提示：

- 用小而快的步伐帮助减速，并为改变方向做准备。
- 把外侧脚踩实，然后用力蹬地来改变方向。
- 摆臂有助于加速和提高速度。

起始姿势

- 在第一个锥桶处以预备姿势开始。

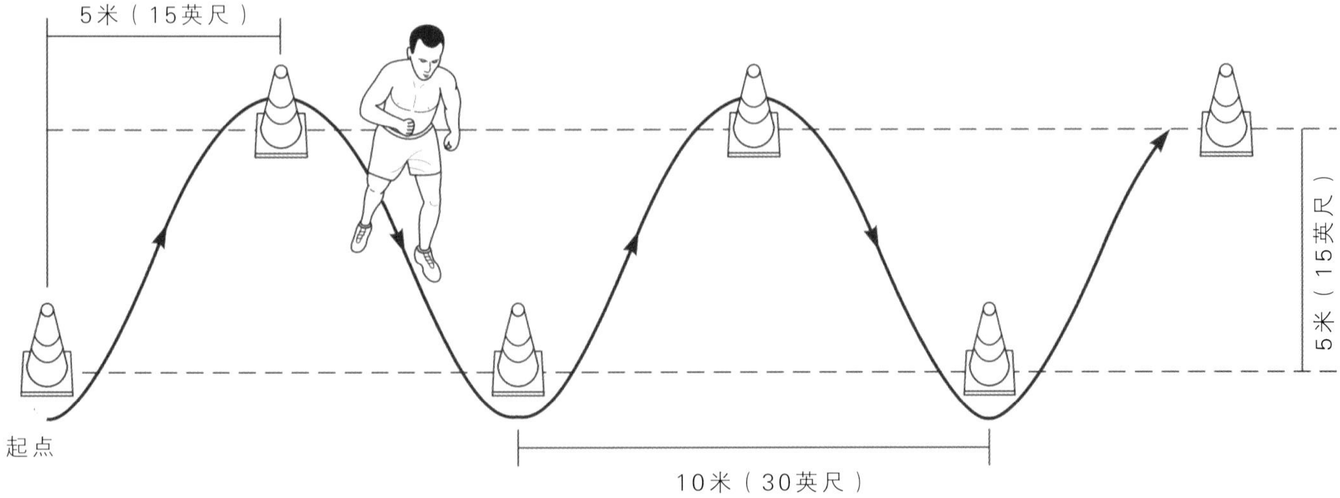

动作分析	关节	关节运动	动用的肌肉
关节1	肩	屈曲、伸展、内旋、外旋、水平内收、水平外展	三角肌（前束和后束）、胸大肌、肱二头肌、背阔肌、大圆肌、冈下肌、小圆肌、肱三头肌（长头）、肩胛下肌
关节2	肩胛骨	上回旋、下回旋、外展、内收	斜方肌、胸小肌、前锯肌、肩胛提肌、大菱形肌、小菱形肌
关节3	脊柱	旋转	同侧：腹内斜肌 对侧：多裂肌、回旋肌、腹外斜肌
关节4	髋	伸展、屈曲、内旋、外旋、外展、内收	臀大肌、臀中肌、股二头肌、半腱肌、半膜肌、腰肌、髂肌、股直肌、阔筋膜张肌、缝匠肌、短收肌、长收肌、大收肌、臀小肌、耻骨肌、股薄肌、梨状肌、股方肌、上孖肌、下孖肌、闭孔外肌、闭孔内肌
关节5	膝	伸展、屈曲	股直肌、股内侧肌、股中间肌、股外侧肌
关节6	踝	跖屈、背屈、外翻、内翻	腓肠肌、比目鱼肌、胫骨后肌、腓骨长肌、腓骨短肌、趾长伸肌

"X"形多向跑——锥桶训练

基本描述：

- 向锥桶1冲刺10米（30英尺）。
- 改变方向，斜向冲刺跑向锥桶2。
- 在锥桶2处，倒退着跑向锥桶3。
- 斜向冲刺跑向锥桶4。
- 从锥桶2处开始进行反向的上述训练。

正确技术提示：

- 用小而快的步伐帮助减速，并为改变方向做准备。
- 摆臂有助于加速和提高速度。

起始姿势

- 在锥桶4（起点/终点）旁以预备姿势开始。

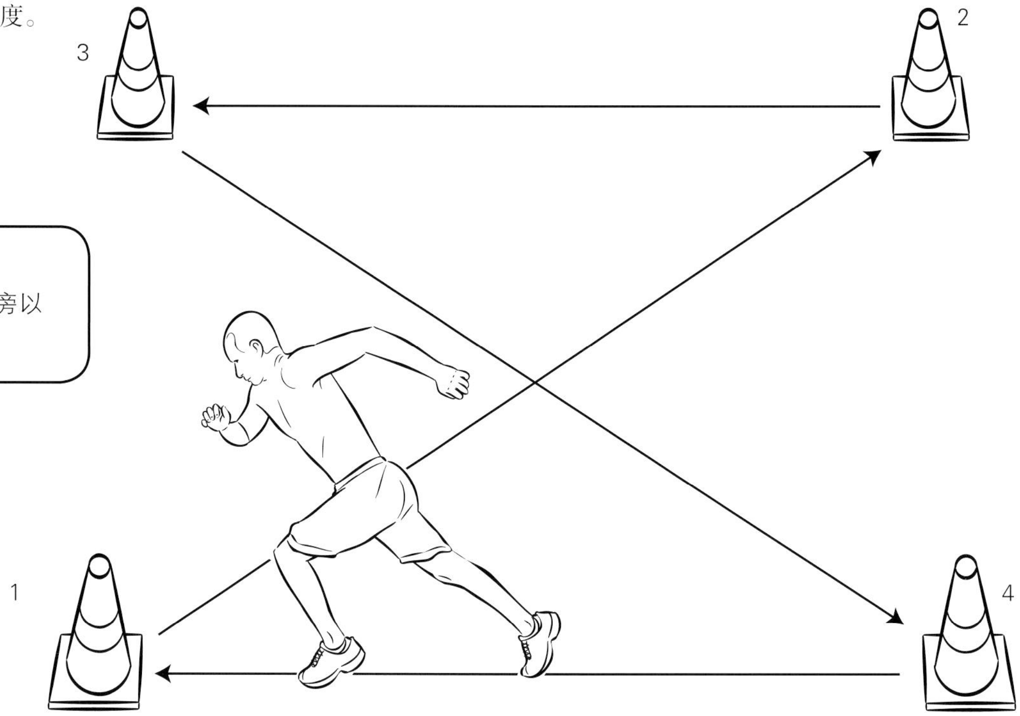

动作分析	关节	关节运动	动用的肌肉
关节1	肩	屈曲、伸展、内旋、外旋、水平内收	三角肌（前束和后束）、胸大肌、肱二头肌、背阔肌、大圆肌、冈下肌、小圆肌、肱三头肌（长头）、肩胛下肌
关节2	肩胛骨	上回旋、下回旋、外展、内收	斜方肌、胸小肌、前锯肌、肩胛提肌、大菱形肌、小菱形肌
关节3	脊柱	旋转	同侧：腹内斜肌 对侧：多裂肌、回旋肌、腹外斜肌
关节4	髋	伸展、屈曲、内旋、外旋、外展、内收	臀大肌、臀中肌、股二头肌、半腱肌、半膜肌、腰肌、髂肌、股直肌、阔筋膜张肌、缝匠肌、短收肌、长收肌、大收肌、臀小肌、耻骨肌、股薄肌、梨状肌、股方肌、上孖肌、下孖肌、闭孔外肌、闭孔内肌
关节5	膝	伸展、屈曲	股直肌、股内侧肌、股中间肌、股外侧肌
关节6	踝	跖屈、背屈、外翻、内翻	腓肠肌、比目鱼肌、胫骨后肌、腓骨长肌、腓骨短肌、趾长伸肌

（正）方形锥桶训练

基本描述：
- 向锥桶2冲刺5米（15英尺）。
- 在锥桶2处，做一个右侧急切，向锥桶3横向滑步跑。
- 在锥桶3处，改变方向，倒退着跑向锥桶4。
- 在锥桶4处，做一个左侧急切，向锥桶1横向滑步跑。
- 从锥桶4处开始进行反向的上述训练。

起始姿势
- 在锥桶1（起点）旁以预备姿势开始。

正确技术提示：
- 摆臂有助于加速和提高速度。
- 用小而快的步伐帮助减速，并为改变方向做准备。
- 外侧脚踩实，然后用力蹬地改变方向。

动作分析	关节	关节运动	动用的肌肉
关节1	肩	屈曲、伸展、内旋、外旋、水平内收、水平外展	三角肌（前束和后束）、胸大肌、肱二头肌、背阔肌、大圆肌、冈下肌、小圆肌、肱三头肌（长头）、肩胛下肌
关节2	肩胛骨	上回旋、下回旋、外展、内收	斜方肌、胸小肌、前锯肌、肩胛提肌、大菱形肌、小菱形肌
关节3	脊柱	旋转	同侧：腹内斜肌 双侧：多裂肌、回旋肌、腹外斜肌
关节4	髋	伸展、屈曲、内旋、外旋、外展、内收	臀大肌、臀中肌、股二头肌、半腱肌、半膜肌、腰肌、髂肌、股直肌、阔筋膜张肌、缝匠肌、短收肌、长收肌、大收肌、臀小肌、耻骨肌、股薄肌、梨状肌、股方肌、上孖肌、下孖肌、闭孔外肌、闭孔内肌
关节5	膝	伸展、屈曲	股直肌、股内侧肌、股中间肌、股外侧肌
关节6	踝	跖屈、背屈、外翻、内翻	腓肠肌、比目鱼肌、胫骨后肌、腓骨长肌、腓骨短肌、趾长伸肌

40米倒跑–正跑

起始姿势

- 背向锥桶组（1），以预备姿势开始。

基本描述：

- 向第一组锥桶（2）倒退着跑5米（15英尺）。
- 改变方向，向起点线（3）加速跑。
- 在起点线，迅速改变方向，向第二组锥桶（4）倒着跑10米（30英尺）。
- 在第二组锥桶处，立即加速跑向起点线（5）。
- 在起点线，向第一组锥桶（6）倒着跑5米（15英尺）。
- 改变方向，加速跑回到起点线（7）。

正确技术提示：

- 摆臂有助于加速和提高速度。
- 用小而快的步伐帮助减速，并为改变方向做准备。

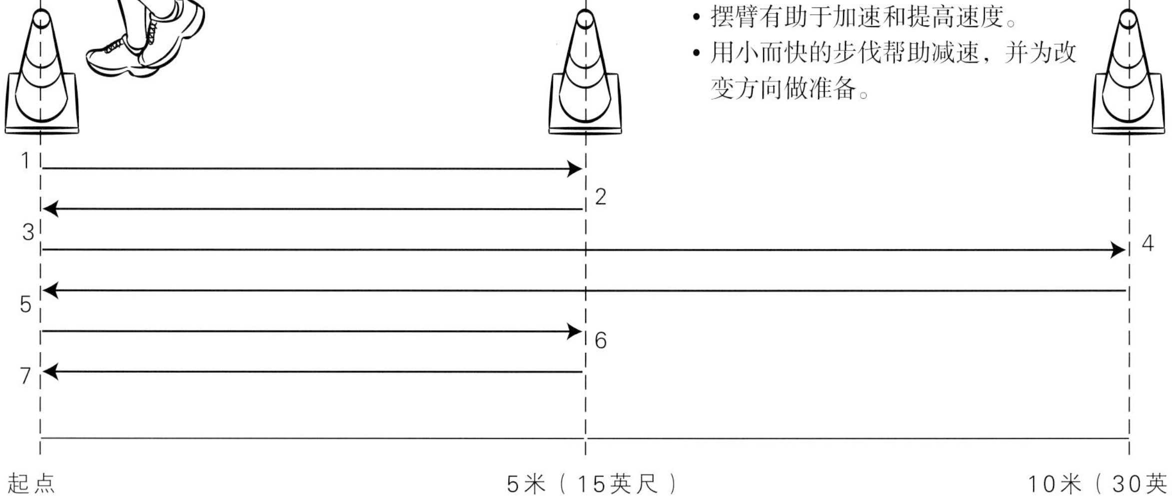

动作分析	关节	关节运动	动用的肌肉
关节1	肩	伸展、屈曲	三角肌（前束和后束）、背阔肌、大圆肌、冈下肌、小圆肌、胸大肌、肱三头肌（长头）、肱二头肌
关节2	肩胛骨	上回旋、下回旋、外展、内收	斜方肌、胸小肌、前锯肌、肩胛提肌、大菱形肌、小菱形肌
关节3	脊柱	旋转	同侧：腹内斜肌 对侧：多裂肌、回旋肌、腹外斜肌
关节4	髋	伸展、屈曲	臀大肌、臀中肌、股二头肌、半腱肌、半膜肌、腰肌、髂肌、股直肌、阔筋膜张肌、缝匠肌、短收肌、长收肌、大收肌、臀小肌
关节5	膝	伸展、屈曲	股直肌、股内侧肌、股中间肌、股外侧肌
关节6	踝	跖屈、背屈	腓肠肌、比目鱼肌、胫骨后肌、腓骨长肌、腓骨短肌

40米侧向滑步跑

正确技术提示：
- 摆臂有助于加速和提高速度。
- 把外侧脚踩实，然后用力蹬地来改变方向。

基本描述：
- 向第二个锥桶侧向移动5米（15英尺）。
- 在第二个锥桶处，改变方向，侧向移动，回到第一个锥桶处（3）。
- 在第一个锥桶处，改变方向，向第三个锥桶侧向移动10米（30英尺）（4）。
- 在第三个锥桶处，改变方向，向第一个锥桶侧向移动（5）。
- 在第一个锥桶处，改变方向，向第二个锥桶侧向移动（6）。
- 在第二个锥桶处，改变方向，向第一个锥桶侧向移动（7）。

起始姿势
- 双脚分开与肩等宽，站在第一个锥桶处（1）开始。

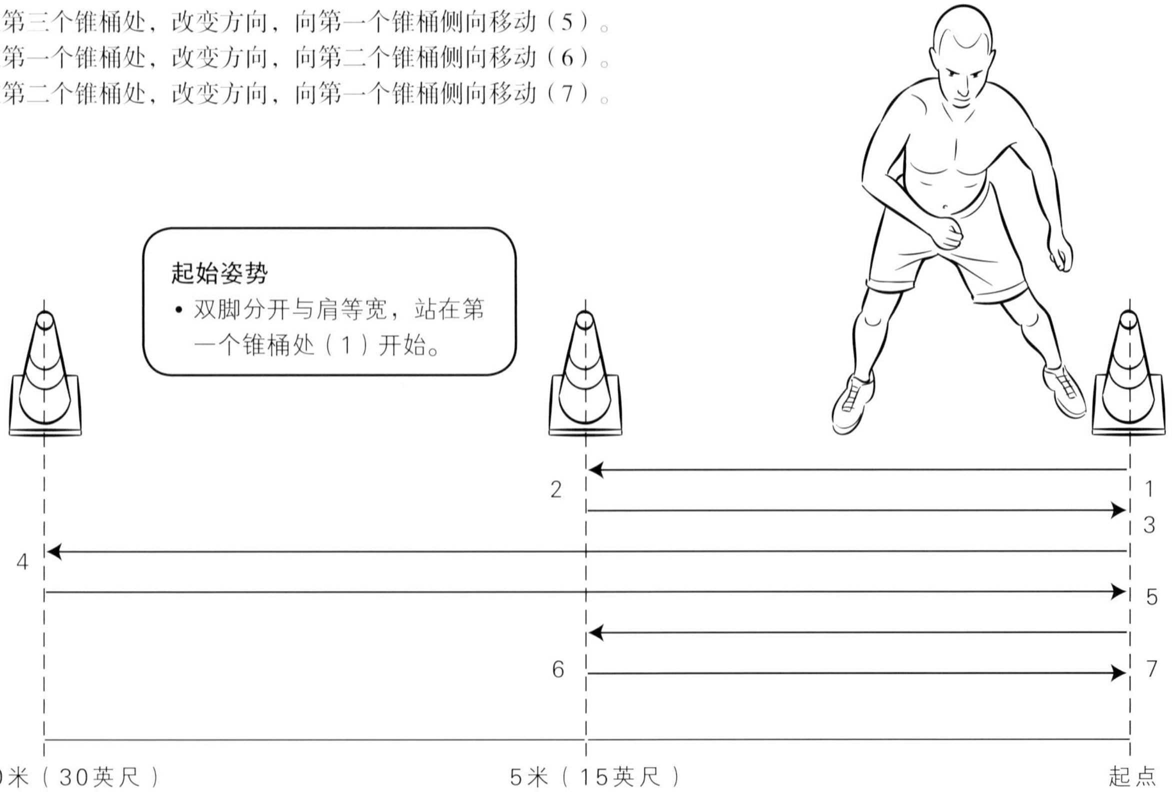

动作分析	关节	关节运动	动用的肌肉
关节1	肩	伸展、屈曲	三角肌（前束和后束）、背阔肌、大圆肌、冈下肌、小圆肌、胸大肌、肱三头肌（长头）、肱二头肌
关节2	肩胛骨	上回旋、下回旋、外展、内收	斜方肌、胸小肌、前锯肌、肩胛提肌、大菱形肌、小菱形肌
关节3	髋	外展、内收	臀大肌、臀中肌、股二头肌、半腱肌、半膜肌、腰肌、髂肌、股直肌、阔筋膜张肌、缝匠肌、短收肌、长收肌、大收肌、臀小肌
关节4	膝	伸展、屈曲	股直肌、股内侧肌、股中间肌、股外侧肌
关节5	踝	跖屈、背屈、外翻、内翻	腓肠肌、比目鱼肌、胫骨后肌、腓骨长肌、腓骨短肌

增强式训练概述

高强度					
强度					深跳
				跳箱	
			多级跳		
		立定跳远			
	原地跳				
低强度					
	运动				
	跳跃的强度级别，参考自唐纳德·楚的著作《增强式训练中的跳跃》				

跳跃训练阶段脚与地面接触次数				
	程度			
	初级（次）	中级（次）	高级（次）	强度
非赛季	60～100	100～150	120～200	低至中
赛季前	100～250	150～300	150～450	中至高
赛季	取决于运动种类			中级
冠军杯季	仅作恢复			中至高
引用自唐纳德·楚的著作《增强式训练中的跳跃》				

增强式训练最早被认为是“跳跃训练”，因为它主要由跳跃练习组成。增强式训练的拉丁词根的意思是“可以测量的增加”。增强式训练是一个结合力量和速度产生爆发力的技术。“增强式训练可以让参与训练的肌肉和肌群在最短时间达到最大的力量”［哈维·牛顿，《运动爆发力提升》（Harvey Newton.*Explosive Lifting for Sports*）］。

无论运动项目是否包含了跳跃、跑步、投掷或举重，增强式训练都可以最大限度地提升运动表现。

增强式训练的作用原理

增强式训练包括伸展–收缩循环（stretch-shortening cycle，SSC）。它是指肌肉离心收缩以后快速向心收缩。在肌肉进行离心收缩时肌肉弹性组织把能量存储在组织中，好像拉长弹力带一样。其后的向心收缩就动用前面储存的能量，从而产生比没有前面伸展而直接向心收缩更大的力量。

当肌肉被迅速拉长时，肌肉的拉伸反射就会被激活。肌肉的本体感受器（internal receptors），又叫作肌梭（spindles），其管理肌肉长度并调整肌肉长度变化的速率。当肌肉快速拉伸被激活时，肌梭发送一个传入神经冲动到脊髓，脊髓随之发送传出神经冲动回到肌肉，产生肌肉收缩以防肌肉过度拉伸撕裂。运动发生时，在伸展–收缩循环的过程中，这个冲动伴随着弹性势能的释放产生能量。

拉伸反射（stretch reflex）也称为牵张反射（myotatic reflex），对肌肉的牵拉程度做出反应，它是人体速度最快的反射之一。

离心收缩到向心收缩的转换叫作转换阶段或缓冲阶段（amortization phase），这个阶段只持续数百分之一秒。转换阶段越短，产生的爆发力就越大。这个阶段发生得越慢，在伸展–收缩循环产生的能量就越小。增强式训练的目的就是使转换阶段的时间随着训练而缩短。

增强式训练方法

建议当深蹲负重达到自重的1.5倍之后再开始增强式训练。在现实中，大多数运动都包含运用伸展–收缩循环的增强式训练。上面的表格显示了不同的增强式运动的强度。这部分中每种增强式训练都可以被归类为原地跳、立定跳、多级跳、跳箱及深跳（depth jump）。要依据从事运动的要求和身体的状态选择增强式训练。

本书爆发力部分所列出的动作（86~91页）也可以被认为是增强式训练。复合式训练（complex training）是高阶的训练形式，是指完成一组肌肉力量训练后进行使用同样肌群和类似运动模式的爆发力训练。复合式训练中的肌力训练可增加对肌肉的神经驱动，所以爆发力训练可以利用复合式训练产生比通常更大的爆发力。例如，可在完成一组壶铃弓箭步以后完成一组扭转的弓箭步跳跃。

增强式训练的量取决于运动类型、训练的阶段和训练经历的程度。上面的表格给出了一年中增强式训练量的范例参考。

站姿跳跃摸高

正确技术提示：
- 从半蹲姿势开始，双脚蹬地面，髋部前屈。
- 摆臂向前然后向上越过头顶。
- 确保踝、膝和髋3处关节伸展。

基本描述：
- 向上展开身体，像要去够一个目标或物体。

起始姿势
- 站姿，双脚分开与肩等宽。
- 身体向下至半蹲姿势，手臂后伸。

动作分析	关节	关节运动	动用的肌肉
关节1	肩	屈曲	三角肌（前束）、胸大肌（上束）、肱二头肌
关节2	肩胛骨	上回旋、外展	斜方肌（上束和下束）、胸小肌、前锯肌
关节3	脊柱	伸展	棘肌、最长肌、髂肋肌、多裂肌、回旋肌、腰方肌、头半棘肌、横突间肌、棘间肌
关节4	髋	伸展	臀大肌、臀中肌（后束）、股二头肌、半腱肌、半膜肌、大收肌（后束）
关节5	膝	伸展	股直肌、股内侧肌、股中间肌、股外侧肌
关节6	踝	跖屈	腓肠肌、比目鱼肌、胫骨后肌、腓骨长肌、腓骨短肌

跳箱双侧推蹬移动

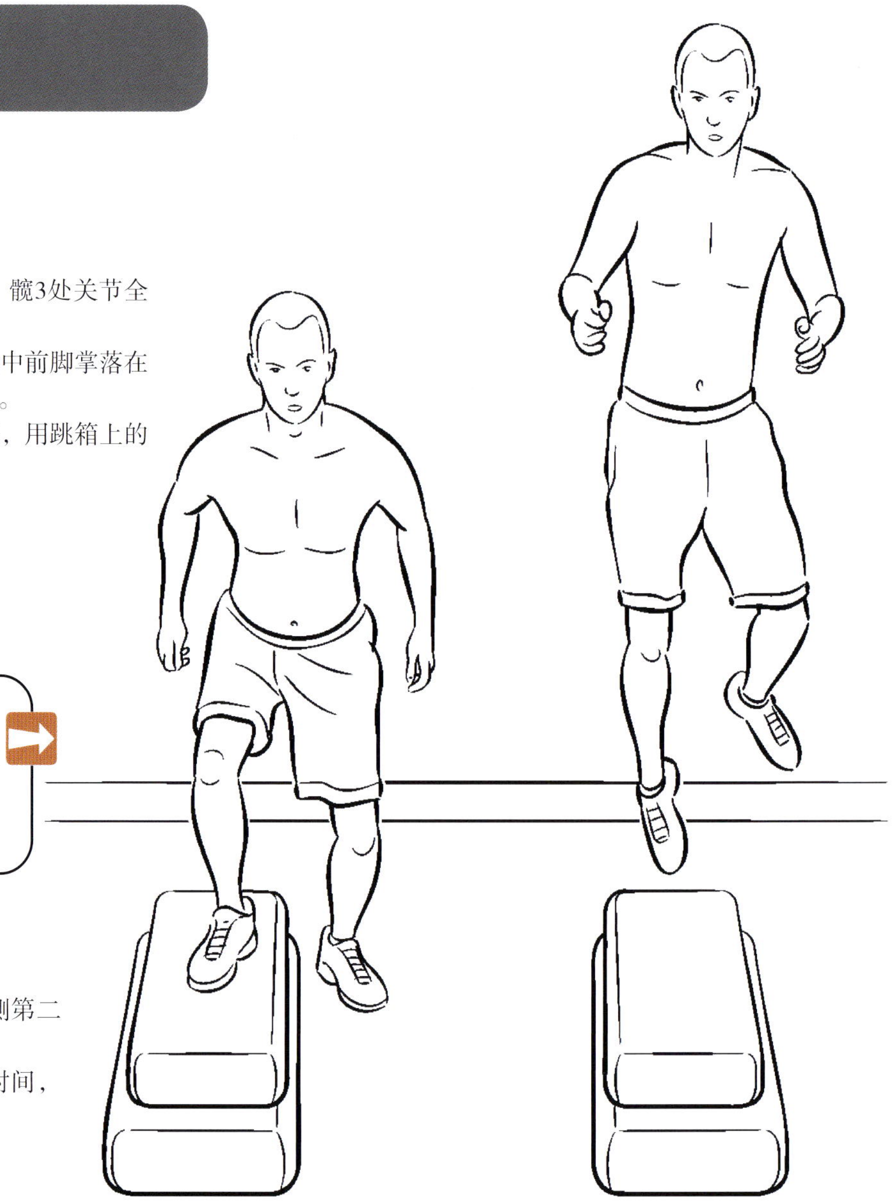

基本描述：

- 用力推蹬跳箱上的腿，确保踝、膝、髋3处关节全部伸展，尽可能向上跳高。
- 双臂移动帮助身体向上。另一只脚的中前脚掌落在跳箱上，原来跳箱上的脚落在地板上。
- 一只脚落到跳箱后，立即尽快跳起来，用跳箱上的脚推蹬帮助身体跳得尽可能高。

起始姿势

- 一只脚放在跳箱上，另一只脚放在箱子侧面的地板上，躯干挺直。

正确技术提示：

- 在落地和跳高时确保膝关节对准同侧第二脚趾。
- 尽可能缩短脚与跳箱和地面接触的时间，尽可能延长身体腾空的时间。
- 必要时张嘴（噘嘴）呼吸。

动作分析	关节	关节运动	动用的肌肉
关节1	肩	屈曲、伸展	三角肌（前束）、胸大肌（上束）、肱二头肌
关节2	肩胛骨	上回旋、外展	斜方肌（上束和下束）、胸小肌、前锯肌
关节3	髋	伸展、内收	臀大肌、臀中肌（后束）、股二头肌、半腱肌、半膜肌、大收肌（后束）、耻骨肌、短收肌、长收肌、大收肌、腰大肌、髂肌
关节4	膝	屈曲、伸展	股直肌、股内侧肌、股中间肌、股外侧肌
关节5	踝	跖屈、背屈	腓肠肌、比目鱼肌、胫骨后肌、腓骨长肌、腓骨短肌

单臂换脚跨跳

基本描述：

- 向前跑，前侧膝关节抬至髋关节高度，每一步都是一个跨跳。
- 每一只脚落地后都向前弹跳。

起始姿势

- 以预备姿势开始。

正确技术提示：

- 每一个跨步都跟着一个弹跳，确保髋、膝、踝3处关节的伸展。
- 运动时是单臂移动。
- 在接触地面时，不要向前移动。
- 尽可能缩短接触地面的时间，保持脚踝稳定。

动作分析	关节	关节运动	动用的肌肉
关节1	肩	屈曲、伸展	三角肌（前束和后束）、背阔肌、大圆肌、冈下肌、小圆肌、胸大肌、肱三头肌（长头）、肱二头肌
关节2	肩胛骨	上回旋、下回旋、外展、内收	斜方肌、胸小肌、前锯肌、肩胛提肌、大菱形肌、小菱形肌
关节3	脊柱	旋转	同侧：腹内斜肌 对侧：多裂肌、回旋肌、腹外斜肌
关节4	髋	伸展、屈曲	臀大肌、臀中肌、股二头肌、半腱肌、半膜肌、腰肌、髂肌、股直肌、阔筋膜张肌、缝匠肌、短收肌、长收肌、大收肌、臀小肌
关节5	膝	伸展、屈曲	股直肌、股内侧肌、股中间肌、股外侧肌、股二头肌、半腱肌、半膜肌、股薄肌、缝匠肌、腓肠肌、腘肌、跖肌
关节6	踝	跖屈、背屈	腓肠肌、比目鱼肌、胫骨后肌、腓骨长肌、腓骨短肌

单腿弹跳

基本描述：

- 从单腿跳开始。
- 膝关节抬至髋关节的高度，确保踝、膝、髋3处关节都伸展开。
- 可以单臂或双臂摆动。

起始姿势

- 从慢跑开始。

正确技术提示：

- 尽量缩短接触地面时间，用双臂形成上摆动作。

动作分析	关节	关节运动	动用的肌肉
关节1	肩	屈曲、伸展	三角肌（前束和后束）、背阔肌、大圆肌、冈下肌、小圆肌、胸大肌、肱三头肌（长头）、肱二头肌
关节2	肩胛骨	上回旋、下回旋、外展、内收	斜方肌、胸小肌、前锯肌、肩胛提肌、大菱形肌、小菱形肌
关节3	脊柱	旋转	同侧：腹内斜肌 对侧：多裂肌、回旋肌、腹外斜肌
关节4	髋	伸展、屈曲	臀大肌、臀中肌、股二头肌、半腱肌、半膜肌、腰肌、髂肌、股直肌、阔筋膜张肌、缝匠肌、短收肌、长收肌、大收肌、臀小肌
关节5	膝	伸展、屈曲	股直肌、股内侧肌、股中间肌、股外侧肌、股二头肌、半腱肌、半膜肌、股薄肌、缝匠肌、腓肠肌、腘肌、跖肌
关节6	踝	跖屈、背屈	腓肠肌、比目鱼肌、胫骨后肌、腓骨长肌、腓骨短肌

跳上跳箱

基本描述：

- 身体向下至四分之一蹲（a quarter-squat，微蹲），然后跳上跳箱。
- 双脚同时落在跳箱上，落地动作尽可能轻。
- 迈步下箱，重复跳箱8~10次。

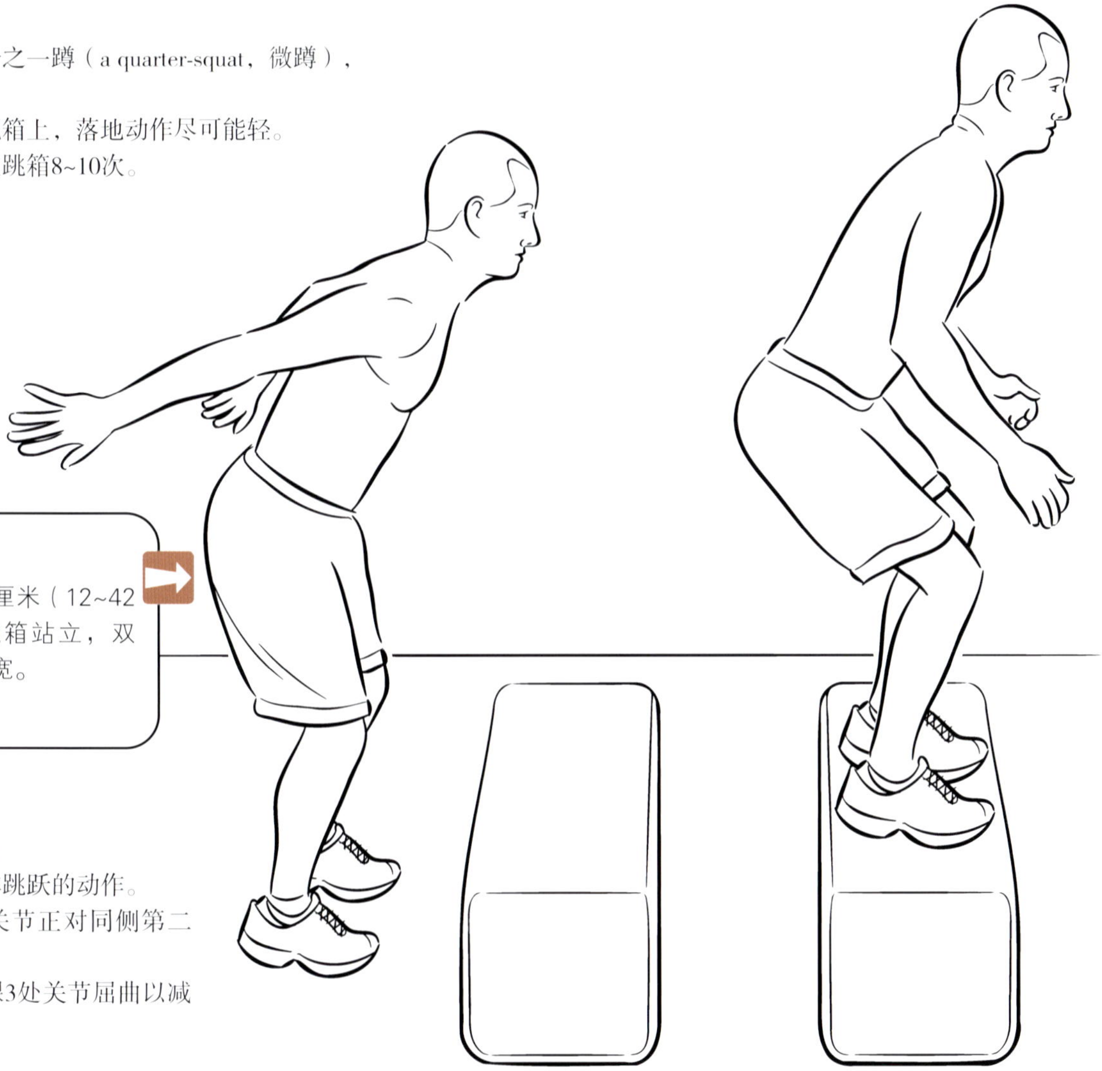

起始姿势

- 面向 30~107厘米（12~42英寸）高的跳箱站立，双脚分开与肩等宽。

正确技术提示：

- 用双臂辅助身体跳跃的动作。
- 落地时保持膝关节正对同侧第二脚趾。
- 保持髋、膝、踝3处关节屈曲以减小冲击。

动作分析	关节	关节运动	动用的肌肉
关节1	肩	屈曲、伸展	三角肌（前束）、胸大肌（上束）、肱二头肌
关节2	肩胛骨	上回旋、外展、上提	斜方肌（上束和下束）、胸小肌、前锯肌、肩胛提肌
关节3	髋	屈曲、伸展	臀大肌、臀中肌（后束）、股二头肌、半腱肌、半膜肌、大收肌（后束）
关节4	膝	屈曲、伸展	股直肌、股内侧肌、股中间肌、股外侧肌
关节5	踝	跖屈、背屈	腓肠肌、比目鱼肌、胫骨后肌、腓骨长肌、腓骨短肌

跳下跳箱

正确技术提示：

- 落地时，确保膝关节对准同侧第二脚趾。

基本描述：

- 一只脚跨出（不要跳）箱面。
- 双脚落地，与肩等宽，快速耗散落地冲击。

起始姿势

- 站在15~76厘米（6~30英寸）高的跳箱上。

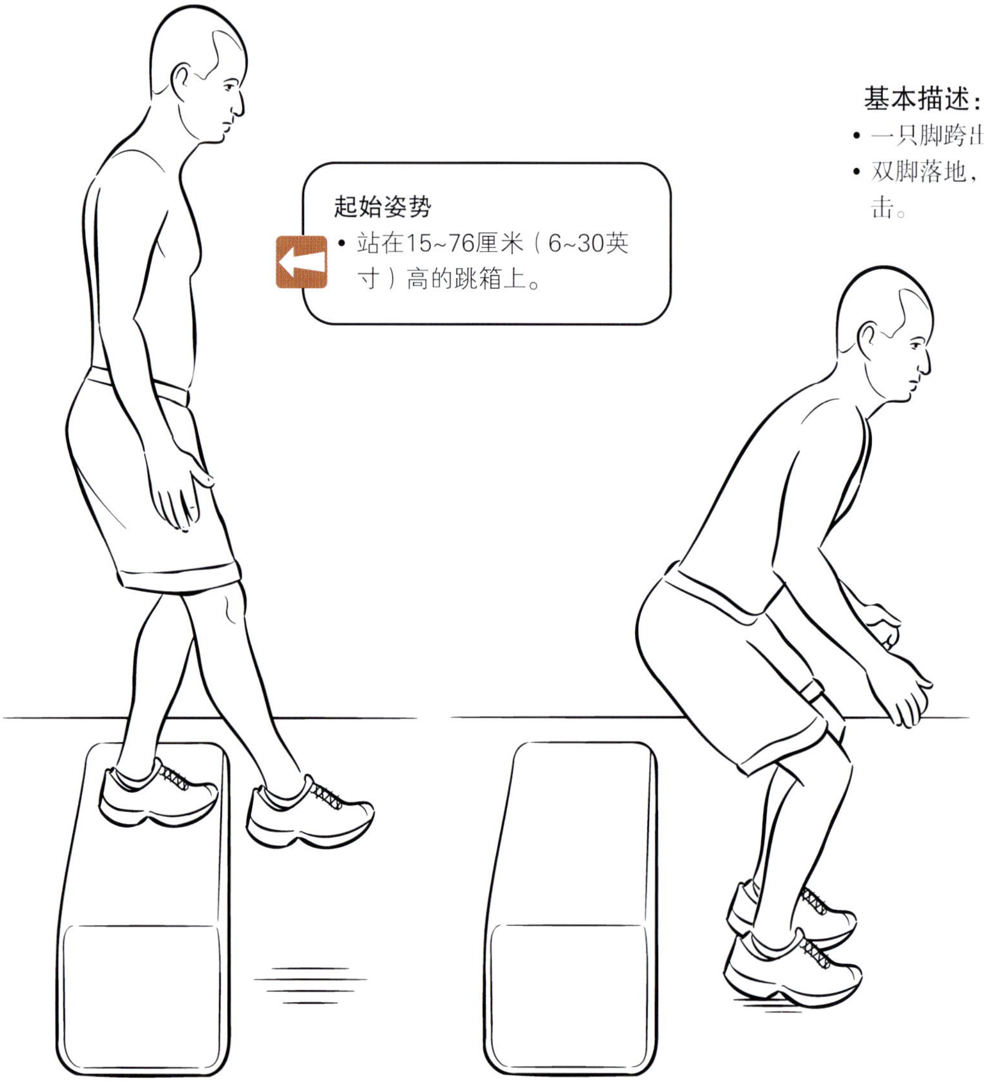

动作分析	关节	关节运动	动用的肌肉
关节1	肩	屈曲	三角肌（前束）、胸大肌（上束）、肱二头肌
关节2	肩胛骨	上回旋、外展、上提	斜方肌（上束和下束）、胸小肌、前锯肌、肩胛提肌
关节3	髋	屈曲	离心收缩：臀大肌、臀中肌（后束）、股二头肌、半腱肌、半膜肌、大收肌（后束）
关节4	膝	屈曲	离心收缩：股直肌、股内侧肌、股中间肌、股外侧肌
关节5	踝	背屈	离心收缩：腓肠肌、比目鱼肌、胫骨后肌、腓骨长肌、腓骨短肌

深跳

基本描述：
- 一只脚跨出（不要跳）箱面，双脚落地。
- 预测落地时间，然后尽可能快地向上跳，跳得越高越好。

正确技术提示：
- 确保在落地和起跳时膝关节始终对准同侧第二脚趾。
- 尽可能缩短与地面接触的时间。
- 确保踝、膝、髋3处关节都伸展开。

起始姿势
- 站在15~60厘米（6~24英寸）高的跳箱上。

动作分析	关节	关节运动	动用的肌肉
关节1	肩	屈曲、伸展	三角肌（前束）、胸大肌（上束）、肱二头肌
关节2	肩胛骨	上回旋、外展、上提、下回旋、内收、下压	斜方肌（上束和下束）、胸小肌、前锯肌、肩胛提肌
关节3	髋	屈曲、伸展	臀大肌、臀中肌（后束）、股二头肌、半腱肌、半膜肌、大收肌（后束）
关节4	膝	屈曲、伸展	股直肌、股内侧肌、股中间肌、股外侧肌
关节5	踝	跖屈、背屈	腓肠肌、比目鱼肌、胫骨后肌、腓骨长肌、腓骨短肌

速　度

许多运动都需要以最大速度跑动的能力，是否具有转换成最大速度的能力往往决定了比赛的输赢。如果您的运动需要最快速度或快速加速，速度训练计划可以在帮助您达到最佳表现方面发挥重要作用。

把潜力变成现实需要关注许多元素。这些元素包括力量（80~85页）、爆发力（86~91页）、灵活性（25~38页）、加速度、步幅长度、步幅频率和跑步技术。

加速需要增加步幅长度和步幅频率。为了增加步幅长度和频率，需要增加全身力量。这种力量的增加有利于产生更大的力，有利于缩短触地时间。

应当注意，在前8~10步中，速度的增加（加速度）是最大的，而最大速度通常需要4~5秒来实现。这对设计体能训练方案很重要。为了实现在尽可能短的时间内达到最大速度，快速步幅应该逐渐增加步幅长度，直到达到最大步幅长度（full stride length）。

步幅长度和步频是相互关联的，其中一项过度增加会导致另一项的减少，从而导致速度的降低。已有数据显示，在最大速度时，最佳步幅长度是运动员腿长的2.3~2.5倍，可以通过跑步技术、肌力和爆发力的提高而达到最佳步幅长度。最佳步幅长度可以随着冲刺技术、最大肌力（80~85页）、爆发力（86~91页）和增强式训练能力（102~111页）的提高而提高。

良好的冲刺技术（也称短跑力学）可提高神经肌肉的效率，便于流畅协调地运动，有助于更快地奔跑。牙买加短跑运动员尤塞恩·博尔特（Usain Bolt）和阿萨法·鲍威尔（Asafa Powell）是史上跑得最快的两个人，他们都有非常流畅、协调的短跑技巧。

良好的冲刺技术有3个主要元素：姿势、手臂动作和腿部动作。姿势主要指的是躯干的位置。在加速时，躯干大约向前倾斜45°以帮助克服惯性。当向最大速度提速时，躯干向直立位置移动；当达到全力速度时，躯干角度约为80°。

手臂动作对由腿部产生的巨大力量进行反向旋转。手臂动作在加速时应该是最大的。在步态的推蹬期，腿需要实现踝关节、膝关节和髋关节的完全伸展。摆动期的膝关节抬起高度在加速时较低，在最大速度时较高。

速度训练要点

本部分中的速度训练用于发展步频和加速度，在含有冲刺的训练中，通过冲刺至少5秒（121~123页）来实现最高速度的发展。

速度训练应在充分休息后，且无肌肉酸痛时进行。只有在放松的情况下冲刺才会达到最佳速度。训练之间的恢复时间应该足够长，让心率恢复到正常的静息心率。速度耐力可以通过较长的跑步或较短的休息时间来实现。在速度训练之前，包括在进行每次最大速度的冲刺训练前，都应该进行充分的热身（39~47页）。

速度训练

踝关节练习跑

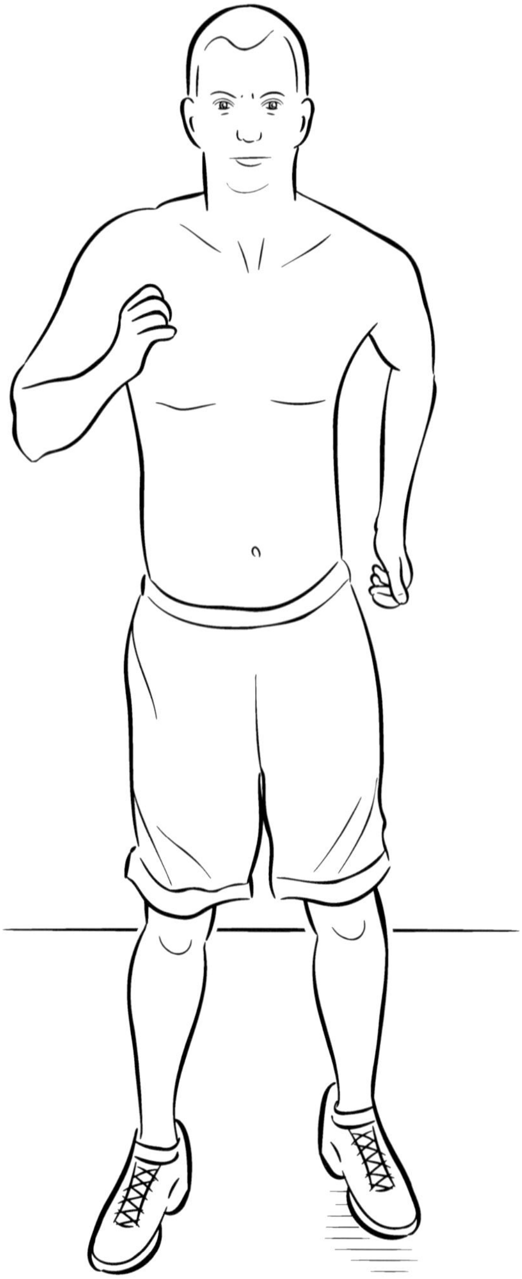

基本描述：

- 保持踝关节稳定，开始原地或向前慢跑。
- 用小的步伐，用前脚掌着地和蹬离地板。

正确技术提示：

- 用最短的时间触地。
- 跑步时自然摆臂。

起始姿势

- 站姿，双脚分开与髋等宽。

动作分析	关节	关节运动	动用的肌肉
关节1	肩	屈曲、伸展	三角肌（前束）、胸大肌（上束）、肱二头肌
关节2	肩胛骨	上回旋、外展、下回旋、内收	斜方肌（上束和下束）、胸小肌、前锯肌
关节3	踝	跖屈、背屈	腓肠肌、比目鱼肌、胫骨后肌、腓骨长肌、腓骨短肌

踢臀跑

基本描述：

- 开始慢跑，当提高速度时，确保拉起脚跟到臀部高度，膝关节抬至髋关节高度，保持躯干挺直并摆臂。

正确技术提示：

- 保持躯干竖直，确保没有向前跨步太远。
- 跑步时自然摆臂。

起始姿势

- 慢跑开始。

动作分析	关节	关节运动	动用的肌肉
关节1	肩	屈曲、伸展	三角肌（前束和后束）、胸大肌（上束）、肱二头肌、背阔肌、大圆肌、冈下肌、小圆肌、胸大肌（下束）、肱三头肌（长头）
关节2	肩胸	上回旋、外展、下回旋、内收	斜方肌、菱形肌、胸小肌、前锯肌、肩胛提肌
关节3	髋	屈曲、伸展	腰肌、髂肌、阔筋膜张肌、缝匠肌、内收肌群、臀大肌、臀中肌、臀小肌、股二头肌、半腱肌、半膜肌
关节4	膝	屈曲、伸展	股四头肌、腘绳肌、缝匠肌、股薄肌、腓肠肌
关节5	踝	跖屈、背屈	腓肠肌、比目鱼肌、跖肌、胫骨后肌、腓骨长肌、腓骨短肌、胫骨前肌、趾长屈肌、拇长屈肌、趾长伸肌、拇长伸肌

敏捷梯速度跑

正确技术提示：

- 重点是高抬膝动作，确保与地面接触时间最短。
- 技术提高后，提高双腿速度。保持躯干和头竖直。
- 跑步时自然摆臂。

基本描述：

- 跑步穿过敏捷梯。
- 每只脚分别迅速踏入每一个方格。

起始姿势

- 在跑过敏捷梯前以预备姿势站好。

动作分析	关节	关节运动	动用的肌肉
关节1	肩	屈曲、伸展	三角肌（前束和后束）、背阔肌、大圆肌、冈下肌、小圆肌、胸大肌、肱三头肌（长头）、肱二头肌
关节2	肩胛骨	上回旋、下回旋、外展、内收	斜方肌、胸小肌、前锯肌、肩胛提肌、大菱形肌、小菱形肌
关节3	脊柱	旋转	同侧：腹内斜肌 对侧：多裂肌、回旋肌、腹外斜腹
关节4	髋	伸展、屈曲	臀大肌、臀中肌、股二头肌、半腱肌、半膜肌、腰肌、髂肌、股直肌、阔筋膜张肌、缝匠肌、短收肌、长收肌、大收肌、臀小肌
关节5	膝	伸展、屈曲	股直肌、股内侧肌、股中间肌、股外侧肌、股二头肌、半腱肌、半膜肌、股薄肌、缝匠肌、腓肠肌、腘肌、跖肌
关节6	踝	跖屈、背屈	腓肠肌、比目鱼肌、胫骨后肌、腓骨长肌、腓骨短肌

敏捷梯跨步跑

基本描述：

- 跑步通过敏捷梯，一只脚踏入一个方格中，速度越快越好。

正确技术提示：

- 重点是高抬膝动作，摆臂，髋、膝、踝3处关节伸展，确保接触地面时间最短。
- 技术提高后，提升脚下速度。保持躯干和头始终挺直。
- 跑步时自然摆臂。

起始姿势

- 在跑过敏捷梯前以预备姿势站好。

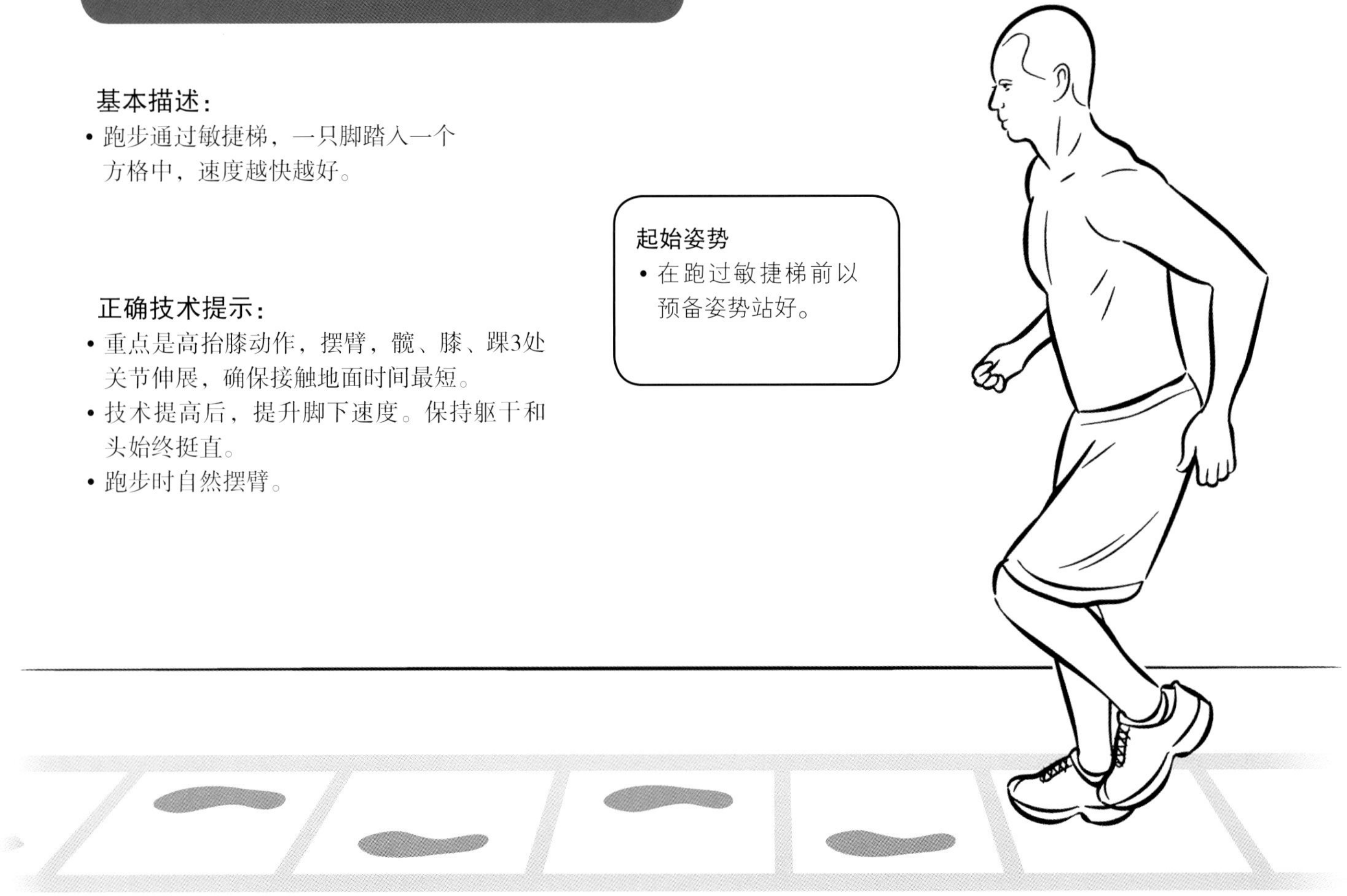

动作分析	关节	关节运动	动用的肌肉
关节1	肩	屈曲、伸展	三角肌（前束和后束）、背阔肌、大圆肌、冈下肌、小圆肌、胸大肌、肱三头肌（长头）、肱二头肌
关节2	肩胛骨	上回旋、下回旋、外展、内收	斜方肌、胸小肌、前锯肌、肩胛提肌、大菱形肌、小菱形肌
关节3	脊柱	旋转	同侧：腹内斜肌 对侧：多裂肌、回旋肌、腹外斜肌
关节4	髋	伸展、屈曲	臀大肌、臀中肌、股二头肌、半腱肌、半膜肌、腰肌、髂肌、股直肌、阔筋膜张肌、缝匠肌、短收肌、长收肌、大收肌、臀小肌
关节5	膝	伸展、屈曲	股直肌、股内侧肌、股中间肌、股外侧肌、股二头肌、半腱肌、半膜肌、股薄肌、缝匠肌、腓肠肌、腘肌、跖肌
关节6	踝	跖屈、背屈	腓肠肌、比目鱼肌、胫骨后肌、腓骨长肌、腓骨短肌

栏架（障碍）快步跑

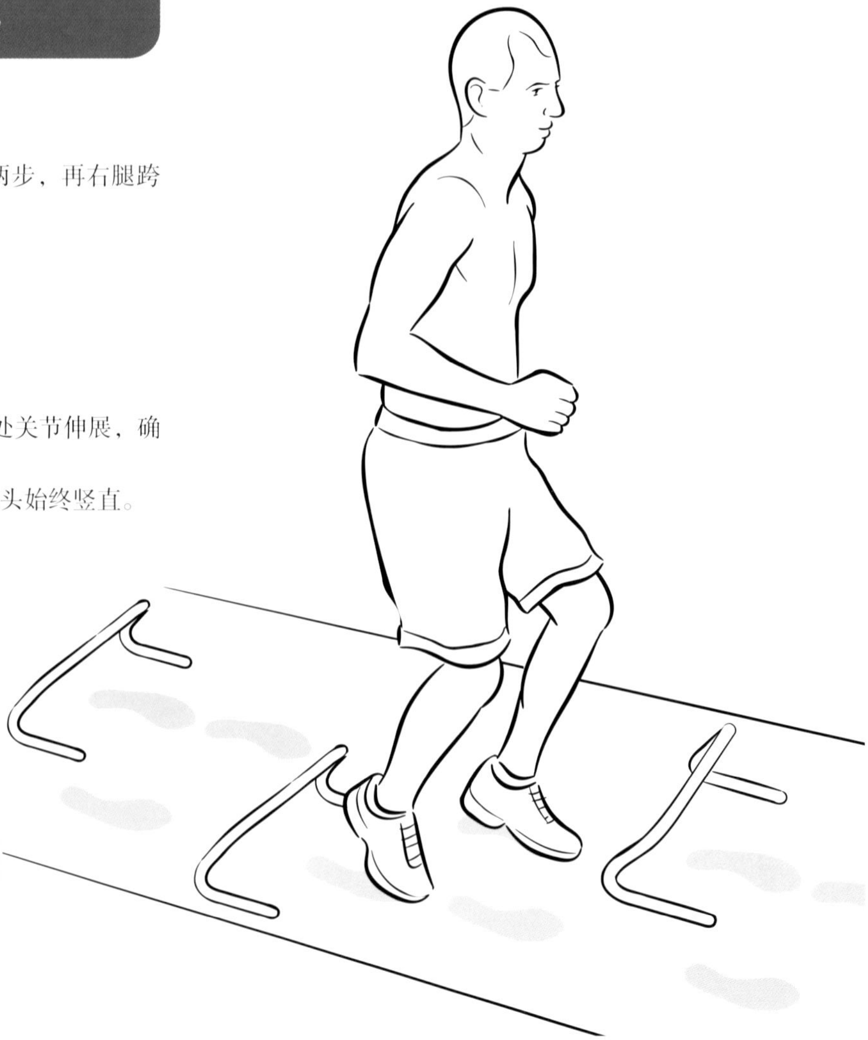

基本描述：

- 左腿跨过左边的第一个栏架，然后快跑两步，再右腿跨过右边第一个栏架。
- 沿着栏架重复上述动作，直至跑完。

正确技术提示：

- 重点是高抬膝动作，摆臂，髋、膝、踝3处关节伸展，确保脚接触地面时间最短。
- 技术提高后，提升脚下速度。保持躯干和头始终竖直。
- 跑步时自然摆臂。

起始姿势

- 以预备姿势站好，面前用4~5个15~30厘米（6~12英寸）高的栏架交错排成两列，一列在左腿前面，另一列在右腿前面。

动作分析	关节	关节运动	动用的肌肉
关节1	肩	屈曲、伸展	三角肌（前束和后束）、背阔肌、大圆肌、冈下肌、小圆肌、胸大肌、肱三头肌（长头）、肱二头肌
关节2	肩胛骨	上回旋、下回旋、外展、内收	斜方肌、胸小肌、前锯肌、肩胛提肌、大菱形肌、小菱形肌
关节3	脊柱	旋转	同侧：腹内斜肌 对侧：多裂肌、回旋肌、腹外斜肌
关节4	髋	伸展、屈曲	臀大肌、臀中肌、股二头肌、半腱肌、半膜肌、腰肌、髂肌、股直肌、阔筋膜张肌、缝匠肌、短收肌、长收肌、大收肌、臀小肌
关节5	膝	伸展、屈曲	股直肌、股内侧肌、股中间肌、股外侧肌、股二头肌、半腱肌、半膜肌、股薄肌、缝匠肌、腓肠肌、腘肌、跖肌
关节6	踝	跖屈、背屈	腓肠肌、比目鱼肌、胫骨后肌、腓骨长肌、腓骨短肌

单腿栏架（障碍）通过跑

基本描述：

- 栏架外侧的腿正常跑步，另一条腿跨过栏架。
- 外侧腿以滑步方式通过栏架，腿保持伸直。

起始姿势

- 以预备姿势站好，面前用8~10个15~30厘米（6~12英寸）高的栏架排成一列，每个栏架间隔大约1米（3英尺）。

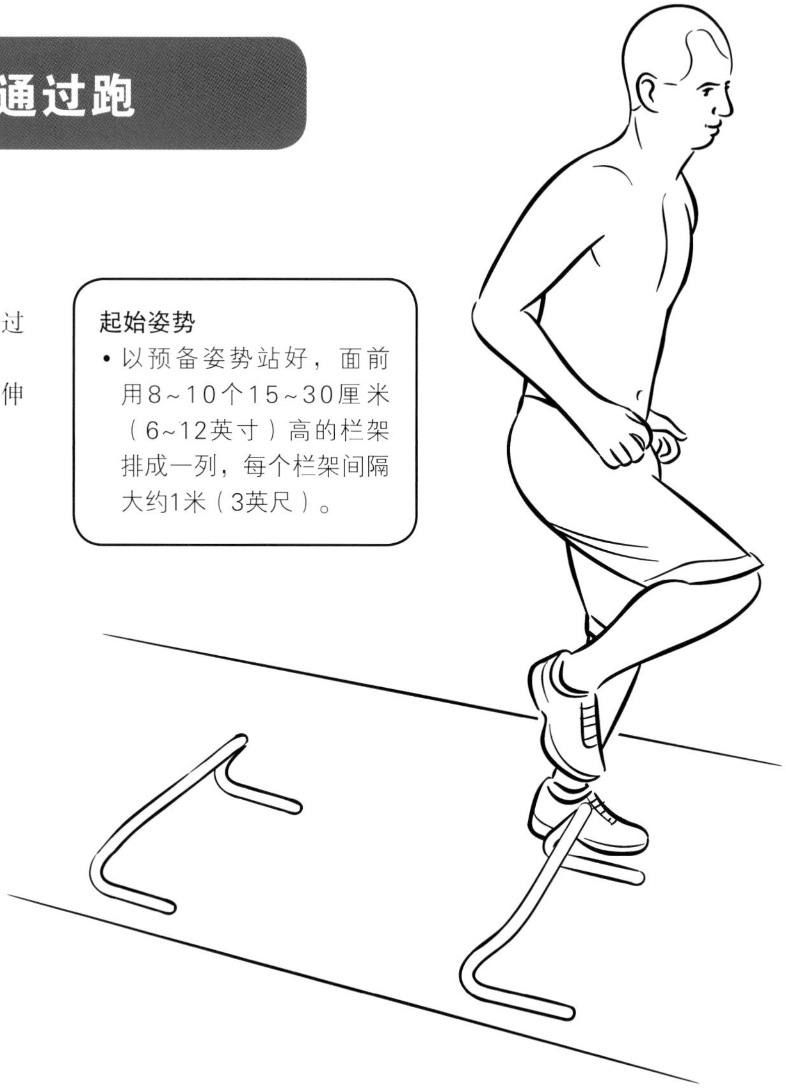

正确技术提示：

- 跨栏腿采用爆发性的高抬膝动作。
- 保持躯干和头竖直。
- 跨栏腿与地面接触时间要短。
- 跑步时自然摆臂。

动作分析	关节	关节运动	动用的肌肉
关节1	肩	屈曲、伸展	三角肌（前束和后束）、背阔肌、大圆肌、冈下肌、小圆肌、胸大肌、肱三头肌（长头）、肱二头肌
关节2	肩胛骨	上回旋、下回旋、外展、内收	斜方肌、胸小肌、前锯肌、肩胛提肌、大菱形肌、小菱形肌
关节3	脊柱	旋转	同侧：腹内斜肌 对侧：多裂肌、回旋肌、腹外斜肌
关节4	髋	伸展、屈曲	臀大肌、臀中肌、股二头肌、半腱肌、半膜肌、腰肌、髂肌、股直肌、阔筋膜张肌、缝匠肌、短收肌、长收肌、大收肌、臀小肌
关节5	膝	伸展、屈曲	股直肌、股内侧肌、股中间肌、股外侧肌、股二头肌、半腱肌、半膜肌、股薄肌、缝匠肌、腓肠肌、腘肌、跖肌
关节6	踝	跖屈、背屈	腓肠肌、比目鱼肌、胫骨后肌、腓骨长肌、腓骨短肌

栏架（障碍）通过跑

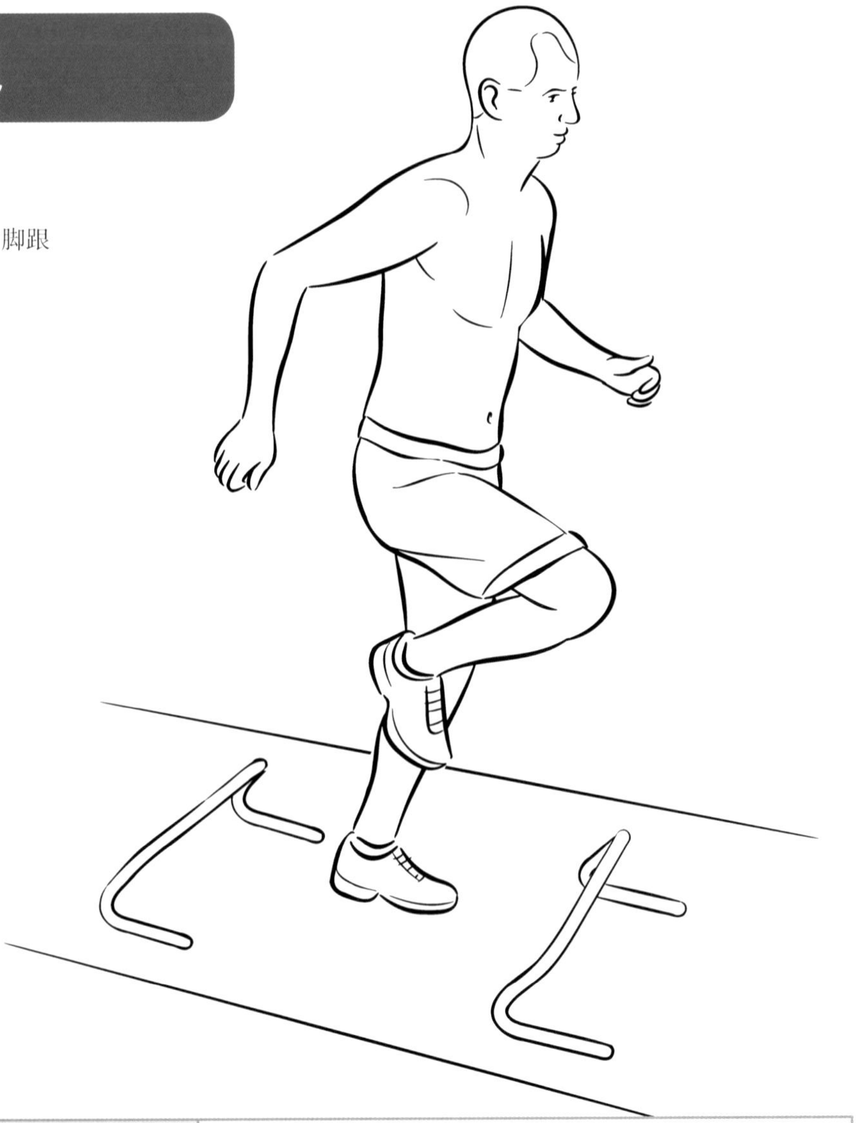

正确技术提示：
- 跨栏腿采用爆发性的高抬膝动作，恢复时脚跟甩向臀部。
- 保持躯干和头竖直。
- 跨栏腿与地面接触的时间要短。
- 跑步时自然摆臂。

基本描述：
- 跑过所有栏架，在每两个障碍之间用1~2步步幅。

起始姿势
- 以预备姿势站好，面前用8~10个15~30厘米（6~12英寸）高的栏架排成一列，两个栏架间隔大约1米（3英尺）。

动作分析	关节	关节运动	动用的肌肉
关节1	肩	屈曲、伸展	三角肌（前束和后束）、背阔肌、大圆肌、冈下肌、小圆肌、胸大肌、肱三头肌（长头）、肱二头肌
关节2	肩胛骨	上回旋、下回旋、外展、内收	斜方肌、胸小肌、前锯肌、肩胛提肌、大菱形肌、小菱形肌
关节3	脊柱	旋转	同侧：腹内斜肌 对侧：多裂肌、回旋肌、腹外斜肌
关节4	髋	伸展、屈曲	臀大肌、臀中肌、股二头肌、半腱肌、半膜肌、腰肌、髂肌、股直肌、阔筋膜张肌、缝匠肌、短收肌、长收肌、大收肌、臀小肌
关节5	膝	伸展 屈曲	股直肌、股内侧肌、股中间肌、股外侧肌、股二头肌、半腱肌、半膜肌、股薄肌、缝匠肌、腓肠肌、腘肌、跖肌
关节6	踝	跖屈、背屈	腓肠肌、比目鱼肌、胫骨后肌、腓骨长肌、腓骨短肌

前倾启动

基本描述：

- 重心上提，用脚尖支撑，身体尽量前倾。
- 在即将失去平衡时，爆发性地上抬一侧膝关节，开始加速到全速跑并持续几米，然后停下。
- 重复10~12次，每次都交换启动腿。

正确技术提示：

- 尽量把腿的第一次启动时间往后延长。
- 用爆发性的摆臂动作帮助身体向前启动。
- 采用快步频、小步幅。

起始姿势

- 站姿，双脚分开与髋等宽。

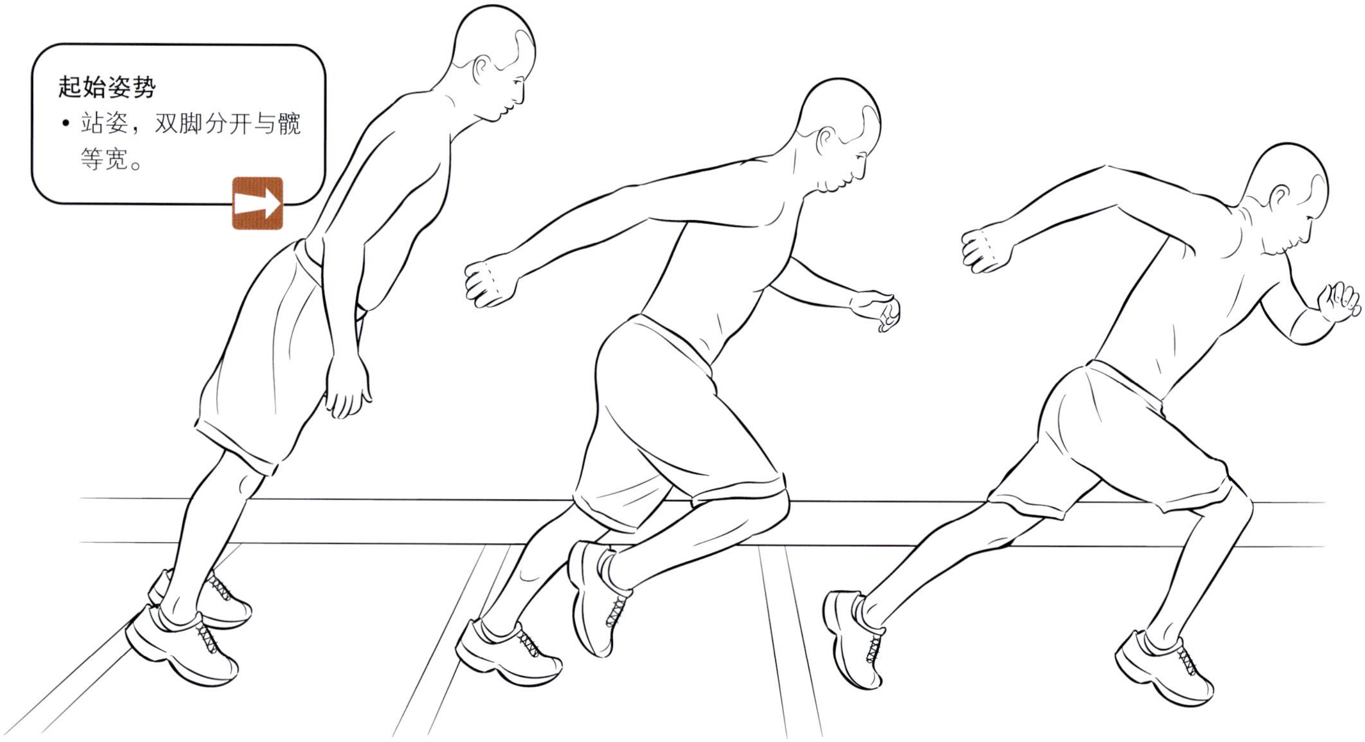

动作分析	关节	关节运动	动用的肌肉
关节1	肩	屈曲、伸展	三角肌（前束和后束）、背阔肌、大圆肌、冈下肌、小圆肌、胸大肌、肱三头肌（长头）、肱二头肌
关节2	肩胛骨	上回旋、下回旋、外展、内收	斜方肌、胸小肌、前锯肌、肩胛提肌、大菱形肌、小菱形肌
关节3	脊柱	旋转	同侧：腹内斜肌 对侧：多裂肌、回旋肌、腹外斜肌
关节4	髋	伸展、屈曲	臀大肌、臀中肌、股二头肌、半腱肌、半膜肌、腰肌、髂肌、股直肌、阔筋膜张肌、缝匠肌、短收肌、长收肌、大收肌、臀小肌
关节5	膝	伸展、屈曲	股直肌、股内侧肌、股中间肌、股外侧肌、股二头肌、半腱肌、半膜肌、股薄肌、缝匠肌、腓肠肌、腘肌、跖肌
关节6	踝	跖屈、背屈	腓肠肌、比目鱼肌、胫骨后肌、腓骨长肌、腓骨短肌

踝关节练习跑到冲刺

基本描述：

- 开始时用踝关节练习方式跑5~10米（16~33英尺）（第113页）。
- 在踝关节练习即将结束时，逐步提升速度直到达到最大速度。
- 保持最大速度1~5秒。

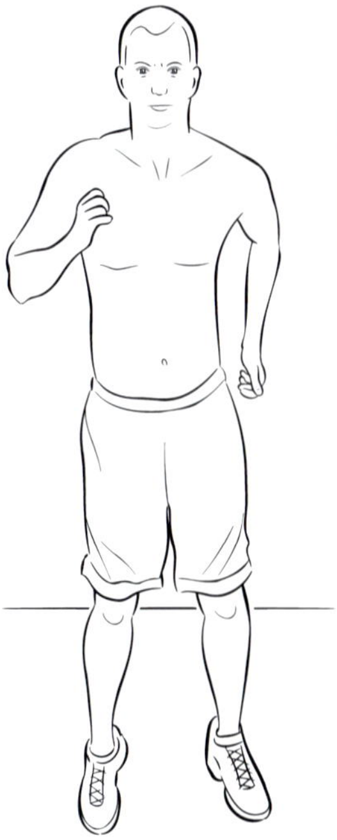

起始姿势

- 站姿，双脚分开与髋等宽。

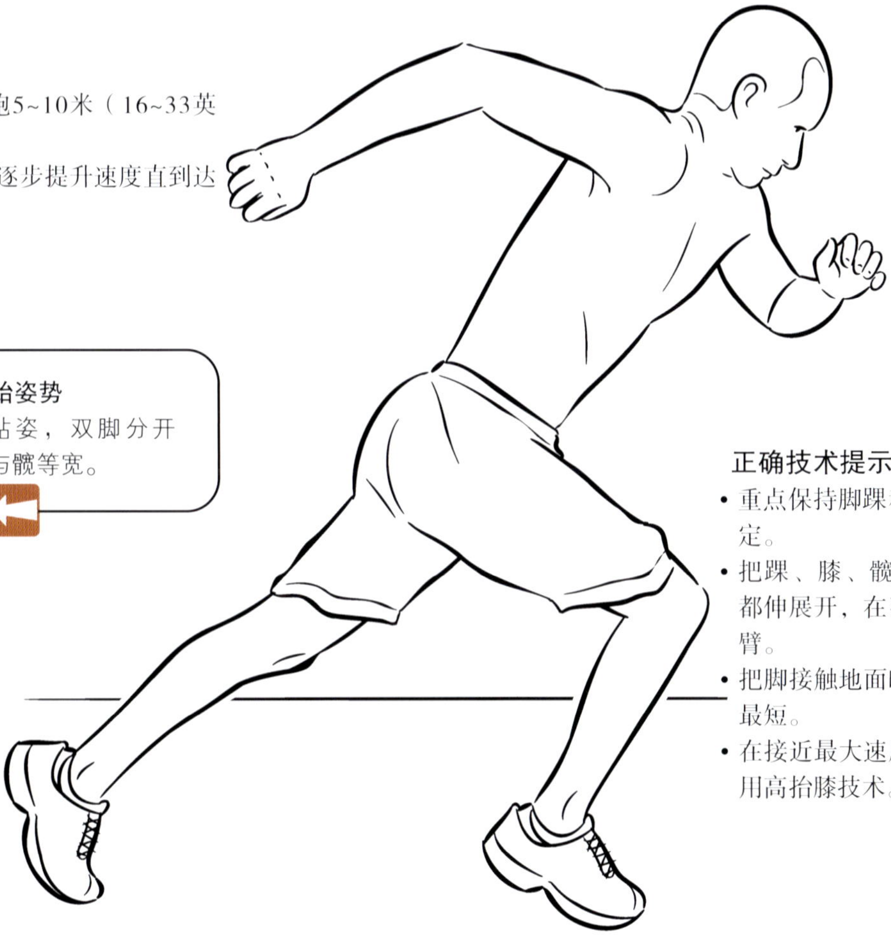

正确技术提示：

- 重点保持脚踝和躯干稳定。
- 把踝、膝、髋3处关节都伸展开，在冲刺时摆臂。
- 把脚接触地面时间减到最短。
- 在接近最大速度时，采用高抬膝技术。

动作分析	关节	关节运动	动用的肌肉
关节1	肩	屈曲、伸展	三角肌（前束和后束）、背阔肌、大圆肌、冈下肌、小圆肌、胸大肌、肱三头肌（长头）、肱二头肌
关节2	肩胛骨	上回旋、下回旋、外展、内收	斜方肌、胸小肌、前锯肌、肩胛提肌、大菱形肌、小菱形肌
关节3	脊柱	旋转	同侧：腹内斜肌 对侧：多裂肌、回旋肌、腹外斜肌
关节4	髋	伸展、屈曲	臀大肌、臀中肌、股二头肌、半腱肌、半膜肌、腰肌、髂肌、股直肌、阔筋膜张肌、缝匠肌、短收肌、长收肌、大收肌、臀小肌
关节5	膝	伸展、屈曲	股直肌、股内侧肌、股中间肌、股外侧肌、股二头肌、半腱肌、半膜肌、股薄肌、缝匠肌、腓肠肌、腘肌、跖肌
关节6	踝	跖屈、背屈	腓肠肌、比目鱼肌、胫骨后肌、腓骨长肌、腓骨短肌

栏架（障碍）通过跑到冲刺

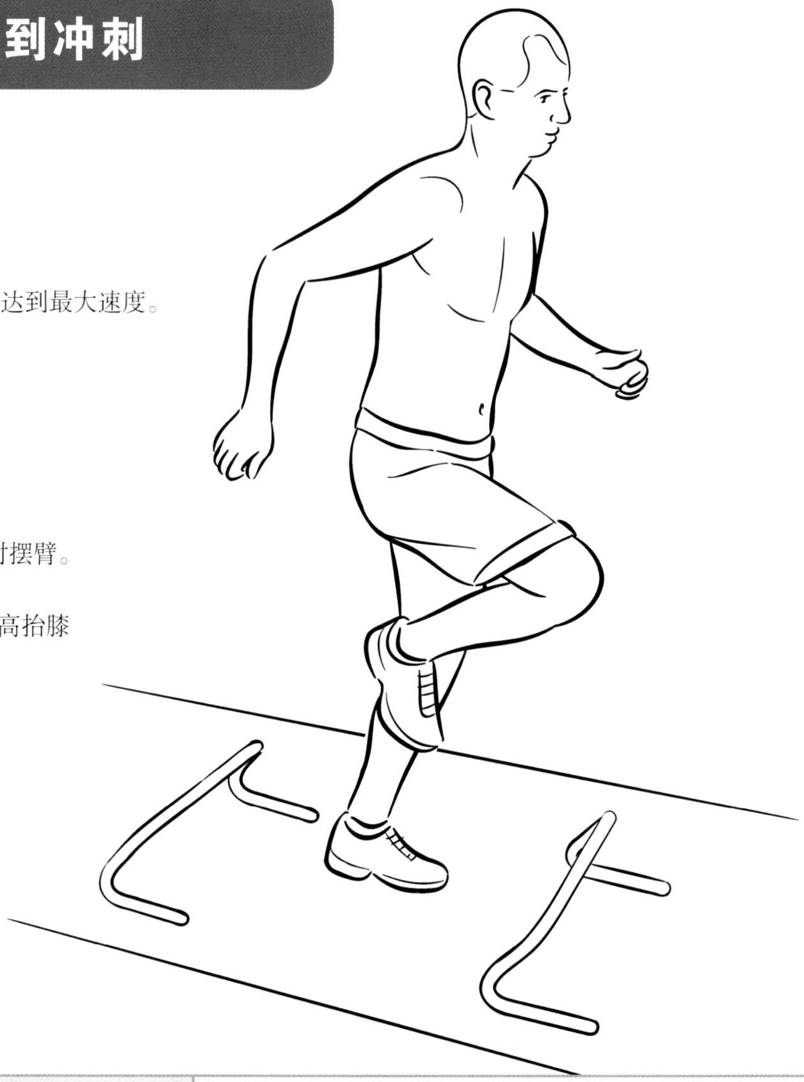

基本描述：

- 先完成障碍通过跑（第119页）。
- 在障碍通过跑即将结束时，加速冲刺直到达到最大速度。
- 保持最大速度1~5秒。

正确技术提示：

- 重点是保持脚踝和躯干稳定。
- 把踝、膝、髋3处关节都伸展开，在冲刺时摆臂。
- 把脚接触地面的时间降到最少。
- 在通过障碍时和将要达到最大速度时采用高抬膝技术。

起始姿势

- 以预备姿势站好，面前用8~10个15~30厘米（6~12英寸）高的栏架排成一列，两个栏架间隔大约1米（3英尺）。

动作分析	关节	关节运动	动用的肌肉
关节1	肩	屈曲、伸展	三角肌（前束和后束）、背阔肌、大圆肌、冈下肌、小圆肌、胸大肌、肱三头肌（长头）、肱二头肌
关节2	肩胛骨	上回旋、下回旋、外展、内收	斜方肌、胸小肌、前锯肌、肩胛提肌、大菱形肌、小菱形肌
关节3	脊柱	旋转	同侧：腹内斜肌 对侧：多裂肌、回旋肌、腹外斜肌
关节4	髋	伸展、屈曲	臀大肌、臀中肌、股二头肌、半腱肌、半膜肌、腰肌、髂肌、股直肌、阔筋膜张肌、缝匠肌、短收肌、长收肌、大收肌、臀小肌
关节5	膝	伸展、屈曲	股直肌、股内侧肌、股中间肌、股外侧肌、股二头肌、半腱肌、半膜肌、股薄肌、缝匠肌、腓肠肌、腘肌、跖肌
关节6	踝	跖屈、背屈	腓肠肌、比目鱼肌、胫骨后肌、腓骨长肌、腓骨短肌

踝关节练习跑到障碍通过跑到冲刺

起始姿势

- 以预备姿势站好，距离身前5~6米（15~18英尺）处用8~10个15~30厘米（6~12英寸）高的栏架排成一列，两个栏架间隔约1米（3英尺）。

基本描述：

- 先进行踝关节练习跑（第113页）5米（15英尺），然后立刻完成一次障碍通过跑（第119页）。
- 在障碍通过跑即将结束时，加速到冲刺直到达到最大速度。
- 保持最大速度1~5秒。

正确技术提示：

- 重点是稳定脚踝和躯干。
- 把踝、膝、髋3处关节都伸展开，在冲刺时摆臂。
- 把脚接触地面的时间降到最少。
- 在通过障碍时和将要达到最大速度时采用高抬膝技术。

动作分析	关节	关节运动	动用的肌肉
关节1	肩	屈曲、伸展	三角肌（前束和后束）、背阔肌、大圆肌、冈下肌、小圆肌、胸大肌、肱三头肌（长头）、肱二头肌
关节2	肩胛骨	上回旋、下回旋、外展、内收	斜方肌、胸小肌、前锯肌、肩胛提肌、大菱形肌、小菱形肌
关节3	脊柱	旋转	同侧：腹内斜肌 对侧：多裂肌、回旋肌、腹外斜肌
关节4	髋	伸展、屈曲	臀大肌、臀中肌、股二头肌、半腱肌、半膜肌、腰肌、髂肌、股直肌、阔筋膜张肌、缝匠肌、短收肌、长收肌、大收肌、臀小肌
关节5	膝	伸展、屈曲	股直肌、股内侧肌、股中间肌、股外侧肌、股二头肌、半腱肌、半膜肌、股薄肌、缝匠肌、腓肠肌、腘肌、跖肌
关节6	踝	跖屈、背屈	腓肠肌、比目鱼肌、胫骨后肌、腓骨长肌、腓骨短肌

第3章　训练计划

制订训练计划

在制订速度发展训练计划之前，需要考虑一些因素。首先，需要制定一个需求分析，从中得到制订计划需要的所有信息。需求分析包括如下方面：

1. 年龄
2. 运动年限
3. 运动经历
4. 运动表面
5. 运动环境
6. 接触面
7. 肌力水平
8. 生理能力
9. 能量系统需求
10. SMART目标设定（译者注：SMART是几个单词的英文首字母缩写，表示准则）

上述所有因素决定了训练内容、从何开始、如何进行这些训练、训练频率、每组训练间休息的量和训练的专注点。

几乎所有的运动都需要训练以下内容。

1. 灵活性/稳定性
2. 肌力
3. 爆发力
4. 速度

这意味着一定要为良好的关节灵活性和稳定性打下坚实的基础。当训练量开始变得更大时将受伤可能性降到最低，从而肌肉能够产生真正的最大能量输出，并且关节间力的传导更充分，从而产生更快的运动。

初级运动员（训练少于1年）应该至少进行4~6周的初级原始模式®运动的训练。当训练者可以以完美的动作模式，并且用最大组数和次数完成这些动作以后，才可以进阶到中级。

中级运动员（训练1~2年）可以从初级或者中级原始模式®运动的训练开始，至少进行3~4周。同样，当他们可以以完美的动作完成最大组数和次数的训练时，就可以进入高级训练计划。

高级水平运动员（训练超过2年）至少进行2~3周初级、中级或高级原始模式®运动的训练。当运动员可以完美完成高级原始模式®训练（最大组数和次数）以后，就可以进行最大肌力的训练。

如果要开始最大肌力训练，建议至少应该具有1~2年持续的重训经验，并且可以完美地完成中级原始模式®训练。通常，为确保爆发力训练安全进行，建议深蹲负重应当至少为1~1.5倍自身体重。在专业教练的监控和指导下，也可以在这以前开始一些爆发力训练，但如果没有专业的指导，上述标准是一个基本的前提条件。

训练变量

训练变量是在一个训练过程中每一个动作或者练习的负荷量。训练变量包括动作速度（节奏）、完成次数、组间休息时间和强度。其中强度通常以单次最大负荷（one repetition maximum，1 RM）的百分比来衡量。

以下两个表格显示了针对某一目标生理效果的训练，以及应当如何选取各自的训练变量。

负荷参数　＊OTUT＝压力下最佳表现时间（optimal time under tension）

肌肉纤维类型	1 RM	OTUT*	恢复时长	力竭时间	反应
Ⅰ型肌纤维	0~40%	> 70 秒	1~2分	3~5分	有氧
ⅡA型肌纤维	40%~70%	40~70秒	2~3分	30~120秒	肌肥大
ⅡB型肌纤维	70%~100%	< 20秒	3~5分	12~15秒	神经募集

负荷参数　（改编自《CHEK运动教练认证手册》）

生理效果	相应强度下的持续时间	肌纤维类型
健身效果	3~3.5分	Ⅰ型肌纤维
肌耐力	100~180秒	Ⅰ型肌纤维和ⅡA型肌纤维
肌力	40~70秒	ⅡA型肌纤维
最大肌力	> 90% 1 RM	ⅡA型和ⅡB型肌纤维
爆发力（加速）	< 20秒	ⅡB型肌纤维

如何针对每个训练选择适合的量？下面的表格为每种训练所选取的量给出了大致的参考标准。

*强度指的是相关训练1 RM的百分比，实心球重量（自重的百分比）或者训练强度的水平（低强度-高强度）。
**频率指的是每次举起重量的秒数，"10s/10s"意思是肌肉收缩10秒，放松10秒，或者一边肌肉收缩10秒，然后换另一边10秒。"2-0-2"指的是举起重量2秒，放下2秒。"爆发力"指以最快的速度移动重量或者身体部分。

训练的推荐负荷量

训练类型	训练间休息时间	强度*	重复次数	组数	频率**
四足支撑（腹部挖空）	1分	自重	10	1~3	10s/10s
马式支撑	1分	自重	10	1~3	10s/10s
原始模式®运动(初学者)	1~2分	75% 1 RM	12~15	2~4	3-0-3
原始模式®运动(中级)	1~2分	80% 1 RM	10~12	2~4	2-0-2
原始模式®运动(高级)	1~2分	80% 1 RM	10~12	2~4	1-0-2
最大肌力	3~5分	90%~95% 1 RM	3~5	3~5	1-0-2
爆发力	3~5分	5%~10% 自重或者 50%~75% 1 RM	8~10	3~5	爆发力
敏捷性训练	1:3~1:4 训练/休息比率	最大	<10秒	3~5	爆发力
增强式训练	3~5分	从低到高强度	<10秒	3~5	爆发力
速度训练	3~5分	最大	<10秒	3~5	爆发力

需求分析：设定目标

就像旅行一样，开始训练之前需要制订计划，知道从哪里出发，目的地是哪里。在训练中，目的地就是训练目标。无论是志在赢得奥运比赛的金牌，还是为了完成马拉松，您需要知道自己具体想要取得的成绩。

当您知道以上准则，就不仅能够制定竞赛目标，还能够设定训练目标。例如，篮球运动员就可以设定有关篮球动作模式的具体的敏捷性训练和速度训练的时限目标。

无论什么时候制定目标，目标必须符合SMART准则。SMART指的是：Specific（具体）、Measurable（可量化）、Achievable yet challenging（具有挑战性且能够达到）、Regularly reviewed（定期检查）、Timed（设定时限）。

具体：要求目标用最简明通用的标准描述。例如，"在今年6月的当地100米短跑锦标赛中，以比11.9秒更快的速度赢得冠军"。

可量化：要求目标是可以以数字显示的。在上述例子中，11.9秒这个目标就是被量化的。这意味着，训练目标的时间同样是可以被制定，以便能够被监测和控制。

具有挑战性且能够达到：意思是目标有50%的机会可以实现。如果目标制定得过高或过低，运动员的动力就很难保持。

定期检查：意味着在实现终极目标的过程中需要设定一系列递增的阶段目标。这种定期性检查（如每周或每月）有助于监测短期目标是否完成，以便评估效果。

设定时限：是要求设定达到某个目标具体的时间。如果没有具体的时间目标，训练动力和专注力难以保持，而且训练计划难以制订。

结果目标（outcome goals）是您所希望达到的目标。例如，取得100米短跑专项冠军。

过程目标（Process goals）是为了达到结果目标过程中的阶段目标。例如，每周训练6次，每次45~60分钟，每天晚上拉伸10分钟，每顿饭严格按照饮食建议，每晚10时以前睡觉，并且至少保持8小时的睡眠。

需求分析

年龄

您需要考虑您的年龄，因为随着年龄的增长，在训练的过程中需要更多的时间恢复。

训练年限

您的训练年限是指您按照系统性训练的计划规律进行抗阻力训练的年限。例如，如果您5年中没有间断进行力量训练，那么您的训练年限就是5年。训练年限越高，离基因潜能越接近。因此，计划程度越高级，在每个阶段执行的时间就越短，每次进阶的量就越小，如进阶增加的举起重量。

训练经历

训练经历决定了您可以完成什么类型的训练项目，以及您需要多久达到进阶水准。例如，笔者在学校的时候完成了足球，篮球，羽毛球，越野赛跑，板球，100米、200米和400米跑，跳远，三级跳和排球等项目。笔者参与的非竞赛级别的项目有游泳，骑车，打网球、垒球、乒乓球、壁球、斯诺克台球和水球。您可以看到，笔者进行了很大范围的运动，所以笔者具备全面的运动技能。然而，如果您仅仅是进行篮球一项运动，您有更大可能在这个领域表现得格外优秀，但是您会缺乏全面的技能基础，从而不会像具有前者训练经历的人那样进步得那么迅速。

运动表面

运动表面决定了需要多少平衡性训练或者功能性训练。例如，速降滑雪运动员、体操运动员或者冲浪运动员会比一位短跑运动员，或者足球、篮球、排球运动员等需要更多的平衡性训练。

如果需要更多的平衡性训练，就需要进行更多单腿的训练，甚至在非水平面上进行训练，如平衡板或瑞士球。

肌力类型

肌力收缩有一些不同的类型，分别是：

- 等长收缩
- 向心收缩
- 离心收缩
- 等速收缩

等长收缩意思是没有“动作”，是指关节旁边的肌肉收缩但没有引起动作。这通常发生于肌肉稳定关节或抵抗外力（如一个人或一堵墙）时。体操运动员在快速的动作变化间隔中，经常会用到等长收缩来控制静态的体式。

向心收缩是指当肌肉在对抗外力时缩短（外力可以是重量、物体或重力）。向心收缩通常会引起动作的加速。在力量训练中，一般来说举起重物的动作都是向心收缩。

离心收缩是指当肌肉在对负重减速时变长（负重同样可以是重量、外物或重力）。离心收缩通常会使得动作减速。在力量训练中，放下重物的动作通常都是离心收缩。

等速收缩是指动作始终匀速完成。在自然运动中我们身体的运动不会是完全等速的。最接近的例子是在游泳，划船、独木舟及皮划艇之类的运动，手或桨划水时，肌肉是以一个合理而又匀速的速度收缩或者变长的。

理解了自己从事运动的不同力量特性，就可以决定需要的训练类型和比例。例如，对于一位英式橄榄球运动员来说，制订训练计划应针对踢球、扑搂（tackling）、争球（scrummaging）和传球这些动作，主要会用到向心和离心收缩，而针对并列争球（scrum）就需要一小部分的等长收缩训练。

生理运动能力

为了在制订训练计划时能够合理分配时间，清晰地分析自己的生理能力概况是非常必要的。

在生理能力分析中，可以与目前的生理能力水平和某位金牌运动员或者想要击败的对手的水平做对比。

什么是生理能力

根据图德·博帕（Tudor Bompa）在《训练的理论和方法——运动员表现之关键》（*Theory and Methodology of Training: The Key to Athletic Performance*）一书中描述的，生理能力是运动需要的一系列特性。这些特性分别是：

- 速度
- 爆发力
- 肌力
- 敏捷性
- 耐力
- 灵活性（柔韧性）
- 协调能力
- 平衡能力

每一项生理能力特性都参照相关领域的金牌选手。例如，衡量速度，参照的是百米跑选手，爆发力选取的是奥林匹克举重运动员，肌肉力量则参照力量举重运动员，敏捷性参照美式足球中的跑卫（跑锋）运动员或者英式橄榄球中的边锋。评估生理能力是艺术和科学相结合的过程。

首先要做的是为您所在的运动领域找一个金牌标准（或者您的特定对手），并且为他打分。假设帮一位女性高山速降滑雪运动员制订训练计划，可以选择安雅·皮尔森（Anja Paerson）（瑞典），因为她在这个运动项目世界排名第一，同时也是客户的竞争对手。然后就可以把运动员的资料和金牌选手的资料进行比较。一旦完成了金牌运动员或比赛对手和您自己的得分，就可以把每一组的数据进行对比，然后找出最大的差异在哪里。上表笔者给出了两个关于怎样打分的例子。需要注意的是只有您和您的教练可以决定打什么分数。

范例一：网球选手
金牌标准：罗杰·费德勒

生理能力	理想的参照（罗杰·费德勒）	您的得分
速度	9	6
爆发力	7	6
肌力	6	5
敏捷性	9	5
耐力	6	5
灵活性	8	5
协调能力	10	6
平衡能力	8	6
总分	63	44

范例二：高尔夫选手
金牌标准：泰格·伍兹

生理能力	理想的参照（泰格·伍兹）	您的得分
速度	9	6
爆发力	8	6
肌力	8	5
敏捷性	9	5
耐力	5	5
灵活性	7	5
协调能力	10	6
平衡能力	7	6
总分	63	44

在上面左边的表格中，如果按照笔者的建议打分，那么您跟费德勒最大的差距在于敏捷性和协调能力（都是相差4分），其次差异最大的是速度和灵活性（有3分的差异）。整体来说您需要提升各方面的能力，而最关键的在于敏捷性、协调性、力量和柔韧性。

在上面右边的表格中，如果按照笔者的建议打分，那么您的最大差距在敏捷性（相差4分），紧接着是速度和肌力（有3分的差异）。按照表格里的分析，除了耐力之外的所有方面都有待提升，其中最主要的方面在于敏捷性、速度和肌力。

除了用上述推荐的方法来评估生理能力，也可以用一些特殊的测试来测定各方面的生理能力。很多测试都能使用，笔者的建议是测试领域要尽可能贴近您所从事的训练，条件允许的话，最好去寻求体能教练或CHEK从业者的帮助。

运动模式分析

在本书第2章提到过，可以把原始模式®运动完成好是很重要的，因为这些运动组成了最基本的人类运动模式，因而影响了运动表现。

同样重要并需要记住的一点是，几乎所有的运动形式都可以被分解成若干不同的原始模式®运动。例如，有一个人投了一个球，那么他的动作可以被分解为：先是蹲一个弓步，然后是一个旋转，最后以上肢推球终结动作。

再举一个例子，高尔夫挥杆动作，可以分解成：先做一个旋转，接着是向身体后方一个小角度的拉，再转向另外一个方向，而后一个侧弓步（侧向移动骨盆），然后在向下挥杆过程中一个推的动作，最后是送球。一个高尔夫球员也需要长距离走动，有时候还要爬坡走路，以及很多次的弯腰去摆正推杆并把球从洞里捡出来。因此在他们的训练计划中也需要添加弓步练习和前屈练习。

您需要考虑的是您的运动项目包含了哪些原始模式®运动，然后确保这些动作可以执行得渐趋完美，在此基础上再增加最大的肌肉力量、爆发力及速度训练。

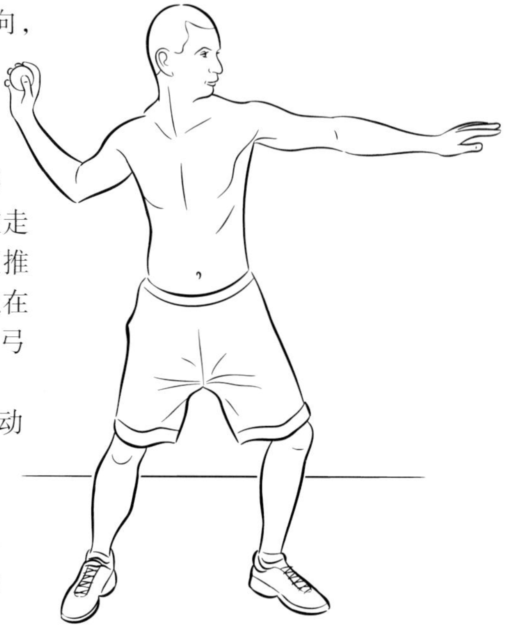

能量系统

产生能量的短期系统或者说快速能量的产生来自于体内一种叫作三磷酸腺苷（ATP）的化学物质。二磷酸腺苷（ADP）和磷酸肌酸（CP）结合的时候在细胞线粒体产生三磷酸腺苷。肌肉中本来就储藏一定量的三磷酸腺苷，直接产生能量可以供能使肌肉运动，但是最多只能维持5秒左右。为了产生更多能量，三磷酸腺苷中一个磷酸键打开，产生了二磷酸腺苷和磷酸根。然后细胞便需要更多的磷酸肌酸和二磷酸腺苷重新合成产生三磷酸腺苷。然而，体内原有的磷酸肌酸也只能提供约10秒的能量合成。体内磷酸的50%可以补充供能30秒，所有的磷酸用尽于供能可以持续总共2分钟时间。综上所述，ATP-CP系统供能最适合于高强度、短时间的运动。例如，举重（重量为最大肌力的90%~100%）、爆发力运动、推铅球、跳远和冲刺等。

快速能量系统可以通过最大肌力的练习（90%~100%1RM）或者基于爆发力的训练体系。快速能量系统可以用于一个赛事领先的开始，或者在赛跑中提速或提升一个梯度。如果这样高的强度或运动持续超过十秒，那么另外一个能量系统就一定也会被用到。

中等时长的能量系统又称乳酸系统（lactate system），乳酸系统包含了无氧糖酵解（anaerobic glycolysis）和快速有氧糖酵解系统（fast oxidative glyocolytic system）。这个系统供能来源于葡萄糖（glocogen）（肝脏中储存的肝糖和肌糖）。当运动达到一定的强度时（最大肌力的60%~90%）糖就会被分解（糖酵解），这个过程比十数秒长一些。糖原在肌肉细胞的细胞质中被分解，转化成丙酮酸，丙酮酸能够帮助产生三磷酸腺苷。这个糖原的无氧代谢可以产生比过程中消耗更多的三磷酸腺苷。一些丙酮酸被分解为乳酸（因为没有氧气参与反应），接着分解为乳酸盐和水。乳酸会增加肌肉的酸性，从而抑制了肌肉收缩中发生的一些过程。当强度增高时，随之增加的乳酸量会引起肌肉力竭和疼痛。

乳酸系统最多会持续大约3分钟，到达这一点以后有氧系统（aerobic system）就会主导能量的供应，伴随着强度的减弱。乳酸系统完全恢复需要花几分钟至2小时。乳酸系统可以用循环训练、短间歇的抗阻力训练、间歇训练、法特莱克训练及长距离冲刺等进行加强。乳酸系统启用时起主导作用的肌肉是ⅡA型肌纤维。

产生能量时间最长的系统，又称为有氧系统，是在休息时或低强度运动中起主导作用的能量系统，低强度运动是指耐力训练的运动（如步行、快走和长距离的骑行等）。在低强度训练时，有充分的氧气可以为动用的肌肉供能。肝脏和肌肉的糖原会产生三磷酸腺苷，同样会产生三磷酸腺苷的还有来自于皮下脂肪、器官内和器官周围、肌肉和骨髓中的脂肪酸。糖原和脂肪酸及氧气在线粒体内结合，发生氧化作用，缓慢产生三磷酸腺苷。葡萄糖（碳水化合物）和脂肪被动用的多少和比例取决于运动强度。运动强度越高，碳水化合物供能比例越高；强度越低，脂肪供能占比越大。在有氧系统供能中主要的代谢产物是二氧化碳和水。这些产物对运动中产生的肌肉收缩影响比较小，因此有氧系统是长时间运动的理想的供能系统。有氧系统可以通过稳定、持续的低强度训练进行加强。在这个系统的相关运动中，Ⅰ型肌纤维主导产生运动。

对于专项运动，重要的是以适当的比例训练需要的能量系统。在表提供了大量专项运动所需的能量来源。

能量系统引自梅尔·斯蒂夫（Mel Siff）《超级训练》（*Supertraining*）。

运动项目	ATP-CP系统供能占比（%）	乳酸系统供能占比（%）	有氧系统供能占比（%）
羽毛球	80	10	10
棒球	80	20	0
篮球	85	15	0
板球	80	20	0
击剑	90	10	0
曲棍球	60	20	20
美式足球	90	10	0
高尔夫	95	5	0
体操	90	10	0
冰球:			
前锋 后卫	80	20	0
守门员	95	5	0
长曲棍球或网棒球:			
守门员, 防守, 攻击队员	80	20	0
中场，被罚下一人后的防守（man-down）	60	20	20
划船	20	30	50
英式橄榄球	90	10	0
滑雪:			
障碍滑雪, 跳台滑雪, 速降或高山滑雪	80	20	0
越野	0	5	95
非竞赛滑雪	34	33	33
英式足球:			
守门, 后卫, 前锋	80	20	0
前卫或者传球选手	60	20	20
壁球	50	30	20
游泳和潜水:			
50米游泳, 潜水	98	2	0
100米游泳	80	15	5
200米游泳	30	65	5
400米游泳	20	40	40
1 500米游泳，1英里游泳	10	20	70
网球	70	20	10
田径赛:			
100米跑, 200米跑	95	5	0
400米跑	90	10	0
800米跑	30	65	5
1 500米跑, 1英里跑	20	55	25
3 000米跑	20	40	40
5 000米跑	10	20	70
10 000米跑	5	15	80
全程马拉松	0	5	95
排球	90	10	0
举重	95	5	0
摔跤	90	10	0

反射概述

无论是在运动中还是在每天的日常生活中，我们都会遇到不同的运动表面，所以我们要学会安全地避免在移动中受伤。在不同的运动中，哪怕是同一种运动（如铁人三项和网球）我们也会面对不同的运动表面，如同在我们生活中一样。

人类在3岁之前就建立了主要的反射能力，神经反射能够让我们避免摔倒或受伤。反射主要有两种，分别是：

- 翻正反射
- 平衡反射

在诸如篮球场、高尔夫场地、网球场或田径跑道之类的可被预测的运动表面，翻正反射会被启用，防止我们摔倒。

翻正反射通过一个复杂的评估和动作系统工作，在完成一个特定的动作时这个系统确保人体头部、颈部、皮肤及四肢处在一个安全正确的位置。

根据保罗·切克所著的《重要的动作》（*Movement That Matters*）一书揭述，平衡反射包括：

- 手和腿的保护性反应
- 对倾斜的反应
- 稳固姿态的反应

很多运动都需要翻正反射和平衡反射相结合，然而，大多数的运动都由其中一种神经反射占主导地位。

当运动表面不可预测时，平衡或倾斜的反射占据主导，如冰球、独木舟、冲浪、马术、速降滑雪和滑板之类的运动会更多地用到平衡反射。因此，为了使运动更成功，建议两种反射都应充分训练。

在训练中可以引入很多工具来更好地训练平衡反射（下图），这些工具包括：

- 瑞士球（swiss ball），又称健身球（gym ball）、理疗球（physio ball）或塑体球（fit ball）
- 稳定盘（stability disk）
- 平衡板（balance board）
- 邦戈平衡板（bongo board）
- 飞特平衡板（fitterr™）
- 波速球（平衡半球）（BOSU）

在不稳定的平面上训练（运用这些工具）会增加受伤的概率，因此应从简单的程度开始这样的训练，等熟练掌握了当下的程度才建议循序渐进地增加难度。如果运动项目要求经常达到最大肌肉力量，应该尽量避免在类似不稳定的表面上训练过长时间，因为这可能会减少您的巅峰力量。

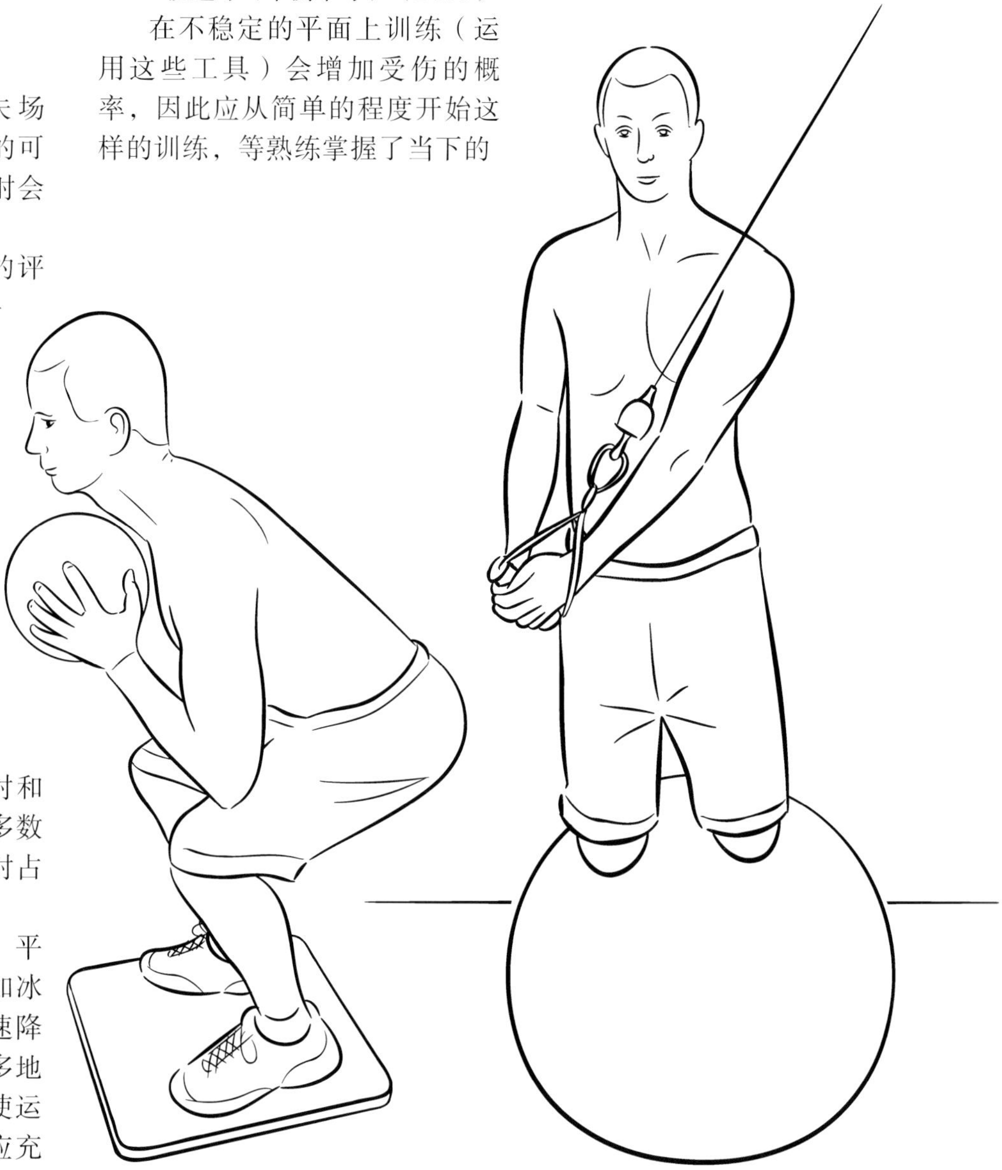

开链运动和闭链运动

人体的动作和运动分为开链运动和闭链运动两种类型。

开链运动指的是身体的一部分克服了负重产生运动，这种负重可能是重力、球拍、球类，也可能是对手或者是一个重量。例如，投球这个动作，身体和手臂克服了球的重量、自身的重力及空气阻力而把球抛到空中。类似的，踢球动作，相同的物理原理应用到踢球的腿上。

闭链运动发生在无法克服跟身体接触的物体重量时，只能用拉或推的动作使身体产生相对于物体的位移。例如，攀岩者通过双腿推蹬和双臂攀拉在岩壁上往上爬，但是攀岩者无法移动岩壁。步行和跑步同样也是闭链运动。跑步时，腿推蹬地面使您向前移动。人没有能力移动地面，但是可以使自己的身体沿着地面移动。

运动时需要评估专项运动是开链的还是闭链的，或者两种种类的比例，然后选择能够最好帮助自己运动的训练动作。对大多数运动而言，上半身进行的主要是开链运动，下肢进行的主要是闭链运动。

周期训练

周期训练包括对运动变化的调控，以及通过逐渐改变1年之中运动频率、强度和训练量的周期，从而使运动员可以在年内最重要的赛季表现出巅峰状态。对一些人来说，这意味着世界冠军或全国冠军的夺得，或者是自己个人纪录的保持。对大多数人而言，会有运动周期很明显的赛季和非赛季的差异。

周期性训练很重要，因为巅峰表现不能无限地被保持，而且全年专注在单个生理能力的提升会拖比赛的后腿。如果全面提升所有的能力，实现的进步又是微不足道的，而且容易身心俱疲。不仅如此，训练强度和训练量是成反比的。训练的强度越高，越无法避免过度训练。这在比赛旺季，特别是在高级别的竞赛时节尤其重要。当大型赛事即将举行之际，如参加马拉松比赛，就需要逐渐减少训练。逐渐减少是指频率、训练量和训练强度都逐渐减少，这样可以在大的比赛中有最佳的表现和最充足的能量。

每个季节都可被划分为几个阶段。整个阶段称为大周期（macrocycle），通常包含非赛季（off-season）、赛前（pre-season）和赛季（in-season）。如果运动员参加的是奥林匹克运动会，大周期可以长达4年。大周期可以分成几个中周期（mesocycle），通常每个中周期是一系列的数周或数月的计划，每个中周期通常专注于一个特定的力量特性。例如，在训练了肌力并且取得进步的中周期之后的中周期，可以专注训练爆发力。而每一个中周期可以被分为很多小周期（microcycle）。小周期通常是细致到每一个训练周、每一天具体的训练计划。

下面的表格是一个网球俱乐部选手的周期训练计划实例。但是这绝不是适合所有网球运动员的计划——每个人有不同的训练历史、生理能力、竞赛日程和目标，制订个体计划时这些都应该考虑进去。在大多数的时期，选手需要着重训练肌肉力量、爆发

网球俱乐部级别运动员周期训练计划示例：高级运动员

	10月				11月				12月					1月				2月				3月				
俱乐部锦标赛																										
冬季单打比赛								X				X			X				X				X			
双打联赛																										
训练阶段	赛前						冬季赛季																			
肌肉力量训练	肌肉力量			爆发力			肌肉力量			爆发力			肌肉力量			爆发力			肌肉力量			爆发力			肌肉力量	
速度训练	敏捷性训练和增强式训练																									
耐力训练																										
大周期	1																									
中周期	1			2			3			4			5			6			7			8			9	
小周期	1	2	3	4	5	6	7	8	9	10	11	12	13	14	15	16	17	18	19	20	21	22	23	24	25	26
巅峰指数	4			3			4			3			4			3			4			3			4	

	4月				5月				6月					7月				8月				9月				
俱乐部锦标赛														X	X	X	X	X	X	X	X					
冬季单打比赛				X																						
双打联赛								X		X	X			X		X	X	X								
训练阶段	冬季赛季				非赛季			夏季赛季														非赛季				
肌肉力量训练	肌力	爆发力			肌肉力量			爆发力			肌肉力量			爆发力			肌肉力量		爆发力				纠正性训练			
速度训练	敏捷性和增强式训练					敏捷性和增强式训练																				
耐力训练																										
大周期	1																									
中周期	9	10			11			12			13			14			15		16		17	18	19			
小周期	27	28	29	30	31	32	33	34	35	36	37	38	39	40	41	42	43	44	45	46	47	48	49	50	51	52
巅峰指数	3	2			3			2			3			2			3		2		1	5				

力、敏捷性和增强式训练——这在网球中格外重要。下表的网球选手的主要目标是俱乐部的网球锦标赛（tournament）。您可以看到，俱乐部决赛之前的1周她开始逐渐减少训练量，为的是在比赛时有最佳的状态，也就是巅峰指数（peaking index）为最高的"1"的阶段。之前的阶段中选手通过训练获得的肌肉力量、爆发力和敏捷性的能力会很轻易持续表现在那一周。整个赛季被划分成了冬季赛季和夏季赛季，当中有两个短暂的非赛季。在夏季赛季结束时紧接着一个短时期的休息然后有一个阶段用作纠正性（corrective）训练，纠正性训练可以帮助运动员恢复在赛季中产生的肌力不平衡。

小周期示例：37 ~ 42周

		周一	周二	周三	周四	周五	周六	周日
37周建立	上午		力量:上肢拉、旋转——100%强度	敏捷性和增强式训练: 120英尺（约37米）折返跑触地	力量:弓步、深蹲——100%强度	敏捷性和增强式训练: 120英尺（约37米）折返跑触地	和教练对打网球	休息日
	下午	双打比赛/拉伸	拉伸	双打练习/拉伸	拉伸	拉伸	单打练习+拉伸	
38周建立	上午	力量:上肢拉、旋转——102.5%强度+拉伸	敏捷性和增强式训练: 140英尺（约43米）折返跑触地	力量:弓步、深蹲——102.5%强度+拉伸	敏捷性和增强式训练:140英尺（约43米）折返跑触地	力量:上肢拉，旋转——102.5%强度+拉伸	和教练打网球	休息日
	下午	拉伸	拉伸	双打练习/拉伸	拉伸	拉伸	单打练习+拉伸	
39周建立	上午	力量:上肢拉、旋转——75%强度+拉伸	敏捷性和增强式训练:80英尺（约24米）折返跑触地	力量:弓步、深蹲——75%强度+拉伸	敏捷性和增强式训练:80英尺（约24米）折返跑触地	力量:上肢拉、旋转——75%强度+拉伸	和教练打网球	休息日
	下午	拉伸	拉伸	双打练习+拉伸	拉伸	拉伸	单打练习+拉伸	
40周建立	上午	爆发力: 上肢拉、旋转——4组训练	敏捷性和增强式训练: 150英尺（约46米）折返跑触地		爆发力:弓步、深蹲——4组训练	敏捷性和增强式训练: 150英尺（约46米）折返跑触地	和教练打网球	休息日
	下午	拉伸	拉伸	双打比赛+ 拉伸	拉伸	拉伸	单打比赛+拉伸	
41周建立	上午	爆发力:上肢拉、旋转——5组训练	敏捷性和增强式训练: 170英尺（约52米）折返跑触地	爆发力: 弓步、深蹲——5组训练	爆发力: 弓步、深蹲——5组训练	爆发力: 上肢拉、旋转——5组训练	和教练打网球	休息日
	下午	拉伸	拉伸	双打练习+拉伸	双打练习+ 拉伸	休息	单打练习+拉伸	
42周建立	上午	爆发力: 上肢拉、旋转——3组训练	敏捷性和增强式训练: 90英尺（约27米）折返跑触地		爆发力:弓箭步、深蹲——3组训练	敏捷性和增强式训练: 90英尺（约27米）折返跑触地	和教练打网球	休息日
	下午	拉伸	拉伸	双打比赛+拉伸	拉伸	拉伸	单打比赛+ 拉伸	

参考文献

[1] CHEK P. The Golf Biomechanic's Manual:Whole in One Conditioning. C.H.E.K Institute, 1999.

[2] FELDENKRAIS M.Body and Mature Behavior. International Universities Press, 1949.

[3] BRANDON L., Jenkins N. Anatomy of Yoga for Posture and Health. New Holland Publishers, 2010.

[4] LEE D. The Pelvic Girdle. Churchill Livingstone, 1999.

[5] BOGDUK N.Clinical Anatomy of the Lumbar Spine and Sacrum. Churchill Livingstone, 1997.

[6] GRACOVETSKYS, FARFANH, LAMAYC.AMathematical Model of the Lumbar Spine Using an Optimal System of Control Muscles and Ligaments. Orthopedic Clinics of North America, 1997.

[7] RICHARDSON C, JULL G, HODGES P, et al. Therapeutic Exercise for Spinal Segmental Stabilization in Low Back Pain. Churchill Livingstone, 1999.

[8] CHEK P. Scientific Core Conditioning Correspondence Course, C.H.E.K Institute, 1998.

[9] GRACOVETSKY S.The Spinal Engine.Springer-Verlag, 1998.

[10] HANNAH T. Somatics. Perseus Books, 1998.

[11] GERWIN R.Myofascial and Visceral Pain Syndromes: Visceral-Somatic Pain Representations.Journal of Musculoskeletal Pain, 2002, 10:165–175.

[12] SCHMIDT R.Motor Learning and Performance.Human Kinetics, 1991.

[13] CHEK P. Movement That Matters. C.H.E.K Institute, 2000.

[14] CHEK P.The Outer Unit.http:// www.ptonthenet.com/displayarticle.aspx?ArticleID=102.

[15] CHEK P. Back Strong & Beltless–Part 3. http:// www.ptonthenet.com/displayarticleaspx?ArticleID=100.

[16] NEWTON H.Explosive Lifting for Sports.Human Kinetics, 2002.

[17] CHU D. Jumping into Plyometrics. Human Kinetics, 1998.

[18] BUCKLEY M, CHEK P. CHEK Exercise Coach Certification Manual.C.H.E.K Institute, 2008.

[19] ORIETTA C, BOMPA T. Theory and Methodology of Training: The Key to Athletic Performance. Kendall/Hunt Publishing Company, 1994.

[20] SIFF M. Supertraining. Supertraining Institute, 2000.

术语

主动闭合（active closure）是指通过肌筋膜（肌肉和筋膜）作用来稳定关节。通常指骶髂关节的稳定。

传入神经（afferent nerves）将神经冲动从受体或感觉器官传送到中枢神经系统的群性通路，也称感觉神经。

复合运动（compound exercise）是一种涉及多个关节的运动。

对侧（contralateral）是指相反的一侧。

传出神经（efferent nerves）将神经冲动从中枢神经系统传递到肌肉和腺体的群性通路，也称运动神经。

外力闭合（force closure）是指通过肌筋膜（肌肉和筋膜）作用来产生关节稳定。通常指的是骶髂关节的稳定。

形式闭合（form closure）是指关节的组成部分形成的关节稳定。通常指的是骶髂关节的稳定。

肥大（hypertrophy）是指组织大小的增加，通常指的是肌肉组织的增加。

强度（intensity）是关于当前肌力水平的运动负荷的度量方法，通常以一个最大重复值（1RM）的百分比来测量（译者注：通常指一定量的最大重复次数，或能够重复一定量一定次数的负荷总量）。

同侧（ipsilateral）是指相同的一侧。

孤立训练（isolation exercise）是指只涉及一个关节的运动。

肌梭（muscle spindles）是沿着肌肉长度的本体感觉感受器，它检测肌肉长度的变化。肌梭将信息反馈给中枢神经系统。

神经驱动（neural drive）是指肌肉接收到的神经脉冲的数量和幅度。

脊柱中立位（neutral spine）是站立时没有任何肌肉失衡的脊柱自然姿态，由颈椎、胸椎和腰椎各具有30°~35°的角度时形成。

被动闭合（passive closure）是指关节的组成部分形成的关节稳定。通常指的是骶髂关节的稳定。

相位肌（phasic muscles）也称运动肌，主要作用是产生跨关节的运动和整体稳定。它们的优势是可快速收缩肌纤维，收缩力量大；劣势是容易疲劳，在不良负荷下容易变长、变弱。

交互抑制（reciprocal inhibition）是指关节一侧肌肉的放松，以适应其拮抗肌肉的缩短。

剪切力（shear force）是一种施加在关节上的平行应力，通常沿前后或左右方向施加。当施加的力在两个平面之间产生滑动时发生剪切。通常指施加在脊柱上的应力。

瑞士球（swiss ball）是用于训练的一种橡胶球。它的直径45~75厘米（18~30英寸）不等。

协同主导（synergistic dominance）主动肌被抑制，协同肌代替主动肌行使其职责，就是发生了协同主导。

稳定肌（tonic muscles）也称张力肌，主要作用是建立关节的局部稳定。它们的优势是慢缩肌纤维，收缩力量小，持续时间长不易疲劳；劣势是在不当负荷下容易缩短和变紧。

扭转（torsion）是施加在物体上的旋转应力。通常指施加在脊柱上的旋转力（扭矩）。

训练量（training volume）是一段时间（周、月）内重复次数乘组合数和重量（强度）的总量。

三个关节伸展（triple extension）是指踝关节跖屈（译者注：也叫足背伸）、膝关节伸展与髋关节伸展同时发生。

Ⅰ型肌纤维（type Ⅰ muscle fibres）即慢收缩纤维，也叫ST。产生的力量相对较小，收缩缓慢，不易疲劳，线粒体和肌红蛋白数量较多，呈现红色。

ⅡA型肌纤维（type ⅡA muscle fibres）［Ⅱ型肌纤维为快纤维，也叫FT，分为ⅡA型(中)和ⅡB型（快）］收缩较快，比ⅡB型肌纤维有更大的有氧能力，抗疲劳期时间较长，也比ⅡB型肌纤维拥有更多的线粒体和肌红蛋白。它们更倾向于乳酸供能途径，直径中等，不像ⅡB型有大肌肉生长倾向，但比Ⅰ型大肌肉生长倾向多。

ⅡB型肌纤维（type ⅡB muscle fibres）能快速产生很大收缩力，易疲劳，有少量线粒体和肌红蛋白，呈白色，也称ⅡX型肌纤维。

索引

粗体页码表示位于术语部分

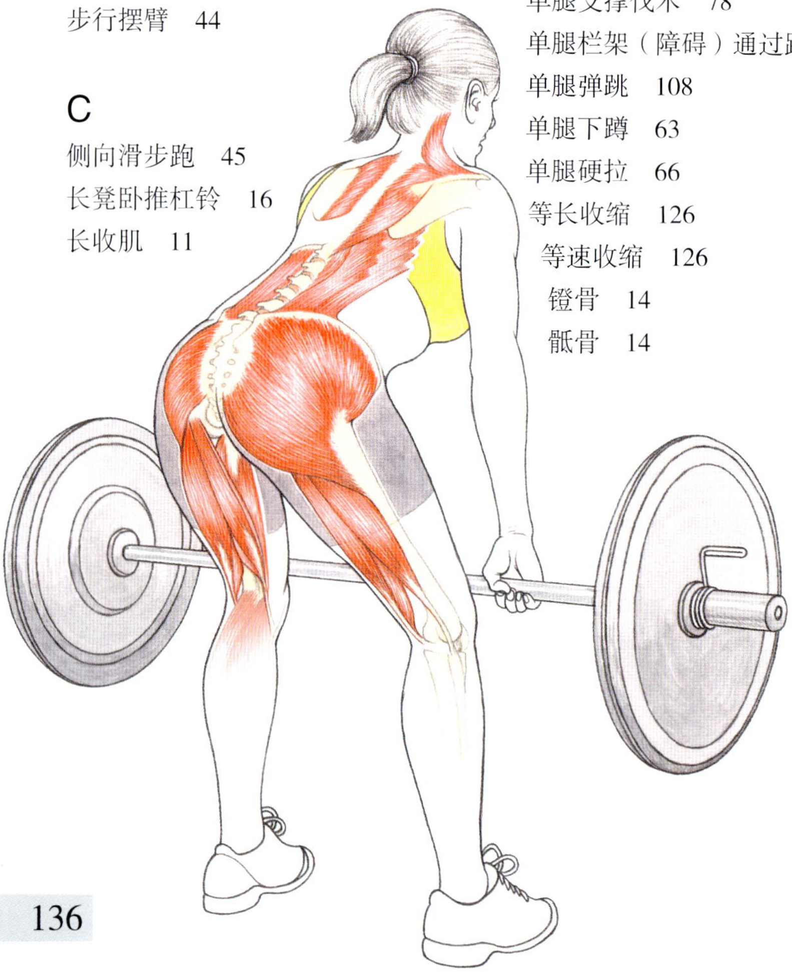

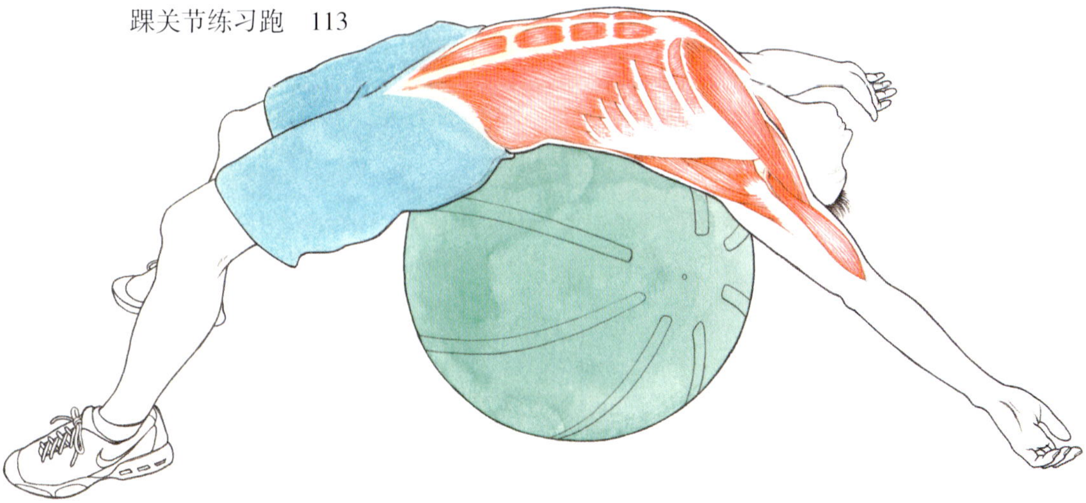

索引

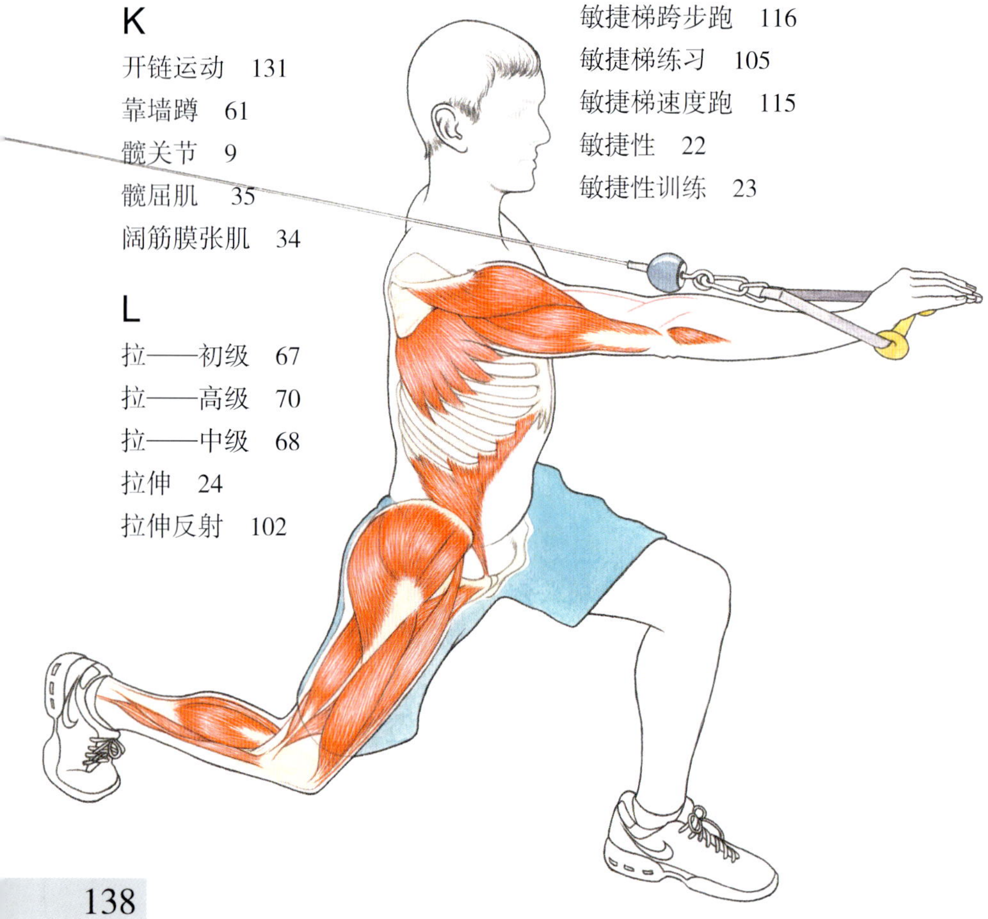

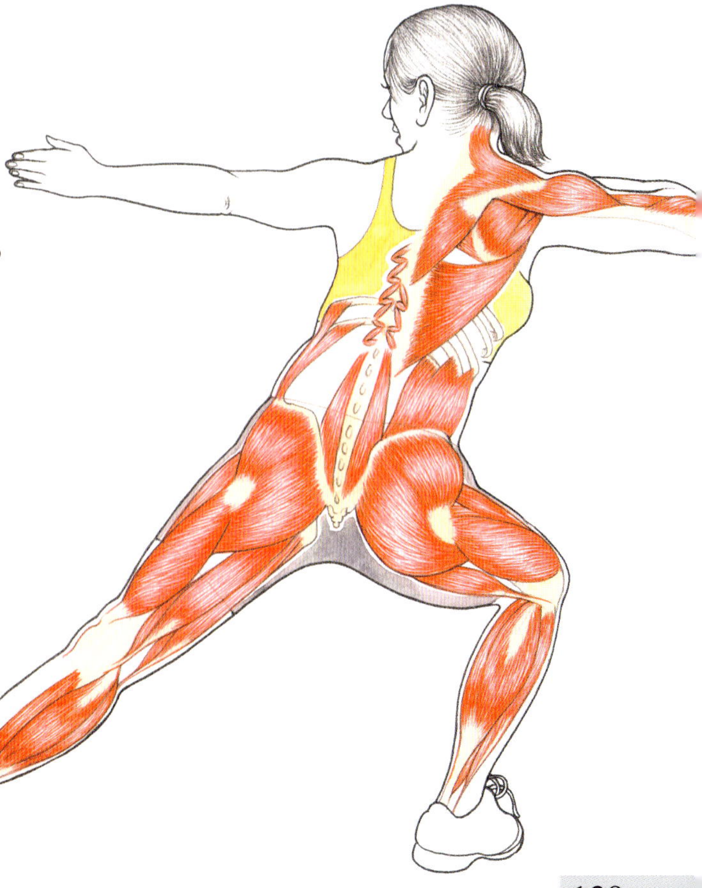

索引

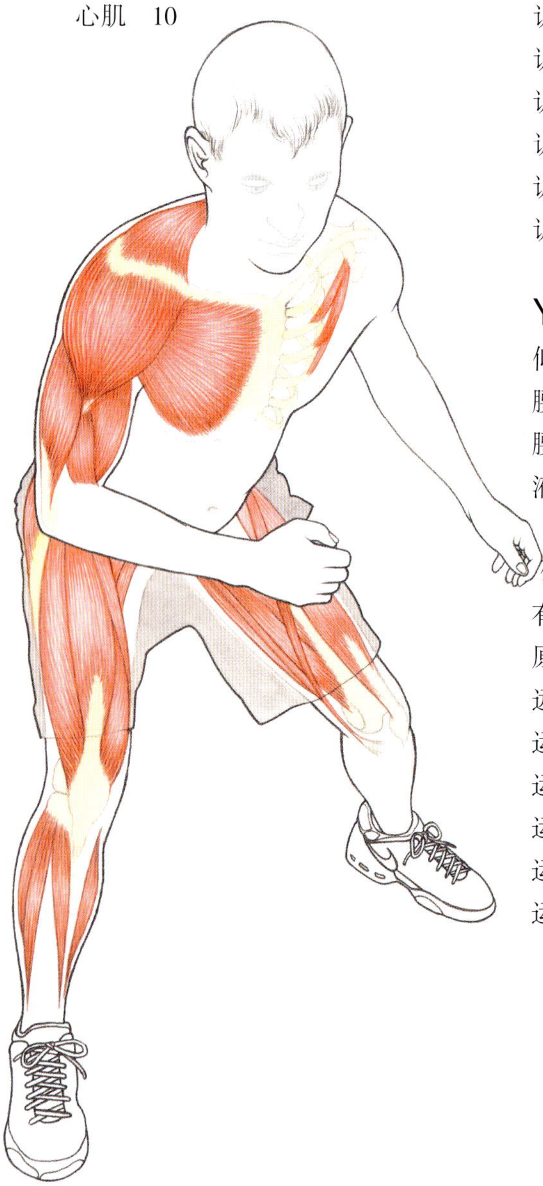

西文字母开头

数字开头

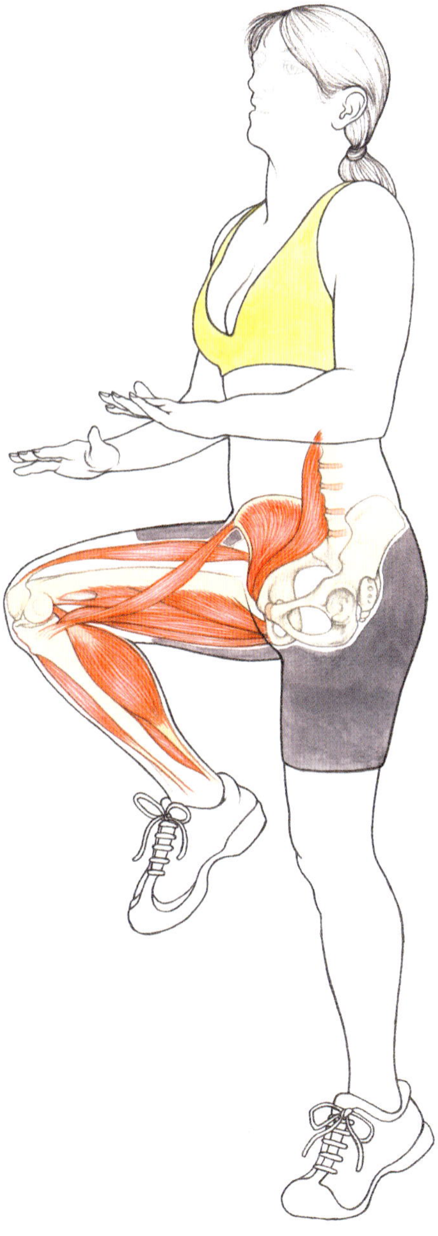

补充书目

- Bompa, T.. *Periodization – Theory and Methodology of Training*. Human Kinetics (1999)
- Brown, L. and Ferrigno, V.. *Training for Speed, Agility and Quickness*. Human Kinetics (2005)
- Chek, P.. *Movement That Matters*. C.H.E.K Institute (2000)
- Chek, P.. *Program Design–Choosing Reps, Loads, Tempo and Rest Periods*. C.H.E.K Institute (2002)
- Chek, P.. *Scientific Back Training–Correspondence Course*. C.H.E.K Institute (1998)
- Chek, P.. *Scientific Core Conditioning–Correspondence Course*. C.H.E.K Institute (1998)
- Chek, P.. *The Golf Biomechanics Manual*, C.H.E.K Institute (2001)
- Chu, D.. *Jumping into Plyometrics*. Human Kinetics (1998)
- Knudson, D. and Morrison, C.. *Qualitative Analysis of Human Movement*. Human Kinetics (2002)
- Newton, H.. *Explosive Lifting for Sports*. Human Kinetics (2002)

可用资源

www.bodychek.co.uk-the author' s website containing articles, newsletters, a blog, online courses, live workshops and resources to aid optimal health and performance.

www.chekinstitute.com-specialists in advanced education for health and fitness professionals, providing quality information, educational materials and functional training tools.

www.nsca-lift.org-the professional body for strength and conditioning in the US. Members have access to research findings, techniques, up-to-date conditioning ractices and injury prevention methods. The NSCA is a resource for finding educational and training tools and courses.

www.ptonthenet.com-member-based site for personal trainers containing articles, audio and video from leading experts on ealth and performance.

www.uksca.org.uk-the professional body for strength and conditioning in the UK. Providers of workshops for rofessionals in strength and conditioning. The UKSCA also produce a quartely strength and conditioning journal for their members and other resources availalble to purchase.

致谢

我要感谢对我职业生涯影响最大的保罗·切克。保罗是给我启发的人、我的老师、我的导师、我的好朋友。如果没有保罗出色的教导，这本书永远也不会写出来。我要感谢我的父母始终支持我的事业，没有他们的支持，就不会有今天的我。感谢英国肌力与体能训练协会的朋友们，感谢你们对提高肌力与体能训练的标准赋予的热情和努力。我真的很喜欢你们的工作室，继续努力。我要感谢纽荷兰（New Holland）的罗斯（Ross）和莎拉（Sarah）在整个项目中给予的支持。为本书配图的是詹姆斯（James），他的艺术才华使这本书栩栩如生。我还必须感谢我的客户和同事，感谢他们在过去和现在，让我发展和成长，感谢朋友们多年来支持我，并分享了很多欢乐时光。

请注意：第53、54和55页的插图是根据保罗·切克的原始参考资料改编的。

作者简介

利 · 布兰登（Leigh Brandon）

英国认证的体能教练，纠正性高效运动和动力学专家（CHEK practitioner）、纠正性整体运动动力学全面生活方式教练、高尔夫生物力学顾问、代谢类型顾问、bodytalk practitioner（针灸、颈部护理、物理治疗等专业人员）。自 1996 年以来，他专门研究损伤康复和运动训练。

译者简介

敖焱博

男，达斡尔族，管理学、法学双学士，先后毕业于大连民族学院和宁波大学法学院。美国 Balanced Body 体系垫上普拉提和床上普拉提教练，左右普拉提学院解剖与运动人体科学认证教练，上海 Body Concept 普拉提小工具教练，Spinning 室内单车认证指导员，尊巴（Zumba）认证教练，美国心脏协会（AHA）急救员 (First aid & AED)，上海红十字会初级救护员，游泳爱好者。参与翻译约瑟夫普拉提先生的著作《回归生活》(*Return to Life*）简体中文版，协助校对瑞尔先生的著作《普拉提解剖学》简体中文版等。

孔韵

女，毕业于复旦大学数学科学学院应用数学系，学士学位。Schwinn 十字星室内单车国际培训导师，奥力来运动健身学院签约培训导师。美国国家体能协会（NSCA）、美国运动委员会（ACE）、美国 PTA-Global 私人教练，TRX-STC 认证私人教练。Bosu 平衡半球课程、Surge 水阻能量管课程国际认证教练。美国瑜伽联盟 RYS200 小时瑜伽老师，Spinning 室内单车三星教练。

图书在版编目（CIP）数据

运动解剖学：体能训练全彩图解 / (英) 利・布兰登 (Leigh Brandon) 著;
敖焱博, 孔韵译. —郑州：河南科学技术出版社，2018.7
ISBN 978-7-5349-9240-7

Ⅰ. ①运… Ⅱ. ①利… ②敖… ③孔… Ⅲ. ①运动解剖—图解 Ⅳ. ①G804.4-64

中国版本图书馆CIP数据核字(2018)第085449号

出版发行：河南科学技术出版社
地址：郑州市经五路 66 号　邮编：450002
电话：（0371）65788673 65788110
网址：www.hnstp.cn
策划编辑：李　林
责任编辑：范广红
责任校对：司丽艳
封面设计：张　伟
责任印制：朱　飞
印　　刷：郑州新海岸电脑彩色制印有限公司
经　　销：全国新华书店
幅面尺寸：210 mm × 265 mm　印张：9　字数：212 千字
版　　次：2018 年 7 月第 1 版　2018 年 7 月第 1 次印刷
定　　价：98.00 元